東京農業大学第一高等学校

〈収録内容〉

■ 平成30年度は、弊社ホームページで公開しております。
本ページの下方に掲載しておりますQRコードよりアクセスし、データをダウンロードしてご利用ください。
■ 英語リスニング問題は音声の対応をしておりません。

解答用紙データ配信ページ　ホでアクセス! ⇒

※データのダウンロードは 2024 年 3 月末日まで。
※データへのアクセスには、右記のパスワードの入力が必要となります。 ⇒ 683572

〈合格最低点〉

2023年度	151点
2022年度	161点
2021年度	169点
2020年度	177点
2019年度	145点
2018年度	137点

本書の特長

実戦力がつく入試過去問題集

▶ 問題 ………… 実際の入試問題を見やすく再編集。
▶ 解答用紙 …… 実戦対応仕様で収録。
▶ 解答解説 …… 詳しくわかりやすい解説には、難易度の目安がわかる「基本・重要・やや難」の分類マークつき（下記参照）。各科末尾には合格へと導く「ワンポイントアドバイス」を配置。採点に便利な配点つき。

入試に役立つ分類マーク

基本 確実な得点源！
受験生の 90%以上が正解できるような基礎的、かつ平易な問題。
何度もくり返して学習し、ケアレスミスも防げるようにしておこう。

重要 受験生なら何としても正解したい！
入試では典型的な問題で、長年にわたり、多くの学校でよく出題される問題。
各単元の内容理解を深めるのにも役立てよう。

やや難 これが解ければ合格に近づく！
受験生にとっては、かなり手ごたえのある問題。
合格者の正解率が低い場合もあるので、あきらめずにじっくりと取り組んでみよう。

合格への対策、実力錬成のための内容が充実

▶ 各科目の出題傾向の分析、合否を分けた問題の確認で、入試対策を強化！
▶ その他、学校紹介、過去問の効果的な使い方など、学習意欲を高める要素が満載！

解答用紙ダウンロード 解答用紙はプリントアウトしてご利用いただけます。弊社ＨＰの商品詳細ページよりダウンロードしてください。トビラのＱＲコードからアクセス可。

UD FONT 見やすく読みまちがえにくいユニバーサルデザインフォントを採用しています。

東京農業大学第一高等学校

普通科
生徒数　1010名
〒156-0053
東京都世田谷区桜3-33-1
☎03-3425-4481
小田急線経堂駅　徒歩15分
東急世田谷線上町駅　徒歩15分

進路目標実現のカリキュラムで他大学受験にも対応 生きた知識を養う校外学習

URL	https://www.nodai-1-h.ed.jp

プロフィール　生徒が夢の実現に向けて取り組める

1949（昭和24）年、旧制の東京農業大学予科の伝統を受けて創設。1956年、女子部を併設し、1964年、男女共学となる。

2005（平成17）年４月、完全中高一貫教育を行う中等部を新設。在学中に自分の夢を見つけ、その実現に向けて取り組むことを生徒の目標としている。夢を見つけるための授業、希望の進路を実現するためのサポートについては、特徴的な試みを行っている。

環境　自然環境と学びの環境を備えた校舎

自然の恵み豊かなキャンパスは、四季折々の花が咲き乱れ、校舎を包むように茂る木々が心を和ませてくれる。2003年に校舎が完成。光が燦々と差し込む図書館や広々とした屋上庭園（天空の和の庭）がある。教室にも様々な工夫がされ、快適な学びの場となっている。東京農業大学と隣接しているというメリットを活かし、1000人収容の大講堂などの大学施設を利用している。

都会でありながら、豊かな自然の残る環境

カリキュラム　進路目標を実現するカリキュラム

１年次はキャリア教育を充実させ、２年次で文系・理系に分け、より専門的に学びを深める。３年次には志望大学を考慮した科目の組み合わせによる演習中心の授業または放課後の講習を行い、現役合格に必要な力を最大限に高めている。

夏期講習はⅠ期・Ⅱ期・Ⅲ期に分け、主要教科の基礎テーマ別講座・大学入学共通テスト対策講座・難関国公立私大対策講座など200講座に及ぶ多種多様な講座がある。

学校生活　各教科の校外授業で視野を広げる

クラスの団結力が勝負のクラスマッチ（球技大会）、桜花祭などが学園生活を彩る。

クラブ活動も活発で、運動部・文化部に約８割の生徒が所属。サッカー部、陸上競技部、バレーボール部、馬術部、生物部、吹奏楽部などが高い評価を受けている。

また、「理科体験学習」「国語科文学散歩」「社会科見学会」など、校外学習も数多く用意されている。

進路　併設大をはじめ、多様な進路に進学

卒業生ほぼ全員が大学・短大に進学。約５％の卒業生が併設の東京農業大に進学している。併設大以外の主な進学先は、東京大、京都大、北海道大、東京学芸大、東京工業大、東京海洋大、筑波大、東京都立大、早稲田大、慶應義塾大、上智大、東京理科大、東京慈恵会医科大など。

ひとこと　入試広報部からのメッセージ

本校は「知耕実学」をモットーに本物に触れる実学教育を柱としています。頭で考えるだけでなく体験して感じることこそ学びの根本です。

授業に行事、クラブ活動など一生懸命に打ち込める環境が整っています。

充実した高校生活を一緒に送りましょう。

2023年度入試要項

試験日　1/22（推薦）
2/11（一般）

試験科目　適性〈国・数・英〉＋面接（推薦）
国・数・英（リスニング含む）＋面接（一般）

2023年度	募集定員	受験者数	合格者数	競争率
推薦	45	90	45	2.0
一般	105	575	420	1.4

過去問の効果的な使い方

① **はじめに**　入学試験対策に的を絞った学習をする場合に効果的に活用したいのが「過去問」です。なぜならば，志望校別の出題傾向や出題構成，出題数などを知ることによって学習計画が立てやすくなるからです。入学試験に合格するという目的を達成するためには，各教科ともに「何を」「いつまでに」やるかを決めて計画的に学習することが必要です。目標を定めて効率よく学習を進めるために過去問を大いに活用してください。また，塾に通われていたり，家庭教師のもとで学習されていたりする場合は，それぞれのカリキュラムによって，どの段階で，どのように過去問を活用するのかが異なるので，その先生方の指示にしたがって「過去問」を活用してください。

② **目的**　過去問学習の目的は，言うまでもなく，志望校に合格することです。どのような分野の問題が出題されているか，どのレベルか，出題の数は多めか，といった概要をまず把握し，それを基に学習計画を立ててください。また，近年の出題傾向を把握することによって，入学試験に対する自分なりの感触をつかむこともできます。

過去問に取り組むことで，実際の試験をイメージすることもできます。制限時間内にどの程度までできるか，今の段階でどのくらいの得点を得られるかということも確かめられます。それによって必要な学習量も見えてきますし，過去問に取り組む体験は試験当日の緊張を和らげることにも役立つでしょう。

③ **開始時期**　過去問への取り組みは，全分野の学習に目安のつく時期，つまり，9月以降に始めるのが一般的です。しかし，全体的な傾向をつかみたい場合や，学習進度が早くて，夏前におおよその学習を終えている場合には，7月，8月頃から始めてもかまいません。もちろん，受験間際に模擬テストのつもりでやってみるのもよいでしょう。ただ，どの時期に行うにせよ，取り組むときには，集中的に徹底して取り組むようにしましょう。

④ **活用法**　各年度の入試問題を全問マスターしようと思う必要はありません。できる限り多くの問題にあたって自信をつけることは必要ですが，重要なのは，志望校に合格するためには，どの問題が解けなければいけないのかを知ることです。問題を制限時間内にやってみる。解答で答え合わせをしてみる。間違えたりできなかったりしたところについては，解説をじっくり読んでみる。そうすることによって，本校の入試問題に取り組むことが今の自分にとって適当かどうかが，はっきりします。出題傾向を研究し，合否のポイントとなる重要な部分を見極めて，入学試験に必要な力を効率よく身につけてください。

数学

各都道府県の公立高校の入学試験問題は，中学数学のすべての分野から幅広く出題されます。内容的にも，基本的・典型的なものから思考力・応用力を必要とするものまでバランスよく構成されています。私立・国立高校では，中学数学のすべての分野から出題されることには変わりはありませんが，出題形式，難易度などに差があり，また，年度によっての出題分野の偏りもあります。公立高校を含め，ほとんどの学校で，前半は広い範囲からの基本的な小問群，後半はあるテーマに沿っての数問の小問を集めた大問という形での出題となっています。

まずは，単年度の問題を制限時間内にやってみてください。その後で，解答の答え合わせ，解説での研究に時間をかけて取り組んでください。前半の小問群，後半の大問の一部を合わせて50%以上の正解が得られそうなら多年度のものにも順次挑戦してみるとよいでしょう。

英語

英語の志望校対策としては，まず志望校の出題形式をしっかり把握しておくことが重要です。英語の問題は，大きく分けて，リスニング，発音・アクセント，文法，読解，英作文の5種類に分けられます。リスニング問題の有無(出題されるならば，どのような形式で出題されるか)，発音・アクセント問題の形式，文法問題の形式(語句補充，語句整序，正誤問題など)，英作文の有無(出題されるならば，和文英訳か，条件作文か，自由作文か）など，細かく具体的につかみましょう。読解問題では，物語文，エッセイ，論理的な文章，会話文などのジャンルのほかに，文章の長さも知っておきましょう。また，読解問題でも，文法を問う問題が多いか，内容を問う問題が多く出題されるか，といった傾向をおさえておくことも重要です。志望校で出題される問題の形式に慣れておけば，本番ですんなり問題に対応することができますし，読解問題で出題される文章の内容や量をつかんでおけば，読解問題対策の勉強として，どのような読解問題を多くこなせばよいかの指針になります。

最後に，英語の入試問題では，なんと言っても読解問題でどれだけ得点できるかが最大のポイントとなります。初めて見る長い文章をすらすらと読み解くのはたいへんなことですが，そのような力を身につけるには，リスニングも含めて，総合的に英語に慣れていくことが必要です。「急がば回れ」ということわざの通り，志望校対策を進める一方で，英語という言語の基本的な学習を地道に続けることも忘れないでください。

国語

国語は，出題文の種類，解答形式をまず確認しましょう。論理的な文章と文学的な文章のどちらが中心となっているか，あるいは，どちらも同じ比重で出題されているか，韻文(和歌・短歌・俳句・詩・漢詩)は出題されているか，独立問題として古文の出題はあるか，といった，文章の種類を確認し，学習の方向性を決めましょう。また，解答形式は，記号選択のみか，記述解答はどの程度あるか，記述は書き抜き程度か，要約や説明はあるか，といった点を確認し，記述力重視の傾向にある場合は，文章力に磨きをかけることを意識するとよいでしょう。さらに，知識問題はどの程度出題されているか，語句(ことわざ・慣用句など)，文法，文学史など，特に出題頻度の高い分野はないか，といったことを確認しましょう。出題頻度の高い分野については，集中的に学習することが必要です。読解問題の出題傾向については，脱語補充問題が多い，書き抜きで解答する言い換えの問題が多い，自分の言葉で説明する問題が多い，選択肢がよく練られている，といった傾向を把握したうえで，これらを意識して取り組むと解答力を高めることができます。「漢字」「語句・文法」「文学史」「現代文の読解問題」「古文」「韻文」と，出題ジャンルを分類して取り組むとよいでしょう。毎年出題されているジャンルがあるとわかった場合は，必ず正解できる力をつけられるよう意識して取り組み，得点力を高めましょう。

数学

出題傾向の分析と合格への対策

●出題傾向と内容

本年度の出題数は，大問で5題，小問数にして16題であった。

出題内容は，1，2は，数・式の計算，因数分解，式の値，方程式，角度などの小問群，3が式の値，4が図形と関数・グラフの融合問題，5は平面図形であった。

ややひねった問題も見られるが，標準的・典型的で素直な問題が大半を占めている。どの問題も，中学数学の基本が身についているかどうか，それを応用する力がどの程度あるかを確かめる内容なので確実に解いていきたい。

学習のポイント

数・式の計算，平方根，式の値，因数分解などの計算力をつけよう。図形問題は，公式，定理を使うための補助線がポイント。

●2024年度の予想と対策

来年度も，出題数，出題内容に大きな変化はなく，基本を重視した標準レベルの問題が，小問にして16～20題前後出題されるだろう。

まずは教科書の徹底的な理解に努めよう。基本事項を応用する力は，教科書の問題をていねいに仕上げていく中で，定理や公式などの理解を深めようとする学習態度を持てば，自然に身につくはずである。

計算問題，方程式，因数分解などについては，やや複雑なものが含まれることがあり，図形問題では見慣れない形で出題されることもある。教科書の学習にめどがついたら，標準レベルの問題集でさらに力を伸ばしておこう。

▼年度別出題内容分類表 ……

出題内容			2019年	2020年	2021年	2022年	2023年
数と式		数の性質	○		○		
		数・式の計算	○	○	○	○	○
		因数分解	○	○		○	○
		平方根	○	○	○	○	○
方程式・不等式		一次方程式					○
		二次方程式	○				○
		不等式					
		方程式・不等式の応用		○	○	○	
関数		一次関数	○	○	○		○
		二乗に比例する関数	○	○	○	○	○
		比例関数					
		関数とグラフ	○	○	○	○	○
		グラフの作成					
図形	平面図形	角度		○	○		○
		合同・相似	○	○	○	○	
		三平方の定理	○				○
		円の性質	○	○	○	○	○
	空間図形	合同・相似					
		三平方の定理					
		切断					
	計量	長さ				○	○
		面積	○			○	○
		体積					
	証明		○	○	○	○	
	作図						
	動点						
統計		場合の数	○		○		
		確率	○	○	○	○	
		統計・標本調査					
融合問題		図形と関数・グラフ	○	○	○	○	○
		図形と確率	○		○	○	
		関数・グラフと確率		○			
		その他					
その他							

東京農業大学第一高等学校

英語

出題傾向の分析と合格への対策

●出題傾向と内容

本年度は，リスニング問題，語句選択補充問題，書き換え問題，語句整序問題，5つの設問から成る短中文読解問題，長文読解問題，条件英作文問題の大問5題が出題された。大問数や全体的な出題形式やレベルに大きな変わりはない。

文法問題は標準レベルを少し上回る程度だが，幅広い知識が問われている。

長文読解問題は難しい表現はなく読みやすい内容であるが英文はかなり長い。設問は内容理解を問うものがほとんどであるため正確に読み取る読解力が必要となる。

✔学習のポイント

さまざまなジャンル，形式の読解問題を解いてみよう。リスニングは毎日英語を聞いて，耳を慣らそう。

●2024年度の予想と対策

文法，読解，英作文とバランスのとれた問題構成になると予想される。

文法問題は標準からやや発展的な英語力を問うものであるが，中学で学習する文法が幅広く出題されている。語句整序問題は全文を書く記述式のため正確な文法知識が必要である。標準レベルの問題集を正確に解けるようにしておくことが重要である。

読解問題は標準レベルだが，短い英文から長文まで様々な形式で出題されており，来年度もの同様の形式となることが予想される。様々なジャンルのいろいろな長さの英文を数多く読み慣れておこう。

▼年度別出題内容分類表……

出題内容		2019年	2020年	2021年	2022年	2023年
話し方・聞き方	単語の発音					
	アクセント					
	くぎり・強勢・抑揚					
	聞き取り・書き取り	○	○	○	○	○
語い	単語・熟語・慣用句	○		○	○	
	同意語・反意語					
	同音異義語					
読解	英文和訳(記述・選択)					
	内容吟味		○	○	○	○
	要旨把握	○	○	○	○	○
	語句解釈					○
	語句補充・選択	○	○	○	○	○
	段落・文整序	○	○	○		
	指示語					
	会話文		○	○	○	
文法・作文	和文英訳					
	語句補充・選択	○	○	○	○	○
	語句整序	○	○	○	○	○
	正誤問題					
	言い換え・書き換え				○	
	英問英答					
	自由・条件英作文	○	○	○	○	○
文法事項	間接疑問文			○		○
	進行形				○	○
	助動詞	○	○	○	○	○
	付加疑問文				○	
	感嘆文					
	不定詞	○	○	○	○	○
	分詞・動名詞	○	○	○	○	○
	比較		○	○	○	○
	受動態	○		○	○	○
	現在完了	○	○		○	○
	前置詞			○	○	
	接続詞		○	○	○	○
	関係代名詞	○	○		○	○
	仮定法					○

東京農業大学第一高等学校

国語

出題傾向の分析と 合格への対策

●出題傾向と内容

本年度も，論説文2題と古文の読解問題という計3題の大問構成であった。

論説文では，内容吟味や，文脈把握，脱文・脱語補充の問題，筆者の主張をとらえる問題が中心となっている。漢字の読み書きは大問に含まれる形で出題されている。

古文は『徒然草』からの出題で，内容吟味，文脈把握，口語訳，文学史など幅広い内容が問われている。

解答形式は，記号選択式が中心だが，指定字数以内にまとめる記述式も出題されている。

✔学習のポイント

文章読解では，要旨・主題を把握した上で，重要語句を念頭において内容を理解しよう。古文は長文に慣れておこう。

●2024年度の予想と対策

現代文は，論理的文章を中心に標準的な問題を数多く解いておこう。記述対策もしておこう。

文学的文章や詩の出題も予想される。文学的文章では情景・心情を中心に学習しておく。詩では，基本的な表現技法を理解し，文脈および主題を読み取る力を養っておこう。また，鑑賞力も要求されるので，問題集で練習しておくこと。短歌や俳句も同様に対処しておくとよいだろう。

古文は，基本的な文法や古語の意味を理解し，比較的長い文章を読むことに慣れて，大意を正確に把握できるようにしておこう。

▼年度別出題内容分類表 ••••••

		出題内容	2019年	2020年	2021年	2022年	2023年
内容の分類	読解	主題・表題		○			
		大意・要旨	○	○	○	○	○
		情景・心情					
		内容吟味	○	○	○	○	○
		文脈把握	○	○	○	○	○
		段落・文章構成					
		指示語の問題		○		○	
		接続語の問題	○		○	○	
		脱文・脱語補充	○	○	○	○	○
	漢字・語句	漢字の読み書き	○	○	○	○	○
		筆順・画数・部首					
		語句の意味	○	○	○	○	
		同義語・対義語					
		熟語					
		ことわざ・慣用句	○				○
	表現	短文作成					
		作文(自由・課題)					
		その他					
	文法	文と文節					
		品詞・用法	○				
		仮名遣い					
		敬語・その他					
	古文の口語訳		○		○	○	○
	表現技法		○				
	文学史		○	○	○	○	○
問題文の種類	散文	論説文・説明文	○	○	○	○	○
		記録文・報告文					
		小説・物語・伝記					
		随筆・紀行・日記					
	韻文	詩					
		和歌(短歌)	○				
		俳句・川柳					
	古文		○	○	○	○	○
	漢文・漢詩						

東京農業大学第一高等学校

2023年度 合否の鍵はこの問題だ!!

数学 1 (3), 2 (3), 3, 4 (3)

1 (3)　$2023 = 7 \times 289 = 7 \times 17^2$である。

2 (3)　そのまま加減法を用いると計算がやや面倒である。

3　昨年も$x^3 + y^3 = (x+y)^3 - 3xy(x+y)$と変形して，$xy$の値を求める問題が出題された。

4 (3)　三角形の面積は軸に平行な直線をひいて分割して求める。

◎やや計算が複雑なところがあるので，ミスのないように慎重に解いていこう。

英語 3, 4

3を取り上げる。A～Eの5つの設問，及び，7つの短・中文から構成されており，語句の意味を問う問題，本文と不一致の選択肢を選ぶ問題，語句選択補充，要旨把握，内容真偽などが問われている。

いずれも単体では，長い長文とは言えないが，問題数が計8題に対して，7つのバラエティーに富んだ英文を読まなければならず，注意が必要である。

また，後に続く4の長文は長く，文法問題も含めて，全体の問題数も50題と多めなので，時間との勝負になるであろう。

日頃から，英文を正確かつ速く読む習慣を身につけることが肝要となる。読解問題集を通じて，英文読解の演習を積み重ねること。

国語 二 問一

★ なぜこの問題が合否を分けたのか

本文を精読する力と設問内容を的確に把握する注意力が試される設問である。傍線部(ア)の解釈ではなく，筆者の考える「書かないことの問題点」とは何か，が問われているをおさえて解答しよう！

★ こう答えると「合格できない」！

直後に「ソクラテスは広場(アゴラ)に集う人びとを相手に問答を仕掛けていました。紙ではなく，ほかに考える人たちを前に議論していました」とあり，「しかしそれは，その場で遂行されることとして過ぎていきます」とあることから，「時間が経過するうちに忘れてしまって，……」とする2を選ばないようにしよう。2の「自分の意見が何だったのか思い出せなくなってしまう」という記述は本文にないので，2は適切でない。

★ これで「合格」！

続いて「書き留めておくと，その文字を見ながら(読みながら)それを反芻したり，そこからまたさらに考えを広めたり深めたりすることができます」とある。言い換えると，書き留めておかなければ，反芻したり，考えを広めたり深めたりすることができない，という意味になるので，「書き留めておかないために，再び思考したり，まとまった考えを広めたりする手立てがない」とする4を選ぼう。ソクラテスは，プラトンがソクラテスの対話を想起しながら書き留めたので，ソクラテスの対話は書き留められているが，ここではソクラテスについてではなく，「書かないことの問題点」に焦点が絞られていることに注意しよう！

MEMO

大切なことはメモしておこうネ！

ダウンロードコンテンツのご利用方法

※弊社 HP 内の各書籍ページより，解答用紙などのデータダウンロードが可能です。

※巻頭「収録内容」ページの下部 QR コードを読み取ると，書籍ページにアクセスが出来ます。（Step 4 からスタート）

Step 1 東京学参 HP（https://www.gakusan.co.jp/）にアクセス

Step 2 下へスクロール『フリーワード検索』に書籍名を入力

Step 3 検索結果から購入された書籍の表紙画像をクリックし，書籍ページにアクセス

Step 4 書籍ページ内の表紙画像下にある『ダウンロードページ』をクリックし，ダウンロードページにアクセス

Step 5 巻頭「収録内容」ページの下部に記載されているパスワードを入力し，『送信』をクリック

解答用紙・+αデータ配信ページへスマホでアクセス！ ⇒
＊データのダウンロードは 2024 年 3 月末日まで。
＊データへのアクセスには，右記のパスワードの入力が必要となります。 ⇒ ●●●●●●

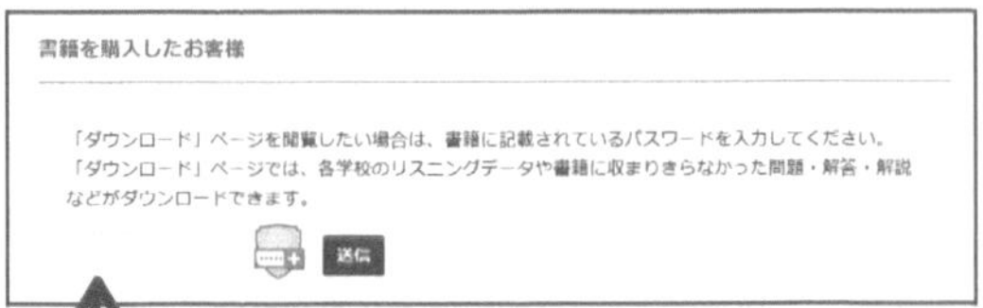

書籍を購入したお客様
「ダウンロード」ページを閲覧したい場合は，書籍に記載されているパスワードを入力してください。
「ダウンロード」ページでは，各学校のリスニングデータや書籍に収まりきらなかった問題・解答・解説などがダウンロードできます。
送信

Step 6 使用したいコンテンツをクリック

※ PC ではマウス操作で保存が可能です。

2023年度

★★★★★★★★★★★★★★★★★★★★★★★★

入　試　問　題

2023年度

東京農業大学第一高等学校入試問題

【数　学】（50分）〈満点：100点〉

1　次の計算をしなさい。

（1）　$\dfrac{4x-3y}{3}-\dfrac{x-4y}{2}-x-y$

（2）　$(\sqrt{2}+\sqrt{5}+\sqrt{6})(\sqrt{2}-\sqrt{5}+\sqrt{6})$

（3）　$\sqrt{202.3\div777+20.23\div7.77+2.023\div77.7}$

2　次の各問いに答えなさい。

（1）　$9(a-b)^2-a^2-2ab-b^2$を因数分解しなさい。

（2）　xについての2次方程式$x^2-2ax+a^2-1=0$の2つの解が$1+\sqrt{2}$と$3+\sqrt{2}$となるように定数aの値を求めなさい。

（3）　次の連立方程式を解きなさい。

$$\begin{cases}20x-23y=26\\24x-27y=30\end{cases}$$

（4）　$x+y=a$，$xy=-3$のとき，

$(x+y)^2-2x-2y+xy=0$

を満たすようなx，yの値を求めなさい。ただし$a>0$，$x<y$とする。

（5）　図のように，線分AB，線分CDを直径とする円Oがあり，点Eは円Oの円周上の点である。$\angle ABE=47^\circ$，$\angle CDE=23^\circ$であるとき，$\angle x$の大きさを求めなさい。

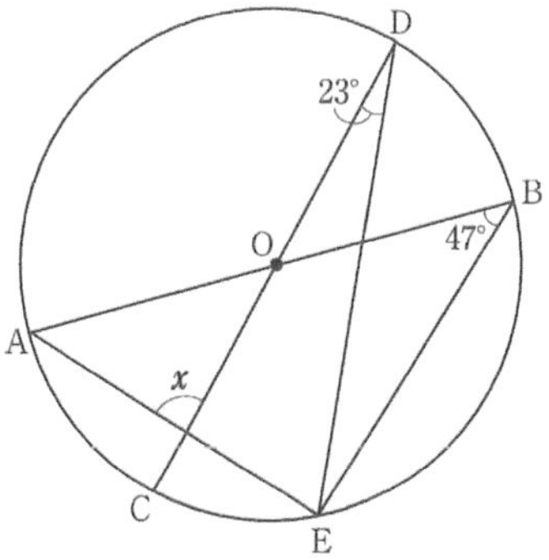

3 ある日，花子さんと太郎さんは数学の授業で出された問題について話し合っていた。次の問題に対する2人の会話を読んで，以下の問いに答えなさい。

> **問題**
>
> $x=\dfrac{\sqrt{5}+1}{2}$，$y=\dfrac{\sqrt{5}-1}{2}$のとき，次の式の値を求めなさい。
>
> （1） $x+y$　　（2） xy　　（3） x^2+y^2　　（4） x^3+y^3

花子さん：「（1）と（2）は代入して計算して答えが出るよね？」

太郎さん：「そうだね。$x+y=$ ア ，$xy=$ イ かな。」

花子さん：「合っているね。（3）も同じように代入すればいいよね！」

太郎さん：「それでもできそうだけど，計算ミスが怖いなぁ。（4）なんて計算が大変そうだよ。」

花子さん：「（1）と（2）の結果を使えないかな？ x^2+y^2と$(x+y)^2$を展開した式は似ているから…」

太郎さん：「そうか！ $x^2+y^2=(x+y)^2-2xy$だから，（1）と（2）の結果を代入すれば，$x^2+y^2=$ ウ とすぐにわかるね！」

花子さん：「やったぁ！（4）も同じようにできるかな？」

太郎さん：「（3）と同じように考えるとしたら，$(x+y)^3$を展開すればわかるかな？やったことないけど…」

花子さん：「$(x+y)^3=(x+y)(x+y)^2$とわけてあげると$(x+y)^3=(x+y)(x^2+2xy+y^2)$となるから，$(x+y)^3=x^3+y^3+$ A となるね！」

太郎さん：「そうか！ $x^3+y^3=(x+y)^3-\{$ A $\}$だから，これまた（1）と（2）の結果を代入すれば，$x^3+y^3=$ エ だ！」

花子さん：「別の方法だけど，$(x+y)(x^2+y^2)$を展開してもx^3+y^3が出てきそう！」

太郎さん：「それで計算すると$x^3+y^3=(x+y)(x^2+y^2)-\{$ B $\}$だから…やっぱり$x^3+y^3=$ エ だ！」

花子さん：「先生に自慢しよう！」

問1. ア ～ エ に当てはまる数を答えなさい。

問2. A ， B に当てはまる数式を答えなさい。

問3. $x=\dfrac{\sqrt{5}+1}{2}$，$y=\dfrac{\sqrt{5}-1}{2}$のとき，x^4+y^4の値を求めなさい。

4 関数$y=ax^2$のグラフ上に3点$\mathrm{A}\left(3,\ \dfrac{9}{2}\right)$，$\mathrm{B}\left(1,\ \dfrac{1}{2}\right)$，$\mathrm{C}(t,\ at^2)\ (t<0)$がある。

いま，直線ACと直線BCがy軸と交わる点をそれぞれD，Eとする。

このとき，次の各問いに答えなさい。

（1） aの値を求めなさい。

（2） 点Dの座標をtを用いて表しなさい。

（3） 点Eのy座標が点Dのy座標より2小さいとき，

① 点Cの座標を求めなさい。

② △ABCの面積を求めなさい。

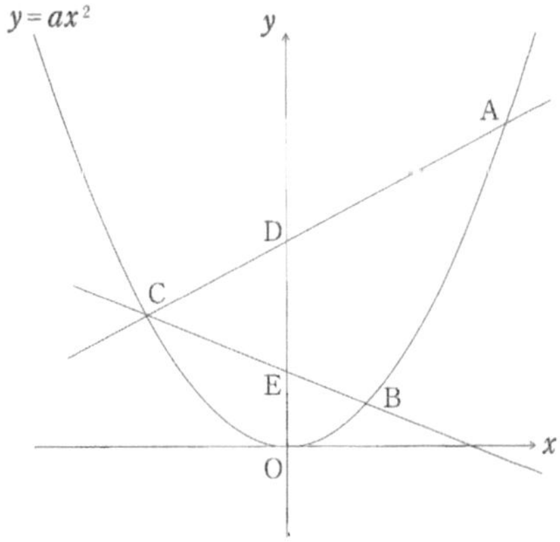

5 △ABCにおいて，すべての頂点を通るような円を「△ABCの外接円」という。このとき，次の△ABCの外接円の半径をそれぞれ求めなさい。

（1） AB＝3cm，BC＝4cm，∠B＝90°の直角三角形

（2） AB＝BC＝CA＝1cmの正三角形

（3） AB＝AC＝6cm，BC＝4cmの二等辺三角形

【英　語】（60分）〈満点：100点〉

1　次の設問（Part 1～3）に答えなさい。

Part 1

これから，会話文が2つ流れます。それぞれの会話文の後に，会話文に対する質問が流れます。質問に対する答えを最もよく表している絵を（A）～（D）の中から1つ選び，それぞれ記号で答えなさい。音声は1回しか流れませんので，注意して聞いてください。

Question 1：

（A）

（B）

（C）

（D）

Question 2：

（A）

（B）

（C）

（D）

Part 2

これから，会話文が2つ流れます。その会話文を聞いた後，印刷されている質問に対する最も適切な答えを（A）～（D）の中から1つ選び，それぞれ記号で答えなさい。音声は1回しか流れませんので，注意して聞いてください。

Question 3：What will the woman do next?

（A）She will go to buy some butter.

（B）She will bring some sugar.

（C）She will wait to be called.

（D）She will make a phone call.

Question 4：What will the woman probably say next?

（A）I know staying in a hotel isn't expensive.

（B）You can borrow everything you need at the camping site.

（C）I'm glad you want to come with us.
（D）I didn't know you bought a tent.

Part 3
これから，やや長めの英文が2回流れます。その後で，内容に関する質問が2回流れます。答えとして最も適切なものを1つ選び，それぞれ記号で答えなさい。英文は2回流れますが，質問を聞いた後に，もう1度英文を聞くことはできません。注意して聞いてください。

Question 5：
（A）
（B）
（C）
（D）

Question 6：
（A）
（B）
（C）
（D）

これでリスニングテストは終わりです。
※リスニングテストの放送台本は非公表です。

2 次の設問（問1～3）に答えなさい。

問1　次の英文の（　　）に当てはまるものをア～エから1つ選び，それぞれ記号で答えなさい。

1．In this city, almost 40 percent of the water is very dirty. As a result, it (　　) be used for any purpose.
ア　must　　イ　might　　ウ　should　　エ　can't

2．The beautiful thing about learning is (　　) no one can take it from you.
ア　what　　イ　that　　ウ　because　　エ　which

3．Noah and I met at a Halloween party two years ago. That is (　　) we first got to know each other.
ア　how　　イ　which　　ウ　what　　エ　who

4．It's your birthday next week and you've been good. I'll buy you (　　) you want.
ア　which　　イ　anything　　ウ　nothing　　エ　that

5．A：Did you know the baseball tournament (　　) last summer?
B：Yes. Actually, I went to the stadium to see a game.
ア　holds　　イ　was holding　　ウ　was held　　エ　had held

6．Sota is (　　) to say such a stupid thing.

ア not enough clever　　イ enough not clever
ウ clever not enough　　エ clever enough not

7．Enomoto Takeaki (　　) for over one hundred years.
ア died　イ dead　ウ was died　エ has been dead

8．A：The rain is getting harder. I'm glad I have an umbrella today. Do you have (　　)?
B：Unfortunately, not.
ア it　イ that　ウ one　エ mime

9．A：I'm going to order some delivery food tonight. How does pizza (　　)?
B：Great! Let's do it.
ア sound　イ like　ウ think　エ hear

10. She seemed (　　) when her mother came in the room.
ア studying　イ having studied　ウ not to studied　エ to be studying

11. This proposal is (　　) that I don't think I can decide right away.
ア very sudden　イ suddenly　ウ so sudden　エ the most sudden

12. Keep your eyes (　　) when you wash your hair.
ア close　イ closed　ウ closing　エ to be closing

13. A：Shall I bring you some tea?
B：(　　)
ア No, but thanks anyway.　　イ No, I'm afraid not.
ウ Not really.　　エ I'm sure of it.

問2　各組の2文がほぼ同じ内容になるように，(　　)内に適する1語を答えなさい。

1．I have never seen a flower which is as beautiful as this.
I have never seen (　　) a beautiful flower as this.

2．Chuck doesn't understand French, so he can't read the menu.
(　　) Chuck understood French, he (　　) read the menu.

問3　次の英文の(　　)内の語(句)を並べかえて，日本文の意味を表す英文を完成させなさい。ただし，文頭にくる語も小文字にしています。

1．あなたのお姉さんはいつ東京を離れてロンドンに向かったの。
(did / sister / Tokyo / London / leave / for / your / when)?

2．そのドラマのシーズン1が放送されてから6年になる。
(has / it / six / since / season / been / years / the first) of the drama came out.

3．日本語には雨を表す多数の単語がある。
The Japanese language (a / number / to / words / of / rain / describe / large / has).

4．ベンジャミン・フランクリンは，アメリカにとって重要な仕事を果たした最も偉大な人物の一人である。
Benjamin Franklin (did / is / men / of / one / that / greatest / the) an important job for America.

5．メキシコを旅するほとんどの旅行客は水道水を飲まないように言われている。
Almost every (traveling Mexico / has / not / drink / to / been / told / tourist) the tap water.

3 **次の設問(A～E)に答えなさい。**

A　次の英文の下線部の意味として適切なものをア～エから1つ選び，それぞれ記号で答えなさい。

1．People tend to live in the city rather than in the country. However, housing costs have skyrocketed over the last few years. You should save enough for the cost of living if you hope to live in a big city.

ア　have been popular

イ　have increased rapidly

ウ　have flown above the clouds

エ　have dropped suddenly

2．It was difficult returning to our mundane life after having so much fun on the weekend. I had a wonderful time at our lakeside holiday house with my family. That's why I forgot to do my homework.

ア　ordinary and not interesting

イ　fun and exciting

ウ　relaxing and refreshing

エ　extremely unique

3．Savvy shoppers compare prices between stores, especially if they see similar products. They might save a few cents but in the long term, it would make a big difference.

ア　Very interesting and full of variety

イ　Taller than average

ウ　Happening or seeing something very often

エ　Having practical knowledge and experience

B　次の案内について，**本文の内容と一致しないもの**を，ア～エから1つ選び，記号で答えなさい。
＊印は注があることを示します。

Aloha!

Welcome to the Waikiki Starlight Hotel dinner show. The meals are buffet style, so please enjoy as much as you'd like.

We'd like you to try all the traditional Hawaiian food. These are all the essential dishes served at *luaus for families and relatives from past days.

Please don't miss the purple yogurt-like dish. This is called poi and it's made by mashing steamed taro and adding water to make paste. Since ancient times, taro has been an important *ingredient for Hawaiians. *Nutritious, low-fat poi is even now fed to babies as a baby food, and in recent times, it is especially popular with women as a diet food.

Go ahead and enjoy the food and the show. *Mahalo!*

注　luaus　ハワイ料理による屋外での宴会　　ingredient　材料　　nutritious　栄養に富んだ

ア　Poi is a pasty food made from taro.
イ　Poi is yogurt that has become popular recently.
ウ　Hawaiians feed the purple yogurt-like dish to babies.
エ　Hawaiians have cooked taro as a special food for a long time.

C　次の英文の[　　　　　　]に入る最もふさわしい語を，ア～エから1つ選び，記号で答えなさい。
＊印は注があることを示します。

I am calling [　　　　　　] to discuss a problem with a product I ordered from your company... When I noticed the product was *defective, I contacted your customer services department about the problem... I left messages with your answering machine twice, but never got a response.

注　defective　故障している

ア　soon
イ　accidentally
ウ　again
エ　firstly

D　次のニュース記事が一番伝えたい内容を，ア～エから1つ選び，記号で答えなさい。
＊印は注があることを示します。

A well-known musician treated people at a *vaccination clinic to an *impromptu performance on Friday. It was the *cellist, Yo-Yo Ma. He'd just received his second shot at the Berkshire Community College in Massachusetts. He had to wait 15 minutes to make sure there were no *side effects before he could leave. A spokesperson for the vaccination project says Ma elected to use that time to *serenade the clinic because he "wanted to give something back."

注　vaccination　ワクチン接種　　impromptu　即興の　　cellist　チェロ奏者
side effect　副反応　　serenade　～にセレナーデを奏でる

ア　A famous musician has already got his second vaccination shot.
イ　A famous musician had to wait 15 minutes before leaving a vaccination clinic.
ウ　A famous musician tried to make people at the clinic relax with his serenade.
エ　A famous musician gave his musical instrument to people at the clinic.

E　次のニュース記事を読んで，問1・2に答えなさい。
＊印は注があることを示します。

Responding to calls to reduce plastic waste, some convenience store chains are switching to paper packaging for takeout food items. *Amid the coronavirus pandemic, the amount of plastic *discarded in Japan has increased as more people buy cooked meals instead of dining out.

A number of Lawson outlets have already started using paper containers for some rice bowl dishes.

The chain plans to expand this action to around 6,400 outlets by May. It expects the move will reduce plastic waste by about 250 tons per year. The chain will also switch to paper cups for iced coffee.

Family Mart is making similar moves.

It began selling a grilled salmon dish in a paper box in March. Only the *lid is plastic, so use of the material is reduced by about 40 percent. The chain plans to do the same for three other types of meals this month.

"We will monitor *demand for these new products and seek customer feedback," a company official says. "We'll analyze the data and *incorporate the findings into our future product development."

Seven-Eleven Japan shifted last year to paper packages for some of its boxed meal products. The move is believed to be reducing its plastic *consumption by hundreds of tons a year.

注 amid ～の最中に　discard 廃棄する　lid ふた　demand 需要
incorporate ～を取り入れる　consumption 消費

問1 What is the main topic of this passage?

ア Some convenience store chains have reduced both plastic and paper waste.

イ Some convenience store chains are trying to use more paper packaging instead of plastic ones.

ウ Some convenience store chains have decided to use no plastic packages.

エ Some convenience store chains are trying to reduce food waste.

問2 Which sentence is true about Family Mart?

ア It started selling food with a paper lid.

イ It is planning to sell three new salmon dishes.

ウ It is going to get information related to their future products.

エ It gave feedback to customers before selling the three new products.

4 次の英文を読んで，設問(問1 ～4)に答えなさい。
＊印は注があることを示します。

In America, *Eleanor Roosevelt is seen as one of the most important women of the 20th century. Married to President *Franklin Roosevelt, she became the First Lady of the United States in 1933. But she is remembered even more for helping the poor and improving civil rights at a time when many people believed that women could never do anything important.

[A] But she also had a lot of sad experiences. Eleanor's mother often *teased her young daughter by pointing out her *plain looks, and sometimes playfully called her "grandma" because of the way she acted old-fashioned for her age. But sadly, Eleanor was only 8 years old when her mother died. Her father also passed away less than two years later, and Eleanor was alone.

[B] Her life was *stable, but not very loving. Her grandmother's only interest was Eleanor's education. Eleanor was not allowed to play like normal children, and her grandmother expected her to speak only if she was spoken to first. As a result, she had trouble fitting in socially with other children of her age.

When Eleanor was sent to school in England, it gave her a welcome break from her lonely childhood. She became an intelligent and popular student. And after three years at the school, she had truly come out of her *shell.

When Eleanor returned to New York in 1902, her grandmother expected her to get along with other high-society women. But Eleanor wasn't very excited about the fancy-dress parties she was expected to attend. The parties did, however, introduce her to some of the people that would later change her life.

[C] The group was a women's social organization that did volunteer work and helped the poor. Along with a friend, Eleanor visited the poorer areas of New York in order to teach exercise lessons and dancing to young girls. Later she began to visit factories for the first time, and saw some of the terrible working conditions there. The work helped Eleanor to understand how protected and special her youth had been.

[D] She once asked him to come with her during her social work so that he could see the poverty for himself. Franklin was deeply moved by what he had seen, and amazed at Eleanor's intelligence and kindness. Happily, Eleanor had found someone who matched her intellectually and *emotionally. And on *St. Patrick's Day in 1905, the couple were married.

[E] He was forced to put aside his rising political career, and spent a long time trying to improve his health. His disease was serious. Eleanor had to take over as the head of the family, looking after their five children while helping to nurse Franklin. While Franklin never fully recovered, he became well enough to return to active political life. With Eleanor behind him, he was elected *governor of New York in 1929, and four years later became president of the United States.

Eleanor became one of Franklin's closest advisers in the White House, and they traveled around the country. Now used to public speaking, she even became the first "First Lady" to hold a *press conference of her own, and in a surprising decision, invited only women reporters to attend.

But perhaps the *proof of Eleanor's decision came when the *Daughters of The American Revolution, a group she had been a member of, refused to let the African-American opera singer *Marian Anderson perform in their building. Mrs. Roosevelt quit the organization to protest this *racist decision, and gave her support to the free public concert that was later organized at the *Lincoln Memorial.

[F] Despite her special background, Eleanor worked hard to learn about the lives of normal people, and then to help improve them. She once wrote, "You must do the thing you think you [X] do." And it is unlikely that anyone imagined that the young girl who had been teased for being plain and old-fashioned would grow up to become such a strong, modern woman. Eleanor Roosevelt gave many of America's unhappy people a happier future, because she believed in doing the thing she thought she could not do.

注　Eleanor Roosevelt　エレノア・ルーズベルト

Franklin Roosevelt　フランクリン・ルーズベルト(第32代米国大統領)
tease　からかう　plain　地味な　stable　安定した　shell　殻，貝殻　emotionally　感情的に
St. Patrick's Day　セント・パトリック・デイ(アイルランド由来の記念日)　governor　知事
press conference　記者会見　proof　証拠
Daughters of The American Revolution　アメリカ革命の娘たち(1890年に設立されたアメリカ最大の愛国婦人団体)
Marian Anderson　マリアン・アンダーソン(アフリカ系オペラ歌手)
racist　人種差別主義者，人種差別的な　Lincoln Memorial　リンカーン記念堂

問1　本文中の[A]～[F]に当てはまる文をア～カから1つずつ選び，記号で答えなさい。

ア　Their relationship faced one of its hardest challenges when Franklin became disabled because of a disease.

イ　Like many other young women in her social circle, Eleanor became a member of the New York Junior League.

ウ　Eleanor achieved many more surprising things in her life.

エ　Eleanor was the daughter of a rich person in New York, and her early life was very comfortable.

オ　Luckily, she was able to share these experiences with a new friend, Franklin Delano Roosevelt.

カ　Eleanor found herself lonely because she had to live with her grandmother.

問2　以下の質問1～6に対する答えとして最も適切なものをア～エから1つずつ選び，記号で答えなさい。

1．What was Eleanor's childhood like?
　ア　She was made fun of by her classmates.
　イ　She behaved as if she were an old woman.
　ウ　She was beautiful and popular among her classmates.
　エ　She was willing to communicate with other people.

2．At what point did Eleanor's character change?
　ア　She returned to New York.
　イ　She was brought up by her grandmother.
　ウ　She studied abroad in England.
　エ　She was left alone because her parents passed away.

3．What happened to Eleanor after coming back to New York?
　ア　She went to factories to teach exercise lessons and dance.
　イ　She held fancy-dress parties to meet a lot of high-class women.
　ウ　She came to know Franklin through her volunteer work.
　エ　She recognized how different her life was through her volunteer activities.

4．What was Franklin deeply moved by?
　ア　He was deeply moved by how honest children were.
　イ　He was deeply moved by how active Eleanor was.

ウ He was deeply moved by how perfect Eleanor was for him.

エ He was deeply moved by how poorly people lived in some areas.

5．What difficulty did Eleanor experience?

ア Franklin's political career suddenly ended because of his mistake.

イ Franklin challenged a presidential election first of all his elections.

ウ Franklin suffered from a difficult disease, so she had to support her family in place of him.

エ Franklin didn't recover from a disease at all.

6．Which sentence is wrong about Eleanor?

ア She helped her husband and visited a lot of places around the United States.

イ She organized a press conference only for female reporters.

ウ She made a public speech for the purpose of helping a black woman.

エ She protested a racist action and quit an organization to which she belonged.

問3　本文中の[　X　]に当てはまる語をア～エから1つ選び，記号で答えなさい。

ア can

イ cannot

ウ wouldn't

エ shouldn't

問4　以下の文章は本文を読んだNathanの感想です。(　　)に当てはまる語句をア～エから1つ選び，記号で答えなさい。

＊印は注があることを示します。

This story was amazing. Eleanor's story reminded me of a story about *Heather Whitestone, who was the first *deaf Miss America title holder, having lost most of her hearing. In her childhood, she was unable to keep up with her studies and began to fall behind her classmates. Then, she asked her family to send her to a special school that would enable her to catch up with the other students in her class. She studied hard and returned to Alabama to graduate from high school with good grades. In college, she applied for Miss America and won the title. She had a strong will like Eleanor. Her way of thinking was also similar to Eleanor. Heather strongly believed in her S.T.A.R.S. program. It stands for "Success Through Action and Realization of your dreams." It has five points which are: positive attitude, belief in a dream, the *willingness to (　　), facing difficulties, and building a strong support team.

注　Heather Whitestone　ヘザー・ホワイトストーン　　deaf　耳の聞こえない　　willingness　意欲，やる気

ア get along with others

イ get over anger

ウ work hard

エ be silent

5 次の会話の最後の書き出しに続けて，Class Leaderの意見となる英文を書きなさい。なお，英文は解答欄内におさめること。

Class Leader ：Why don't we put on a play about a princess for our school festival?

Student A ：No way! What about the boys? There are more boys than girls in our class. What are we going to do? And I don't like to perform on stage anyway.

Class Leader ：You know what? Our show will need boys and girls to perform. Besides, making a play together will be a great experience for us.
That's because

____.

実菜さん：ということは、物の道理を真に理解する人は賢愚・得失の境地にはいなかったということになるわね。

太陽くん：すべては人間の心の中にある「欲」が導くもので、論ずることや願うことは無意味なことだと書いてあるよ。

【選択肢】
1　花子　　2　稲助　　3　麦夫
4　実菜　　5　太陽

問六　本文の出典は鎌倉時代末期に成立した『徒然草』であるが、同じジャンルの作品を、次の1～5の中からすべて選びなさい。

1　源氏物語　　2　枕草子　　3　十訓抄
4　奥の細道　　5　方丈記

5　有名になればお金を自由に使って、夜も寝る間もなく

問二　傍線部（イ）「財多ければ身を守るにまどし」とあるが、筆者は「財」をどういうものだと述べているか、最も適当なものを、次の1～5の中から一つ選びなさい。

1　財産が多くなければ、自分の身を守ることすらできなくさせるもの
2　財産は災禍を受ける媒介であり、子孫にわずらわしさを残すもの
3　財産を多く持っていたならば、自分の生きる道に迷いを無くすもの
4　財産は多くあれば何もないが、少なければ心身を貧しくするもの
5　財産が人の欲望をかき立て、自分を見失わせてしまうもの

問三　傍線部（ウ）「位高く、やんごとなきをしも、すぐれたる人とやは言ふべき」の解釈として、最も適当なものを、次の1～5の中から一つ選びなさい。

1　位が高く、どんな時でも毅然とした態度でいられる人が、優れた人物と呼ばれるにふさわしいのではないか。
2　位が高く、何でも自分の思い通りに世の中を動かせる人こそが、優秀な人と呼ばれるべきなのだ。
3　位が高く、身分が尊いことだけを、優れた人と言うべきであろうか。いや、言うべきではない。
4　位が高くても、身分に関係なく他者の意見を聞き入れることができる人のことを、優れた人と言うだろう。
5　位が高くても、日頃の行いや考え方が貧しい人物は、決して優れた人と呼ぶべきではない。

問四　傍線部（エ）「人の聞」、傍線部（オ）「そしりのもと」の意味の説明として、最も適当なものを、次の1～5の中から一つ選びなさい。

1　（エ）「人の聞」は、世の人の評判の意味で、（オ）「そしりのもと」は、悪くいわれる根本の意味である。
2　（エ）「人の聞」は、世の中の噂の意味で、（オ）「そしりのもと」は、人が生きるための道理の意味である。
3　（エ）「人の聞」は、世間一般の意味で、（オ）「そしりのもと」は、失敗の原因の意味である。
4　（エ）「人の聞」は、人に教わるの意味で、（オ）「そしりのもと」は、すべてを忘れるの意味である。
5　（エ）「人の聞」は、評判のいい人の意味で、（オ）「そしりのもと」は、評判の悪い人の意味である。

問五　生徒五人が本文の内容について話し合っている。**間違って解釈している**生徒の名前を、後の【選択肢】1～5の中から一つ選びなさい。

花子さん：迷いの心をもって名誉や利益の欲望を求めると、本文のような愚かなことになると筆者は述べているね。
稲助くん：それを証拠に、死んだ後に黄金を高く積んだとしても、それに関係する遺族のためにやっかいものにされるぞ。
麦夫くん：じゃあ、知恵と心についても同じね。名声を残したいけど、死後に名を残しても無益ということだよな。

問四　筆者は「考える」ことをどのように捉えているか、全体を通して読んで六十字以内で説明しなさい。

三　次の文章を読んで、後の問いに答えなさい。

（ア）名利に使はれて、しづかなるいとまなく、一生を苦しむるこそ、愚かなれ。

（イ）財（たから）多ければ身を守るにまどし。害をかひ、累（わづら）ひを招くなかだちなり。身の後には金をして北斗をささふとも、人のためにぞわづらはるべき。愚かなる人の目をよろこばしむる楽しみ、またあぢきなし。大きなる車、肥えたる馬、金玉の飾りも、心あらん人は、うたて愚かなりとぞ見るべき。金は山にすて、玉は淵に投ぐべし。利にまどふは、すぐれて愚かなる人なり。

　埋もれぬ名を長き世に残さんこそ、あらまほしかるべけれ。（ウ）位高く、やんごとなきをしも、すぐれたる人とやは言ふべき。愚かにつたなき人も、家に生まれ時にあへば、高き位に登り、おごりを極むるもあり。いみじかりし賢人・聖人、みづからいやしき位にをり、時にあはずしてやみぬる、また多し。ひとへに高き官・位を望むも、次に愚かなり。

　知恵と心とこそ、世にすぐれたる誉も残さまほしきを、つらつら思へば、誉を愛するは、（エ）人の聞（きき）をよろこぶなり。誉むる人、そしる人、共に世に止まらず、伝へ聞かん人、またまたすみやかに去るべし。誰をか恥ぢ、誰にか知られん事を願はん。誉はまた（オ）そしりのもとなり。身の後の名、残りてさらに益なし。これを願ふも、次に愚かなり。

　ただし、しひて智をもとめ、賢を願ふ人のために言はば、知恵出でては偽りあり。才能は煩悩の増長せるなり。伝えて聞き、学びて知るは、まことの智にあらず。いかなるをか智と言ふべき。可・不可は一条なり。いかなるをか善と言ふ。まことの人は、智もなく、徳もなく、功もなく、名もなし、誰か知り、誰か伝へん。これ、徳を隠し、愚を守るにはあらず。もとより賢愚・得失の境にをらざればなり。

　迷ひの心をもちて名利の要を求むるに、かくのごとし。万事は皆非なり。言ふにたらず、願ふにたらず。

（『徒然草』第三十八段による）

（注）※　まどし・・・「貧し」に同じ。とぼしい
※　身の後・・・死後
※　あぢきなし・・・役に立たない。無益だ。
※　家・・・ここでは、名門の家のこと。
※　人の聞・・・人のうわさ
※　煩悩・・・情欲や願望など、心身を乱す精神作用のこと。
※　愚を守る・・・愚者をよそおうこと。

問一　傍線部（ア）「名利に使はれて、しづかなるいとまなく」の内容として、最も適当なものを、次の1～5の中から一つ選びなさい。

1　名前を私利私欲の為に使われて、心身ともに疲れ果て
2　名利という先生の下で修業を積んで、心身ともに鍛えられ
3　名誉や利益に追い立てられて、心身を静かにする暇もなく
4　有名な先生に使ってもらえることによって、大変忙しく

がわかるようになるということですが、現実的にも「わたし」は、このようにして複数の人とのかかわりの中でできあがっていくのです。

（西谷修『〝ニューノーマルな世界〟の哲学講義』による）

問一　傍線部（ア）「ソクラテスは自分では書きませんでした」とあるが、筆者は書かないことの問題点は何だと考えているか、最も適当なものを、次の1～5の中から一つ選びなさい。

1　広場に集まった人々にむやみに議論をしかけ、意見をもつ人だけを重要視し、意見をまとめようとしたが、意見を言わない人は無視せざるを得なかったこと。

2　どんなにいい意見を集約することができたとしても時間が経過するうちに忘れてしまって、自分の意見が何だったのか思い出せなくなってしまうこと。

3　互いの意見を積み重ねていくうちに共通了解や、議論の末に結論が導き出されるが、反省の行為を複数で行うとまとまらないこと。

4　せっかく人々との議論で得た共通了解や結論を、書き留めておかないために、再び思考したり、まとまった考えを広めたりする手立てがないこと。

5　せっかくの対話を書き記すことをせずに弟子のプラトンに任せてしまったので、ソクラテスの功績の多くはプラトンのものになってしまったこと。

問二　傍線部（イ）「『わたし』自体は、ほかの何者にも頼らない自立的なものと思われがち」とあるが、筆者は「わたし」をどう捉えているか、最も適当なものを、次の1～5の中から一つ選びなさい。

1　神の力によって我々の生は保証されており、その原理をぬきにして人間の存在はありえないので、人間は自立的なものではない。

2　デカルトによれば「我思う、ゆえに我あり」ということであり、物事を疑って考える『わたし』の存在と実際に考える対象としての「わたし」がいるので「わたし」は複数自立的に存在する。

3　「わたし」はひとりの人間としての存在でもあり、「主観」としての存在でもあり、「近代的個人」でもあるので、時と場合によって立場が変わり自立的ではない。

4　そもそも、「わたし」の存在は生物学的にみれば、ふたりの親から生まれる者であり、その後複数の人間とのかかわりの中で「わたし」という意識を持つので自立的な存在ではない。

5　ふたりの親が存在しなければ人間としての生を受けられないが、「わたし」として成長することとは別次元の話であり、その後世界とのかかわりの中で「わたし」は自立的な存在に変化していく。

問三　空欄［X］に入る語として最も適当なものを、次の1～5の中から一つ選びなさい。

1　頭角をあらわす　　2　腹がすわる

3　つぼにはまる　　4　つぶしがきく

5　もの心つく

ていきます。いってみればこれは、生きた人を相手に、つまり生きた人を「鏡」にして、考えを相互的に検証していく行為です。複数でやる「反映・反省」ですね。

しかしそれは、その場で遂行されることとして過ぎていきます。プラトンはそれを確実に刻んで残しておこうとして、ソクラテスの対話を想起しつつ書き留めました。書き留めておくと、その文字を見ながら（読みながら）それを反芻したり、そこからまたさらに考えを広めたり深めたりすることができます。つまり、書かれたものがそれを読む人の心（頭）にとっての「鏡」になるわけです。鏡のことを日本では昔、「姿見」ともいいましたが、書き物は読む人、そして考えようとする人にとって、自分の頭（意識）の「姿見」になるのです。

それが口誦に始まる詩と違うところですが、これにはまた踏み込んだ「反省」が必要です。

「自分の姿を映すといっても、誰かが書いたものには、書いた人の姿が映っているのでは？」と思われるかもしれません。しかし皆さん、「考える」というのは自分ひとりですることではありません。もとよりそんなことはできないのです。それは「考えているわたし」がどんなものなのか、ということを見てみればわかります。

近代的思考の祖とされるフランスのデカルトは「我思う、ゆえに我あり」という定式で有名です。これは、「わたしは考えている（疑っている）」、ということは、世界の一切が疑わしいとしても、少なくとも疑っているこのわたしは確実に存在する」ということです。デカルトのこの定式以降、「わたし」が思考の足場であり、出発点であるということになりました。そして「世界」は「わたし」の考えの対象である、これが「近代的個人」の思考の在り方だということになりました。

すべてはその「わたし」の考えの対象として立ち現れてくるというのです。ただし、その「わたし」は認識される客体（客観的）世界の内にはどこにもないから、その「主観」は「超越的」だといわれます（それはカントの言い方ですが）。

この場合の（イ）「わたし」自体は、ほかの何者にも頼らない自立的なものと思われがちです。しかし、当時の西洋世界では、唯一不変の「神」という原理がありましたから、その「わたし」の単独性は、「神」の存在によってこそ保証されるものでした。

そんな便利で万能の「神」を抜きにして、具体的にわたしたちが生きている現実から考えてみても、やはり「わたし」というのは、わたし自身が作り出した単独のものではありません。

この「わたし」（「精神」とか「主体」ともいわれるもの）や、それを支えているこの「わたしという身体」も、生物学的に見ればふたりの親から生まれてきたものです。桃太郎のように、桃を中から割って自分でこの世に出てきたのではありません。最近では、精子と卵子をもってきて受精させたり、体細胞を採取して胚段階にまで初期化してまた発生させたりすればクローンができる、などという話もありますが、少なくとも今のところ精子と卵子はふたりの人間から採ってこなければなりません。

そして生まれたときにはまだ意識も何もありません。その赤ん坊は、周囲の人間に育てられて次第に言葉を身につけ、そのうちやっと「わたし」という意識をもつようになり、「人間」らしくなります。日本では「［X］」という言い方がありますね。いろいろ基本的なこときに負けたときには、アイデンティティをも失ってしまうんだね。

作太郎くん：その視線交叉の諸々の現象を「磁場」と言っているね。衝突があり撥ねつけがあり、うろたえたり消え入ったりと、自分の顔をじかに見ることができないことで起こる駆け引きなんだね。

【選択肢】
1 稲助くん・作太郎くん　2 耕作くん・花子さん
3 稲助くん・穂菜実さん　4 耕作くん・穂菜実さん
5 花子さん・作太郎くん

問九　本文中より次の一文が抜けている。入るべき箇所を【文章Ⅱ】の中から探し、直後の三字（句読点を含む）を抜き出し答えなさい。

接触が起こらないところでひとは他人の顔を見ることができる。

二　次の文章を読んで、後の問いに答えなさい。

白い紙に向かって書くことは、鏡を見ることに似ています。そのとき書くことの内容は頭の中から出てきます（「胸の内」からという人もいるでしょう）。紙に向かって書くと、あたかもその内容が頭の中にすでにコンテンツとしてあって、それを文字で書き出しただけのように思えます。最初から頭の中で言葉で思いついて、それを忘れないように書き留めておこうという場合もあるでしょう。これはメモを書き留める、覚え書きのようなものですね。

でも、「考える」ということはそうではないのです。書く前はまだそれが何かわからず、かたちがなく、言葉になってもいません。しかし、言葉で誰が読んでもわかるように、伝わるように「考え」ながらそれを表現して書いてみます。そうすると、頭の中でまだかたちになっていなかった何かが、「あ、自分はこういうことを考えていたんだ」と、書くことでかたちになります。

頭の中で考えていたとしても、書かなかったら忘れてしまいます。それを話すこともできますが、「書く」というのはそれとはちょっと違うのです。書くのは時間もかかりますが、時間がたつと頭にある内容は変わっていきます。思っていること、想念も移り変わります。脳を作っている細胞自体も常に生まれ変わっていて、同じではありません（もちろん、「そうか、わかった、これだ」と強く思ったことは、あとで想起することもできますが）。

つまり「書く」ことによって、自分にとってもほかの人にとっても「考え」が見えるようになる。言い換えると、書くことで頭の中で考えていることが紙の上に映し出されます。「考える」ことはつまり、「鏡に映す」ことであり、それによって目に見えるようになるのです。それが「反省（リフレクション）」「省察」などといわれるものです。普通リフレクションは「内省」と思われがちですが、そうではありません。

(ア)ソクラテスは自分では書きませんでした。ソクラテスは広場（アゴラ）に集う人びとを相手に問答を仕掛けていました。紙ではなく、ほかに考える人たち、意見をもつ人たちを前にして議論していました。ああでもない、こうでもない、ではこうではないですか、こうですよね……と互いの意見を織り合わせて積み重ねていく中で、共通了解のようなもの、あるいは議論に導かれる結論のようなものが生み出され

1　他者がわたしを〈わたし〉として認知してくれる共同的な解釈として存在する顔が、自分にだけ見えないので、自分の顔の様態を想像するしかないから。

2　顔の「遠さ」というものに起因していて、〈わたし〉によって自己固有のものとして所有されている顔が、実は自分以外のだれかによって支配されているから。

3　他者の顔の上に何かを読み取り、他者の顔を通して今の自分の顔の様態を知るという、可視性のアンバランスな構造のなかに置かれているから。

4　〈わたし〉と他者とはそれぞれ自己にいたるための交叉的な存在であり、他者を〈わたし〉の鏡として自己のイメージを形成するしかないから。

5　他者と〈わたし〉とは解釈の共同性にのみ支えられた共謀関係であり、わたしの顔を知りたければ、他者の顔を「眺める」ことしかないから。

問七　傍線部（オ）「観察されているのはだれかの「顔面」である」とあるが、どのような状況か、その説明として最も適当なものを、次の1～5の中から一つ選びなさい。

1　視線交叉が起こる環境において、押しのけあいや駆け引き、衝突が常にあり、〈顔〉と〈顔〉の相反する力が相殺されてしまう状況。

2　テレビのなかのキャスターの顔をじっとまなざしたり、相手を脇から盗み見たりするような、相手の顔が〈顔〉として切迫してこない状況。

3　顔の接触がなんらかの関係を引き起こさざるをえないときや、眼と眼が合ったときに、互いの顔がうろたえ消え入ってしまうときのような状況。

4　他者のまなざしに対して容姿をそのままにさらしておけない〈顔〉をもちながら、他者の盗み見という行為にはあまりに脆弱（ぜいじゃく）な状況。

5　二つの顔が二つの〈顔〉として切迫しあっているときの、顔面の造作がそのひとのアイデンティティを証明するものとなりさらけ出された状況。

問八　傍線部（カ）「いわば磁場のようなものである」について、五人の生徒たちが話し合っている。**適当でない**発言をしている生徒の名前を後の【選択肢】1～5の中から一つ選びなさい。

稲助くん　：顔の接触が起こらないようなところでは、わたしは他人の顔を見ることができるよね。たとえば、相手がこちらを見たり、まなざしたりしないようなところではね。

耕作くん　：そうですね。眼と眼があってしまうと、眼を別のところに逸らすしかないのが社会通念とされていますよね。だから、視線の強度を鍛えることで相手の視線を撥ね返すことができます。

花子さん　：顔が接触している状況を考えてみましょう。そのような状況のなかでは、なんらかの関係が引き起こされて、視線交叉が起こってくるんだわ。

穂菜実さん：視線交叉が起こる〈顔〉と〈顔〉のあいだには、常に隙を狙った盗み見が試みられているけれども、視線の駆け引

3　自然（ナチュラル）と制作（メイク）の相反する顔が同じ妥当性をもっている化粧技術。
4　メイク（加工・変形）なのにナチュラル（素）という遠回しに非難している化粧の技術。
5　一見すると素と制作という相容れない要素で仕上げた逆説的な化粧の技術。

問三　傍線部（イ）「そもそも顔面が〈顔〉となるのはこのような〈わたし〉による所有という出来事によってだろうか」とあるが、筆者にとって〈顔〉とはどのようなものか。【文章Ⅱ】を参考に、最も適当なものを、次の1～5の中から一つ選びなさい。
1　自分がじかに見たことのない、他人が認知する顔のことである。
2　だれかをまなざしているときのその顔のことである。
3　鏡像、ポスターの顔や対象としての顔のことである。
4　盗み見でまじまじと見つめる相手の顔のことである。
5　マジックミラー越しに見るような顔のことである。

問四　傍線部（ウ）「〈わたし〉の可視性のアンバランスな構造」とあるが、【文章Ⅱ】も踏まえて説明するとして最も適当なものを、次の1～5の中から一つ選びなさい。
1　〈わたし〉によって所有される顔は、じかに見るというかたちでふれることができないものであり、わたしは〈顔〉としてのわたしの存在を終生見ることはないという不均衡な構造。
2　〈わたし〉という個的な人格が現前しているとき、その顔はだれかによって自己固有のものとして所有されているが、内面性としての人格は所有されていないという不釣り合いな構造。
3　他者のまなざしに対してそのままにさらしておけない〈顔〉は、「だれか」としての自己同一性と連続性をもって、〈わたし〉との関係のなかで組織されているといった釣り合いのとれない構造。
4　〈顔〉が〈わたし〉によって所有されるということは、〈わたし〉と可視的な現象とのあいだに何らかの裂け目やすきまができてしまった状況を意味し、それこそが不均衡な構造である。
5　〈顔〉の造作がそのひとのアイデンティティを証明しない社会のなかで、他者がわたしを〈わたし〉として認知してくれる顔が自分にだけ見えないという現象こそが不釣り合いな構造となっている。

問五　空欄［A］～［D］に入る語の組み合わせとして最も適当なものを、次の1～5の中から一つ選びなさい。
1　A・根源　B・想像　C・可視　D・共同
2　A・可視　B・共同　C・根源　D・想像
3　A・想像　B・共同　C・根源　D・可視
4　A・想像　B・根源　C・共同　D・可視
5　A・可視　B・想像　C・根源　D・共同

問六　傍線部（エ）「わたしの顔はわたしの存在とじかに繋がっていない」とあるが、その理由として最も適当なものを、【文章Ⅰ】を参考に、次の1～5の中から一つ選びなさい。

に向けられず、別のものに止められているときには、それを脇から盗み見ることはできるが、そのとき顔はもはや〈顔〉ではなく、まなざしの対象としての顔面へと変わりはてている。

　消え入るか撥ねつけるかしかできない〈顔〉。その容姿を他者のまなざしに対してそのままにさらしておけない〈顔〉。にもかかわらずそれは、たんなる中性的な現象ではなく、だれかの顔として、ときにそれをまなざす視線をうろたえさせるほどたしかな強度をもっている。〈顔〉のこの現われを特徴づけるものはいったい何だろうか。

　顔（わたしたちのいう顔面である）を見ることができるのは、盗み見というかたちでしかない。言うまでもないが、盗み見できるのは相手がこちらを見返さないからである。顔が〈顔〉として切迫してこないからである。だからこちらもうろたえることなく、盗み見という仕方ではあってもまじまじと見つめることができる。

　この、「相手がこちらを見返さないかぎり」というのは、この社会ではありふれた顔の経験である。ポスターの顔、雑誌の表紙を飾る顔、テレビのなかから語りかけるキャスターの顔……。これらはこちらをじっとまなざしているにもかかわらず、じつはわたしを見つめていない。そこでは視線がたがいにふれるということがない。わたしは相手に見つめられることなしに、相手の顔を見つめている。わたしは見るひと、相手は見られるひと、二つの顔が向きあっていても、そこにはおよそ関係というものが発生しない。そう、そのような画像としての顔は、言ってみればマジックミラー越しに見る顔である。とすれば、それは〈顔〉を見ているのではないのだ。物や風景を見つめるのとおなじ地平で、だれかの「顔面」とよばれているものにじっとまなざしを置くだけのことである。

　逆に、顔の接触がなんらかの関係をかならずや引き起こさざるをえないところで、ひとは顔を見ることができない。前者において「見る」とは観察することである。（オ）観察されているのはだれかの「顔面」である。後者において「見る」とはふれることである（ここで「ふれる」とは、言うまでもなく対象として触ることではない）。見るために必要な距離がそこでは開かれないからである。そこでふれているのは、だれかの〈顔〉である。

　顔にふれるとき、視線の交叉が起こる。それは押しのけあいや駆け引きと言ってもいいし、衝突とそのあとのうろたえと言ってもいい。〈顔〉と〈顔〉のあいだは、引きつけと押しのけ、粘着と引き剝がしといった、相反する力が交叉する場、（カ）いわば磁場のようなものである。

（鷲田清一『〈ひと〉の現象学』による）

問一　二重傍線部(a)～(e)について、(a)(b)(c)(e)のカタカナを漢字に直し、(d)の漢字の読みをひらがなで答えなさい。

問二　傍線部(ア)「パラドクシカルな化粧のテクニック」とあるが、どのようなことか、その説明として最も適当なものを次の1～5の中から一つ選びなさい。

1　加工・変形とナチュラル・メイクという相反する二つのものが互いに争うような化粧の技術。

2　顔の「素」の面が真なら顔面の侵犯行為が偽となるような相互補完的な化粧技術。

かし見られており、そういうものとの関係のなかで顔がとらえられているわけである。素顔においてはだから、〈顔〉は〈わたし〉との関係のなかで組織されているのである。

〈顔〉はおそらくこのように〈わたし〉によって所有されることによって素顔となる。しかし、(イ)そもそも顔面が〈顔〉となるのはこのような〈わたし〉による所有という出来事によってだろうか。それとも逆に、顔面が〈顔〉になることで〈わたし〉は可能になるのか。

このことを考えるにあたって思いだしたいのは、顔の「遠さ」、他者がわたしを〈わたし〉として認知してくれるその媒体としての顔が自分にだけは見えないという、あの(ウ)〈わたし〉の可視性のアンバランスな構造である。わたしはわたし（の顔）を見つめる他者の顔、他者の視線を通じてしか自分の顔に近づけないということである。われわれは目の前にある他者の顔を「読む」ことによって、いまの自分の顔の様態を想像するわけである。その意味では他者は文字どおり〈わたし〉の鏡なのである。他者の〈顔〉の上に何かを読み取る、あるいは「だれか」を読み取る、そういう視覚の構造を折り返したところに〈わたし〉が［A］的に措定されるのであるから、〈わたし〉と他者とはそれぞれ自己へといたるためにたがいにその存在を交叉(こうさ)させねばならないのであり、他者の〈顔〉を読むことを覚えねばならないのである。

こうした自己と他者の存在の［B］的交叉（キアスム）とその反転を可能にするのが、解釈の［C］的な構造である。ともに同じ意味の枠をなぞっているという、その解釈の共同性のみに支えられているような共謀関係に〈わたし〉の存在は依拠しているわけである。他者の〈顔〉、わたしたちはそれを通して自己の［D］的なイメージを形成するのだとすれば、〈顔〉の上にこそ共同性が映しだされていることになる。

（鷲田清一『顔の現象学』による）

【文章Ⅱ】わたしの顔というものはそもそもわたしが見るというかたちでふれることができないものであるということだ。他人がわたしをそれによってわたしとして認知するその顔を、わたしはじかに見たことがない。写しなら鏡で見ることはある。しかしそれは、わたしがだれかをまなざしているときのその顔ではない。つまり、映像であり、かつ対象としての顔面である。また、そこにはいつもの決まりきった見方というものがあり、対象として正確に見ているわけではないことは、知らないうちに撮られたじぶんの顔の写真に往々にして否定的な感情を抱くことからもわかる。(エ)わたしの顔はわたしの存在とじかに繋がっていない。現われにかんして言えば、そこには大きな(e)キレツが走っている。わたしは〈顔〉としてのわたしの存在を終生見ることはないのだ。〈顔〉について考えるとき、この事実のもつ意味は法外に大きいようにおもわれる。

〈顔〉は顔面に集中している。現代社会では、身分証明書がそうであるように、顔面の造作がそのひとのアイデンティティを証明するものになっている。（中略）

ちらちらとしか見えない〈顔〉……。眼と眼が合えば、相手のそれに撥(は)ねつけられ、眼を別のところに逸らすしかないし、逆に相手が眼を逸らせば眼を相手に向けていることはできるが、そのとき相手の〈顔〉は退き、どこかに消え入っている。相手の眼がそもそもこちら

【国　語】（五〇分）〈満点：一〇〇点〉

一　次の二つの文章【文章Ⅰ】【文章Ⅱ】を読んで、後の問いに答えなさい。

【文章Ⅰ】われわれの可視性の表面は、一方で、特定の厳密な変換規則によってくまなく被われている。あらゆるひとが他者の可視性との微妙な差異にその存在を賭けている。が、他方で、そうした差異も少し距離を隔てると、ほぼ同一のスタイルによって編成されているのがわかる。そして服のライン、上下の境目、開口部、髪のカット・ライン……それらが人びとの可視性を囲い、支える共通の透明の枠（あるいは檻（おり）？）のように見えてくる。可視性はしかし、なぜいつも共同的なかたちで解釈されねばならないのか。そうした共同的な解釈行為は、なぜ可視性を加工・変形する行為となって発生するのか。われわれはここでむしろそのように問うべきだろう。

　何の加工も変形も施されていないような顔は存在しない。顔の自然性とは一つの（a）キョコウであり、それはつねにすでに侵犯されている。問題はだから、顔の可視性はなぜつねに別のものへと変換されねばならないか、あるいは、顔は何に向けて（あるいは、どのような観念に憑（つ）かれて）変換されるのか、という点にあるといえる。

　同じ問題は、現代の化粧法、「ナチュラル・メイク」（＝自然の制作）という、あの（ア）パラドクシカルな化粧のテクニックにおいてそのまま反復される。驚くほど緻密に加工・変形しながらしかも加工・変形しているというその事実を（b）マッショウするような現代の化粧術。化粧という、顔面の侵犯行為は、なぜその対象を侵犯しつつ、同時にそれを顔の〈起源〉（「素」の顔）として仮構しようとするのか、目標としてめがけられる顔はなぜ〈起源〉（「素」）へと回折し、それへと接続させられるのか、そういう問題が現在の〈顔〉の問題として立ってくるのだ。

　この問題を、われわれはまず、顔面が〈仮面〉と〈素顔〉の対立という枠のなかに組み込まれていくような事態の発生という観点から考えてみたい。〈顔〉という可視性の表面はなぜ素顔／仮面という二重の様態へと分割されたのか、という問題である。

　素顔、この「自然の」（ありのままの）顔として設定された〈顔〉は、「いつわりの」顔に対置されている。「いつわりの」顔とは、仮面で（c）オオわれた顔であり、偽装された（厚化粧の）顔であり、さらには意識的に作られた表情（「つくり顔」）である。それらは「自然の」顔をオオい隠す、あるいは（d）歪曲する。つまり素顔とは、隠されていず歪（ゆが）められていず作られてもいない〈素〉の顔のことなのである。素顔、それは「自然」態の人格の可視性であり、だれかの〈わたし〉とその存在の可視的な現象とのあいだに何の裂け目もすきまもない状態のことをさしている。言いかえると、われわれがある顔面を素顔としてとらえるときには、われわれはそれを、〈わたし〉という個的で固有な人格がありありと現前している状態として受け取っている。ある固有の人格が現前しているというのは、その顔がだれか（ある〈わたし〉）によって自己固有のものとして所有されていると言いかえてもよい。われわれがある顔を素顔としてとらえるときには、その背後に、一つの人称的な存在、「だれか」（＝人格）としての自己同一性と連続性とをもち、顔の外面性に対しては内面性としてとらえられるべき存在が透

2023年度

解　答　と　解　説

《2023年度の配点は解答欄に掲載してあります。》

＜数学解答＞ 《学校からの正答の発表はありません。》

1　(1)　$-\frac{x}{6}$　(2)　$3+4\sqrt{3}$　(3)　$\frac{17}{10}$

2　(1)　$4(2a-b)(a-2b)$　(2)　$a=2+\sqrt{2}$　(3)　$x=-1$, $y=-2$

(4)　$x=\frac{3-\sqrt{21}}{2}$, $y=\frac{3+\sqrt{21}}{2}$　(5)　89°

3　問1　ア　$\sqrt{5}$，イ　1，ウ　3，エ　$2\sqrt{5}$　問2　A　$3xy(x+y)$，B　$xy(x+y)$　問3　7

4　(1)　$a=\frac{1}{2}$　(2)　$D\left(0,\ -\frac{3}{2}t\right)$　(3)　①　C(−2, 2)　②　$\frac{15}{2}$

5　(1)　$\frac{5}{2}$cm　(2)　$\frac{\sqrt{3}}{3}$cm　(3)　$\frac{9\sqrt{2}}{4}$cm

○推定配点○

1　各5点×3　2　各5点×5　3　問1　各3点×4　問2　各4点×2　問3　5点

4　各5点×4　5　各5点×3　計100点

＜数学解説＞

1　(式の計算，平方根)

基本　(1)　$\frac{4x-3y}{3}-\frac{x-4y}{2}-x-y=\frac{2(4x-3y)-3(x-4y)-6x-6y}{6}=\frac{8x-6y-3x+12y-6x-6y}{6}=-\frac{x}{6}$

基本　(2)　$(\sqrt{2}+\sqrt{5}+\sqrt{6})(\sqrt{2}-\sqrt{5}+\sqrt{6})=(\sqrt{2}+\sqrt{6})^2-(\sqrt{5})^2=2+2\times2\sqrt{3}+6-5=3+4\sqrt{3}$

(3)　$\sqrt{202.3\div777+20.23\div7.77+2.023\div77.7}=$

$\sqrt{\frac{2023}{10\times777}+\frac{2023}{777}+\frac{2023}{100\times777}}=\sqrt{\frac{2023}{777}\times\left(\frac{1}{10}+1+\frac{1}{100}\right)}=\sqrt{\frac{2023\times111}{777\times100}}=\sqrt{\frac{289}{100}}=\frac{17}{10}$

2　(因数分解，2次方程式，連立方程式，式の値，角度)

基本　(1)　$9(a-b)^2-a^2-2ab-b^2=\{3(a-b)\}^2-(a+b)^2=\{3(a-b)+(a+b)\}\{3(a-b)-(a+b)\}=(4a-2b)(2a-4b)=4(2a-b)(a-2b)$

基本　(2)　$x^2-2ax+a^2-1=0$　$(x-a)^2=1$　$x-a=\pm1$　$x=a\pm1$　よって，$a+1=3+\sqrt{2}$より，$a=2+\sqrt{2}$

(3)　$20x-23y=26$…①，$24x-27y=30$…②　②−①より，$4x-4y=4$　$x-y=1$…③　①−③×20より，$-3y=6$　$y=-2$　これを③に代入して，$x+2=1$　$x=-1$

(4)　$(x+y)^2-2x-2y+xy=0$に$x+y=a$，$xy=-3$を代入して，$a^2-2a-3=0$　$(a-3)(a+1)=0$　$a>0$より，$a=3$　$x+y=3$，$xy=-3$より，yを消去して，$x(3-x)=-3$　$x^2-3x-3=0$　解の公式を用いて，$x=\frac{-(-3)\pm\sqrt{(-3)^2-4\times1\times(-3)}}{2\times1}=\frac{3\pm\sqrt{21}}{2}$　$x<y$より，$x=\frac{3-\sqrt{21}}{2}$，$y=\frac{3+\sqrt{21}}{2}$

基本　(5)　ABは直径だから，∠AEB＝90°　よって，∠BAE＝180°−90°−47°＝43°　弧BEの円周角だから，∠BDE＝∠BAE＝43°　よって，∠ODB＝23°＋43°＝66°　OB＝ODだから，∠BOD＝

180°−66°×2=48°　対頂角だから，∠AOC=∠BOD=48°　したがって，$\angle x=180°-43°-48°=89°$

3 （式の値）

重要 問1．問2．$x+y=\frac{\sqrt{5}+1}{2}+\frac{\sqrt{5}-1}{2}=\sqrt{5}$…ア　$xy=\frac{\sqrt{5}+1}{2}\times\frac{\sqrt{5}-1}{2}=\frac{5-1}{4}=1$…イ　$x^2+y^2=(x+y)^2-2xy=(\sqrt{5})^2-2\times1=5-2=3$…ウ　$(x+y)^3=(x+y)(x+y)^2=(x+y)(x^2+2xy+y^2)=x^3+2x^2y+xy^2+x^2y+2xy^2+y^3=x^3+3x^2y+3xy^2+y^3$より，$x^3+y^3=(x+y)^3-(3x^2y+3xy^2)=(x+y)^3-\underline{3xy(x+y)}_{\text{A}}$　よって，$x^3+y^3=(\sqrt{5})^3-3\times1\times\sqrt{5}=5\sqrt{5}-3\sqrt{5}=2\sqrt{5}$…エ　また，$(x+y)(x^2+y^2)=x^3+xy^2+x^2y+y^3$より，$x^3+y^3=(x+y)(x^2+y^2)-(xy^2+x^2y)=(x+y)(x^2+y^2)-\underline{xy(x+y)}_{\text{B}}$　よって，$x^3+y^3=\sqrt{5}\times3-1\times\sqrt{5}=3\sqrt{5}-\sqrt{5}=2\sqrt{5}$

問3．$x^4+y^4=(x^2+y^2)^2-2x^2y^2=(x^2+y^2)^2-2(xy)^2=3^2-2\times1^2=9-2=7$

4 （図形と関数・グラフの融合問題）

基本 (1)　$y=ax^2$は点Aを通るから，$\frac{9}{2}=a\times3^2$　$a=\frac{1}{2}$

基本 (2)　$\text{C}\left(t,\ \frac{1}{2}t^2\right)$　直線ACの傾きは，$\left(\frac{9}{2}-\frac{1}{2}t^2\right)\div(3-t)=\frac{1}{2}(3+t)$　直線ACの式を$y=\frac{1}{2}(3+t)x+b$とすると，点Aを通るから，$\frac{9}{2}=\frac{3}{2}(3+t)+b$　$b=-\frac{3}{2}t$　よって，$\text{D}\left(0,\ -\frac{3}{2}t\right)$

(3)　①　直線BCの傾きは，$\left(\frac{1}{2}-\frac{1}{2}t^2\right)\div(1-t)=\frac{1}{2}(1+t)$　直線BCの式を$y=\frac{1}{2}(1+t)x+c$とすると，点Bを通るから，$\frac{1}{2}=\frac{1}{2}(1+t)+c$　$c=-\frac{1}{2}t$　よって，$\text{E}\left(0,\ -\frac{1}{2}t\right)$　DE=2だから，$-\frac{3}{2}t-\left(-\frac{1}{2}t\right)=2$　$-t=2$　$t=-2$　したがって，$\frac{1}{2}t^2=\frac{1}{2}\times(-2)^2=2$より，C(−2，2)

重要 ②　直線ACの式は$y=\frac{1}{2}x+3$　直線AC上にx座標が1の点Fをとると，$\text{F}\left(1,\ \frac{7}{2}\right)$より，$\text{BF}=\frac{7}{2}-\frac{1}{2}=3$　$\triangle\text{ABC}=\triangle\text{ABF}+\triangle\text{CBF}=\frac{1}{2}\times3\times(3-1)+\frac{1}{2}\times3\times(1+2)=\frac{15}{2}$

5 （平面図形）

基本 (1)　$\text{AC}=\sqrt{3^2+4^2}=5$　よって，求める半径は，$\frac{1}{2}\text{AC}=\frac{5}{2}$cm

重要 (2)　線分BCの中点をM，求める円の中心をOとすると，△OBMにおいて，BO：BM=2：$\sqrt{3}$　$\text{BO}=2\times\frac{1}{2}\div\sqrt{3}=\frac{\sqrt{3}}{3}$(cm)

重要 (3)　線分BCの中点をN，求める円の中心をP，半径の長さを$r$cmとすると，AN⊥BCだから，$\text{AN}=\sqrt{6^2-\left(\frac{4}{2}\right)^2}=4\sqrt{2}$　△PBNにおいて，$\text{PB}^2=\text{BN}^2+\text{PN}^2$　$r^2=2^2+(4\sqrt{2}-r)^2$　$8\sqrt{2}r=4+32$　$r=\frac{36}{8\sqrt{2}}=\frac{9\sqrt{2}}{4}$(cm)

★ワンポイントアドバイス★

大問数が1題減ったが，出題構成，難易度に大きな変化はない。時間配分を考えて，できるところから解いていこう。

＜英語解答＞ 《学校からの正答の発表はありません。》

1 リスニング問題解答省略

2 問1 1. エ 2. イ 3. ア 4. イ 5. ウ 6. エ 7. エ 8. ウ 9. ア 10. エ 11. ウ 12. イ 13. ア 問2 1. such 2. If, could
問3 1. When did your sister leave Tokyo for London(?) 2. It has been six years since the first season (of the drama came out.) 3. (The Japanese language) has a large number of words to describe rain(.) 4. (Benjamin Franklin) is one of the greatest men that did (an important job for America.) 5. (Almost every) tourist traveling Mexico has been told not to drink (the tap water.)

3 A 1. イ 2. ア 3. エ B イ C ウ D ウ E 問1 イ 問2 ウ

4 問1 A エ B カ C イ D オ E ア F ウ 問2 1. イ 2. ウ 3. エ 4. エ 5. ウ 6. ウ 問3 イ 問4 ウ

5 (解答例) (That's because) working together will make our performance better and make our ties in our class stronger.

○推定配点○

1 各2点×6 2 各2点×21 3 各2点×8 4 各2点×14 5 2点 計100点

＜英語解説＞

1 リスニング問題解説省略。

2 (文法：語句補充・選択，書き換え問題，語句整序，助動詞，受動態，接続詞，関係代名詞，不定詞，現在完了，進行形，比較，分詞，仮定法)

重要 問1 1. 「この市では，ほぼ40%の水が非常に汚い。その結果，いかなる目的のためにも使うことができない」正解は，「使うことができない」→ can't be used 助動詞を含む文の受動態〈助動詞＋ be ＋過去分詞〉 ア「使われなければならない」 イ「使われるかもしれない」 ウ「使われるべきだ」

2. 「学びが素晴らしいのは，誰もそれをあなたから奪うことができない点である」正解は，名詞節を導く接続詞 that「～ということ」。空所以降，文が完結しているので，関係代名詞の what や which は不可。because「～なので」では，文意が通じない。

3. 「ノアと私は2年前にハロウィンパーティーで出会った。そのようして，初めて私達はお互いを知るようになった」〈That is how ＋主語＋動詞〉「そのようにして，主語が動詞する」〈get ＋不定詞[to ＋原形]〉「～するようになる」 each other「互いに」

4. 「来週はあなたの誕生日で，あなたはずっと良い子にしていました。あなたが欲しいものは何でも買ってあげよう」肯定文の anything は「何でも」の意になることに注意。anything you want ← 〈先行詞(＋目的格の関係代名詞)＋主語＋動詞〉「主語が動詞する先行詞」目的格の関係代名詞の省略

5. A：「その野球の試合はこの前の夏に開催されたということを知っていますか」／B：「はい，実は，私は試合を見にスタジアムに行きました」「試合は開催された」なので，受動態〈be動詞＋過去分詞〉にする。

6. 「ソウタはそのようなばかげたことを言わないくらい聡明である」〈形容詞＋副詞の enough〉「十分に～」＋〈not ＋不定詞；不定詞の否定形〉で，正解は，clever enough not to say ～。

7. 「エノモトタケアキは死んで100年以上になる」 has been dead for X years「死んでX年に

なる」現在完了の継続の用法

8. A：「雨がより激しくなっています。今日，雨傘を持っていて良かったです。あなたはそれを持っていますか」／B：「不運なことに，持っていません」前に出た〈a[an]＋単数名詞〉の代わりに使われる one「(同じ種類のもののうちの)1つ；(～の)もの」。ここでは，an umbrella の代わりに使われている。it だと，それそのものを指すことになってしまう。is getting harder ← 進行形〈be動詞＋現在分詞[原形＋ -ing]〉／harder ← hard「激しく」の比較級

9. A：「今晩，宅配の食べ物を注文しようと思っています。ピザはどうでしょうか」／B：「素晴らしい！　そうしましょう」 正解は，sound「～にように聞こえる，思われる，そうだ，ようだ」。イ「好き」 ウ「思う」 エ「聞く」いずれも主語が pizza なので，不可。

10. 「彼女の母親が部屋に入って来た時に，彼女は勉強しているようだった」正解は，〈seem ＋不定詞〉「～のように思える」と進行形が組み合わさった，seemed to be studying。不定詞の進行形〈to be -ing〉

11. 「この提案はとても突然なので，すぐに決断できるとは思わない」 so ～ that …「とても～なので，…」 right away「すぐに」

12. 「髪を洗う時には，両眼を閉じなさい」 keep one's eyes closed「両目を閉じたままにする」 keep O C「OをCの状態のままにする」

13. A：「お茶をお持ちしましょうか」／B：「いいえ，ともかくありがとうございます」いったん断るが，申し出に対して，感謝の意を表す No, but thanks anyway. が正解。cf. No, thank you.「結構です」 イ「いいえ，残念ながらそうではない」 ウ「本当にそうではない」 エ「それについて確信している」 Shall I ＋原形～？「～しましょうか」(申し出)

やや難 問2 1. 「私はこれと同じくらい美しい花を見たことがない」／「私はこのような美しい花を見たことがない」 such ～ as …「…のような～」 have never seen ← 現在完了〈have ＋過去分詞〉(完了・結果・継続・経験)の否定形 a flower which is ～ 主格の関係代名詞 which 〈as ＋原級＋ as ＋B〉「Bと同じくらい～」 2. 「チャックはフランス語を理解できないので，そのメニューを読むことができない」／「もしチャックがフランス語を理解できたら，そのメニューを読むことができるだろう」～, so …「～である，それゆえに[だから，それで]…」仮定法の過去－現在の事実に反することを仮定。〈If ＋主語＋過去形～，主語＋過去の助動詞＋原形〉「もし～ならば，…だろう」

重要 問3 1. When did your sister leave Tokyo for London(?) leave A for B「Aを出発してBへ向かう」 2. It has been six years since the first season (of the drama came out.) 〈It has been ＋時＋ since …〉「…以来～の時間が経過している」現在完了(継続) 3. (The Japanese language) has a large number of words to describe rain(.) a large number of「多くの数の～」 words to describe rain ← 不定詞の形容詞的用法〈名詞＋不定詞〉「～するための[すべき]名詞」 4. (Benjamin Franklin) is one of the greatest men that did (an important job for America.) 〈one ＋ of ＋ the ＋最上級〉「最も～のうちの1つ[1人]」 greatest ← great「偉大な」の最上級 the greatest men that did ← 主格の関係代名詞 that 5. (Almost every) tourist traveling Mexico has been told not to drink (the tap water.) every tourist traveling Mexico ←〈名詞＋現在分詞[原形＋ -ing]＋他の語句〉「～している名詞」現在分詞の形容詞的用法 has been told ←〈have[has] been ＋過去分詞〉現在完了の受動態 not to drink ←〈not ＋不定詞[to ＋原形]〉不定詞の否定形

3 （短中文読解問題：語句解釈，要旨把握，語句補充・選択，内容吟味，現在完了，比較，分詞，受動態，関係代名詞，進行形，助動詞，動名詞）

やや難 A 1. （大意） 人々は田舎より都市に住む傾向がある。しかし，ここ数年で家賃はうなぎのぼりに上昇してきた。大都市に住みたいのなら，生活費のために十分に節約するべきだ。 skyrocket は「うなぎのぼりに上昇する」の意。正解は，イ「急速に増加してきた」 have skyrocketed／have increased ← 〈have ＋過去分詞〉現在完了 ア「人気がある」 have been ← 現在完了 ウ「雲の上を飛んできた」 have flown ←現在完了 エ「突然減少してきた」 have dropped ← 現在完了 2. （大意） 週末とても楽しんだ後に，平凡な生活に戻るのは難しかった。湖畔の別荘で，私は家族と素晴らしい時を過ごしたのである。だから私は宿題をするのを忘れてしまった。mundane は「平凡な，つまらない」の意。正解は，ア「通常で，興味深くない」。 イ「楽しくて，ワクワクする」 ウ「くつろいだ気分にさせる，すがすがしい」 エ「非常に独特の」 3. （大意） 特に似た商品を見た時には，抜け目なく事情に通じた買い物客は，店舗間の値段を比較する。彼らは数セントを節約するかもしれないが，長期的には，大きな差を生むだろう。savvy は「知識を持った，しっかりした，やり手の，抜け目なく通じている」の意。正解は，エ「実用的な知識や経験を有している」。 ア「非常に興味深く，多様性に富んだ」 イ「平均以上に背が高い」 taller ← tall「高い」の比較級 ウ「しばしば頻繁に起きる，あるいは，目撃する」

基本 B （大意） ワイキキ・スターライト・ホテルの夕食ショーにようこそ。食事はビュフェ・スタイルですので，好きなだけ楽しんでください。

皆さんには，全ての伝統的ハワイ料理を食べていただきたいと考えています。これらはすべて，昔から家族や親せきのためのルーアウと呼ばれる屋外での宴会で出された基本的料理です。

紫のヨーグルトのような料理は食べそこなわないようにしてください。これはポイと呼ばれ，蒸したタロイモをすりつぶし，ペースト状にするために水を加えて，作られます。古から，タロはハワイの人々にとって，重要な食材となっています。栄養に富み，低脂肪のポイは，現在でも赤ちゃんに与えられており，最近では，ダイエット食として，特に女性に人気があります。

さあ，食事とショーをお楽しみください。

ア「ポイはタロから作られたペースト状の食べ物である」（○） a pasty food made from taro／steamed taro ← 過去分詞の形容詞的用法「～された名詞」〈名詞＋過去分詞＋他の語句／過去分詞＋名詞〉 by mashing ~ and adding ~ ←〈前置詞＋動名詞［原形＋ -ing］〉 イ「ポイは最近人気が出たヨーグルトである」（×） Please don't miss the purple yogurt- like dish, This is called poi ～／Since ancient times, taro has been an important ingredient for Hawaiians. とあり，ポイはヨーグルトのようであっても，ヨーグルト自体ではなく，その原材料であるタロは，昔から重要な食材と述べられているので，不一致。S is called C.「SはCと呼ばれている」 ウ「ハワイの人々は紫のヨーグルトのような料理を赤ちゃんに与えている」（○） Please don't miss the purple yogurt- like dish, This is called poi ～／Nutritious, low-fat poi is even now fed to babies as a baby food,~ とある。is fed「与えられる」←〈be動詞＋過去分詞〉受動態「～される，されている」 エ「ハワイの人々は，特別な食べ物として，長い間，タロを調理してきた」（○） Since ancient times, taro has been an important ingredient for Hawaiians. とある。have cooked／has been「～であり続けた」←〈have［has］＋過去分詞〉現在完了（完了・結果・経験・継続）

基本 C （大意） 私はお宅の会社から注文した商品の問題について話すために，再び，電話しています。商品が故障していることに気づいた時に，この問題について，顧客サービス部門と接触しました…2度留守電にメッセージを残しましたが，決して返答が得られませんでした。これが初めての接触ではないことが明らかなので，空所には「再び」の意の again を入れる。am calling ← 進行形〈be動詞＋現在分詞[原形＋ -ing]〉 a product▼I ordered ← 〈先行詞(＋目的格の関係代名詞)＋主語＋動詞〉目的格の関係代名詞の省略　ア「すぐに」 イ「偶然に，うっかり」 エ「最初に」

基本 D （大意） 有名なチェロ奏者のヨーヨーマ―が，ワクチン接種診療所で，即興の演奏にて人々をもてなした。彼は2度目の予防接種をちょうど受けたところだった。副反応がないのを確認するために，彼は15分待たなければならなかった。ワクチン接種事業計画の報道官によると，彼は何かをお返ししたかったので，診療所にセレナーデを奏でるのに，その時間を使うことを選択したのである。記事が一番伝えたい内容は，第1文なので，正解は，ウ「有名な音楽家は彼のセレナーデで，診療所の人々をくつろがせようとした」。　ア「有名な音楽家は既に2度目のワクチン接種を受けていた」 has already got ← 〈has[have]＋過去分詞〉 現在完了(完了，結果，継続，経験)　イ「有名な音楽家はワクチン接種診療所を去る前に，15分待たなければならなかった」 had to wait ← 〈have ＋不定詞[to ＋原形]〉「～しなければならない，であるに違いない」の過去形　エ「有名な音楽家は，彼の楽器を診療所の人々に与えた」(記述ナシ)

E （大意） プラスティックごみを減らす呼びかけに応じて，持ち帰りの食べ物を紙で包装することに切り替えているコンビニエンスストアーがある。コロナウイルスの流行の最中には，外食に代わって，調理された食事を購入する人達が増えているので，捨てられたプラスティックの総量が日本では増加している。

いくつかのローソンの小売店では，米の丼物の料理に対して，既に紙容器を使い始めており，その動きを6,400店舗にまで広めようとしていて，年間約250トンのプラスティックごみが削減される見通しである。系列販売店では，アイスコーヒーに対しても，紙コップに切り替えようとしている。

ファミリーマートでは焼き鮭を紙の箱で販売し始めた。ふたのみがプラスティックなので，プラスティック素材の使用はおよそ40％の削減となっている。販売系列店では，他の3種類の商品に対しても同様のことを実施しようとしている。「これらの新商品の需要を監視して，顧客の反響を調べます。データを分析して，結果を将来の商品開発に取り入れます」社員は述べている。

セブン－イレブン・ジャパンでは，去年，箱に入った食品を紙の包装に切り替えた。その行為により，プラスティックの消費は年間数百トン削減される，と信じられている。

重要 問1　質問：この文章の主題は何か。正解は，イ「プラスティック包装に代わって，より多くの紙の包装を使おうとしているコンビニエンスストアーの系列網がある」。are trying ← 〈be動詞＋現在分詞[原形＋ -ing]〉 進行形 more 「より多い[多く]」 ← many／much の比較級　instead of 「～の代わりに」 ア「いくつかのコンビニエンスストアーの系列網は，プラスティックと紙のごみの両方を減らしてきた」(×)　プラスティックと紙の両方のごみを減らしたわけではないので，不適。have reduced ← 現在完了〈have ＋過去分詞〉　both A and B 「AとBの両方」
ウ「あるコンビニエンスストアー系列網は，全くプラスティック包装を使わないことを決定した」(×)　全くプラスティック包装を使わない，とは書かれていない。have decided ← 現在完了〈have ＋過去分詞〉　エ「食品の廃棄物を減らそうとしているコンビニエンスストアーの系列網がある」(×)　食品の廃棄物に関しては書かれていない。

やや難 問2　質問：ファミリーマートに関して真実なのはどの文か。正解は，ウ「将来の商品に関連した情報を得ようとしている」。ファミリーマートの社員が We will monitor demand for these new products and seek customer feedback. We'll analyze the data and incorporate the findings into our future product development. と述べている。〈be動詞＋ going ＋不定詞[to ＋原形]〉「～するつもりだである，しようとしている」　information related to ← 〈名詞＋過去分詞＋他

の語句〉「～された名詞」過去分詞の形容詞的用法　ア「紙のふたを有する食品を売り始めた」（×）　It began selling a grilled salmon dish in a paper box in March. Only the lid is plastic, ～ started selling ← 動名詞〈原形＋ -ing〉「～すること」　イ「3つの新しい鮭料理を売ろうと計画している」（×）　The chain plans to do the same for three other types of meals this month. とあるので，不適。is planning ← 〈be動詞＋現在分詞「原形＋ -ing」〉進行形　エ「3つの新しい商品を売る前に，顧客に調査結果を与えた」（×）　seek customer feedback とあり，顧客からの反響を得る，と書かれているので，不可。

4　（長文読解問題・歴史・伝記：文の挿入，要旨把握，内容吟味，語句補充・選択，接続詞，助動詞，関係代名詞，比較，受動態，仮定法，現在完了，間接疑問文，不定詞，接続詞，分詞，進行形）

（大意）アメリカでは，エレノア・ルーズベルトは20世紀の最も重要な女性の1人として考えられている。フランクリン・ルーズベルト大統領と結婚して，1933年に合衆国のファーストレディになった。だが，女性は重要なことをすることができないと信じられていた時代に，貧しい人々を助け，市民権を向上させたことで，彼女はより記憶されている。

A エエレノアはニューヨークの金持ちの人物の娘で，彼女の幼少期は非常に快適なものであった。だが，彼女は同時に多くの悲しい経験もした。エレノアの母親は，彼女の地味な外見を指摘することで，彼女をしばしばからかい，年の割には年寄りじみた振る舞い故に，時には彼女のことを冗談で“おばあちゃん”と呼んだ。しかし，悲しいことに，エレノアがわずか8歳の時に，彼女の母親は死に，その2年以内に彼女の父親も亡くなり，彼女は一人きりになった。

B カエレノアは彼女の祖母と暮らさなければならなかったので，自身が孤独であると感じた。彼女の生活は安定していたが，愛情に満ちていたとは言えなかった。彼女の祖母の唯一の興味は，エレノアの教育だった。エレノアは普通の子供達のように遊ぶことは許されず，彼女が最初に話しかけられた時のみ，彼女が話すことを彼女の祖母は彼女に期待した。その結果，彼女は同年齢の他の子供達に打ち解けることに苦労した。

エレノアが英国の学校に送られた際には，それは彼女の孤独な子供時代からの中断を意味し，彼女にとっては歓迎すべきものであった。彼女は聡明で，人気のある生徒になった。その学校で3年間過ごした後に，彼女は真に自分の殻から脱却したのであった。

1902年にエレノアがニューヨークに戻ると，彼女が上流社会の他の女性達と交流することを彼女の祖母は望んだ。だが，エレノアは華やかなドレスパーティーに乗り気でなかった。しかし，それらのパーティーを通じて，後に彼女の生活を変えることになる人々へと彼女は紹介されることになった。

C イ彼女の社交上の集団内にいた他の多くの若い女性達と同様に，エレノアはニューヨーク・ジュニア・リーグの一員になった。そのグループはボランティア活動をして，貧しい人々を助ける女性の社会的機関だった。彼女はニューヨークの貧困地域を訪れた。後に，工場を訪れるようになり，そこでの劣悪な労働状況を視察した。そのことで，自身の生活がいかに保護されたものであり，特別なものであるかを彼女は自覚するようになった。

D オ幸運なことに，彼女はこれらの体験を新しい友人であるフランクリン・デラノ・ルーズベルトと共有することができた。自分自身で貧困を確かめることができるように，彼女が社会事業に携わっている間に，彼女と一緒に来るように彼に言ったことがあった。フランクリンは目撃したことに深く心を動かされて，エレノアの知性と優しさに驚いた。幸せなことに，エレノアは彼女に知的に感情的に釣り合う人物を見つけた。1905年に2人は結婚した。

E アフランクリンが病気で身体的障害を負った際に，彼らの関係は最も過酷な難題の1つに直面した。彼の上昇する政治家としての経歴を棚上げにし，健康を回復しようと長い時を過ごさざるを得なかった。彼の病気は深刻で，エレノアは代わりに家長となり，フランクリンの看病の手助けをする一方で，5人の子供達の面倒を見た。フランクリンの病気は完治することはなかったが，活発な政治生活に復帰するまでには病状が回復した。エレノアの後ろ盾があり，彼は1929年にニューヨークの知事に選ばれ，4年後に，合衆国の大統領になった。

エレノアはホワイトハウス内でフランクリンの最も近しい助言者の1人となり，一緒に国中を旅した。演説に慣れていたので，自身の記者会見を行った最初のファーストレディとなり，驚くべき決定により，女性の記者のみが招かれた。

そして，彼女が一員であったアメリカ革命の娘たちが，アフリカ系オペラ歌手であるマリアン・アンダーソンが彼女達の建物内で演じるのを拒否した際に，エレノアの決意の強さが現れた。ルーズベルト夫人は，この人種差別的決定に異議を申し立て，その機関を辞めて，リンカーン記念堂で後に計画された無料コンサートを支援したのだった。

F ウエレノアは，彼女の人生において，さらに多くの驚くべきことを成し遂げた。彼女の恵まれた背景にもかかわらず，エレノアは普通の人々の生活について学び，それを改善する手助けをしようと懸命に努力した。彼女はかつて次のように記している。「X できないと考えていることをやらなければなりません」地味で年寄じみているとからかわれた少女が，そのような強くて現代的な女性に成長するということを誰が想像することができただろうか。できないと思ったことを実施することを信じていたので，エレノア・ルーズベルトは，アメリカの多くの恵まれない人々に幸福な未来を与えた。

重要 問1　A　エ「エレノアはニューヨークの金持ちの人物の娘で，彼女の幼少期は非常に快適なものであった。だが，彼女は多くの悲しい経験もした」以降，悲しい経験の例が列記されている。but「しかし」　B　第3段落では祖母との生活について記されていることから考える。正解は，カ「エレノアは彼女の祖母と暮らさなければならなかったので，自身が孤独であると感じた」。had to live ← 〈have ＋不定詞[to ＋原形]〉「しなければならない，に違いない」の過去形　C　空所の前の第5段落では，エレノアが上流社会の女性達と交流し始めたことが書かれている。イ「彼女の社交上の集団内にいた他の多くの若い女性達と同様に，エレノアはニューヨーク・ジュニア・リーグの一員になった。そのグループは，ボランティア活動をして，貧しい人々を助ける女性の社会的機関だった」 a women's social organization that did volunteer work and helped the poor ← 主格の関係代名詞 that　D　空所の直前では，エレノアの社会事業活動について書かれており，空所の直後に代名詞 him が出てきて，その後の文脈より，それがフランクリンを指すことが明らかである。正解は，オ「幸運なことに，彼女はこれらの体験を新しい友人であるフランクリン・デラノ・ルーズベルトと共有することができた」。〈be動詞＋ able ＋不定詞[to ＋原形]〉「～できる」　E　ア「フランクリンが病気で身体的障害を負った際に，彼らの関係は最も過酷な難題の1つに直面した。彼の上昇する政治家としての経歴を棚上げにし，健康を回復しようと長い時を過ごさざるを得なかった」 one of its hardest challenges ← 〈one of the ＋最上級〉「最も～なものの1つ[1人]」 hardest ← hard「困難な」の最上級　〈because of ＋名詞相当語句〉「～のせいで，理由で」〈be動詞＋ forced ＋不定詞[to ＋原形]〉「～せざるを得ない」 put aside「わきに置く，〈仕事などを〉中断する」〈spend ＋時＋ -ing〉「～して時を過ごす」　F　空所の前後で，エレノアが様々な事に従事していることが記されていることに注目すること。正解は，ウ「彼女の人生において，エレノアはさらに多くの驚くべきことを成し遂げた」。〈many more ＋可算名詞〉「ずっと多くの」 many の比較級の more を強調した形。

重要 問2　1.「エレノアの子供時代はどのようだったか」正解は，イ「彼女はあたかも年を取った女性のように振るまった」。第2段落第3文／第11段落第4文に一致。〈as if ＋仮定法〉「まるで[あたかも]～のように」〈because of ＋名詞相当語句〉「～の理由で」〈the way ＋主語＋動詞〉「主語が動詞する方法」 the young girl who has been teased ← 主格の関係代名詞 who／〈have[has] been ＋過去分詞〉現在完了形の受動態　ア「彼女はクラスメイトによりからかわれた」(×)　からかったのは母親なので，不可。ウの解説参照。was made fun of ← make fun of「からかう」の受動態　ウ「彼女は美しくて，クラスメイトとの間で人気があった」彼女は地味[plain]だったので，不可。イの解説参照。　エ「彼女は他の人々と進んで意思疎通を図った」(×)　第3段落最終文に As a result, she had trouble fitting in socially with other children of her age. とあるので，不適。〈be動詞＋ willing ＋不定詞〉「～するのをいとわない」 as a result「その結果」〈have trouble ＋ -ing〉「～するのに苦労する」

2. 「どの段階でエレノアの性格が変わったか」第4段落を参考にすること。正解は，ウ「彼女は英国に留学した」。was sent to school in England「英国の学校へ送られた」←〈be動詞＋過去分詞〉受動態　she had truly come out of her shell「彼女は真に自分の殻を打ち破った」←〈have[has]＋過去分詞〉現在完了　ア「彼女はニューヨークへ戻った」(×)　イ「彼女は彼女の祖母により育てられた」(×)　was brought up ← bring up「育てる」の受動態　エ「彼女の両親が死んだので，彼女は1人きりになった」 pass away「亡くなる」

3. 「ニューヨークに戻った際に，何がエレノアに起きたか」ニューヨークに帰ったことが記されているのは第5段落だが，続く第6段落の最終文に The work helped Eleanor to understand how protected and special her youth had been. と記されているので，正解は，エ「ボランティア活動を経て，いかに彼女の生活が違うかを彼女は認識した」。She recognized how different her life was ～. ← 疑問文(How protected and special had her youth been／How different was her life)が他の文に組み込まれている[間接疑問文]と，〈疑問詞＋主語＋動詞〉の語順になる。　ア「運動のけいこやダンスを教えるために，彼女は工場へ行った」(×)　第6段落第3文に Along with a friend, Eleanor visited the poorer areas of New York in order to teach exercise lessons and dancing to young girls. とあるので，不可。poorer ← poor「貧しい」の比較級　〈in order ＋不定詞[to ＋原形]〉「～するために」　イ「多くの上流階級の女性に会うために，彼女は華麗なドレスを着て参加するパーティーを開いた」(×)　第5段落より，エレノアが the fancy-dress parties に参加したことは読み取れるが，自ら主宰したとは書かれていないので，不可。get along with「～と上手くやっていく」 the fancy-dress parties she was expected to attend「彼女が参加することを期待されていた華麗な服を着て人々が参加するパーティー」← 目的格の関係代名詞の省略　the people that would later change her life「後に彼女の生活を変えることになる人々」← 主格の関係代名詞 that　ウ「彼女はボランティア活動を通じて，フランクリンを知るようになった」(×)　第7段落第1・2文より，既に知り合いだったフランクリンを一緒に社会事業を見学するように後から誘っていることが読み取れるので，不適。came to know ←〈come ＋不定詞[to ＋原形]〉「～するようになる」〈be動詞＋ able ＋不定詞[to ＋原形]〉「できる」 so that「～するように，するために」

4. 「フランクリンは何に心を深く動かされたか」第7段落第2・3文より，正解は，エ「ある地域ではいかに貧しく人々が暮らしているかにより，彼は深く心を動かされた」。〈人＋ was deeply moved by ＋もの〉←〈もの＋ move ＋人〉「ものが人を感動させる」 so that he could see the poverty「貧困を見るために」←〈so that ＋主語＋ can ＋原形〉「主語が動詞するように[ために]」 for oneself「独力で，自身のために」 what he had seen「彼が見たこと」← 関係代名詞の what ＝〈the thing(s) which[that]＋主語＋動詞〉「主語が動詞すること[もの]」／had

seen ← 過去完了〈had ＋過去分詞〉（過去のある時点よりもさらに前の時制を表す）〈be動詞＋amazed〉＝〈be動詞＋ surprised〉 ア「いかに子供達が正直であるかに彼は深く心を動かされた」（×） 記述ナシ。 イ「いかにエレノアが活動的であるかに彼は心を動かされた」（×） フランクリンはエレノアの知性や優しさに感動したのである（エの解説参照）。 ウ「エレノアが彼にとっていかに完璧であるかに，彼は心を深く動かされた」（×） 自分にふさわしい相手に出会ったと感じたのは，エレノアの方である（第7段落第4文）。had found ← 過去完了〈had 過去分詞〉 someone who matched her「彼女に合った人」←〈先行詞（人）＋主格の関係代名詞 who ＋動詞〉「動詞する先行詞」

5. 「どのような困難をエレノアは経験したのか」正解は，ウ「フランクリンは困難な病気にかかり，彼に代わって，彼女は彼女の家族を支えなければならなかった」。第8段落第3・4文に一致。suffer from「～に苦しむ，悩む，（病気に）かかる」～, so …「～，それで［だから］…」 had to support ←〈have ＋不定詞［to ＋原形］〉「～しなければならない，にちがいない」の過去形 in place of「～の代わりに」 take over「引き継ぐ」 looking after ～ 分詞構文「～しながら」← look after「世話をする」 while (she was) helping ← 進行形で，主語とbe動詞の省略。

ア「彼の誤りにより，フランクリンの政治的経歴は突然結末を迎えた」（×） 記述ナシ。〈because of ＋名詞相当語句〉「～のせいで，の理由で」 イ「フランクリンは，すべての彼の選挙の中で，大統領選に初めて挑戦した」（×） 第8段落最終文より，不可。was elected governor「知事に選ばれた」←〈be動詞＋ elected ＋C〉「Cに選ばれる」 エ「フランクリンは全く病気から回復しなかった」（×） 第8段落第4文より，政界に戻るまでには回復しているので，不適。not ～ at all「全く～ない」

6. 「エレノアに関してどの文が間違っているか」正解は，ウ「彼女は黒人の女性を助ける目的で演説を行った」（×） 演説（記者会見）に関しては，第9段落の最終文で，Now used to public speaking, she even became the first “First Lady” to hold a press conference of her own, and in a surprising decision, invited only women reporters to attend. と書いているのみで，演説の目的に関する記述は皆無。for the purpose of「～の目的で」 used to「～に慣れている」分詞構文 of her own「彼女自身の」 ア「彼女は夫を助け，合衆国中の多くの場所を訪問した」（○） 第9段落第1文に一致。a lot of「多くの」 closest ← close「近い，親密な」の最上級

イ「彼女は女性記者のみに記者会見を開いた」（○） ウの解説参照。 エ「彼女は人種差別的行動に抗議して，彼女が所属していた機関を辞めた」第10段落第2文に一致。an organization to which she belonged ← 関係代名詞が前置詞の目的語になる場合。〈前置詞＋目定格の関係代名詞〉 belong to「～s に所属する」

基本 問3 同趣旨で述べられている最終文の she believed in doing the thing she thought she could not do. に注目すること。正解は，cannot「できない」。空所Xを含む文は全体で「『できないと思うことをしなければならない』と彼女は以前記した」の意。the thing you think you cannot do／the thing she thought she could not do「彼女ができないと思ったこと」←〈先行詞（＋目的格の関係代名詞）＋主語＋動詞〉「主語が動詞する先行詞」目的格の関係代名詞の省略

やや難 問4 （大意） エレノアの話により，私はヘザー・ホワイトストーンの話を思い出した。彼女は最初の耳の聞こえないミスアメリカを受賞した人物である。幼少期に，彼女は勉強についていけず，級友達から遅れをとり始めた。追いつくために特別の学校に行くことを家族に頼み，懸命に勉強して，高校は好成績で卒業した。大学では，ミスアメリカに輝いた。彼女はエレノアのように強い意志を持っており，彼女の考え方は，エレノアに似ていた。彼女はS.T.A.R.S.プログラムを信じていた。それは，“Success Through Action and Realization of your dreams（行動を通じ

ての成功と夢の実現)”を意味している。それには以下の5点が含まれる。積極的な態度，夢への信念，一生懸命に物事に取り組む意欲，困難に立ち向かうこと，そして，強力な支援チームを築くことである。She has a strong will like Eleanor. Her way of thinking was also similar to Eleanor. 等を参考にして，Success Through Action and Realization of your dreams で欠落している1項目の空所を補う問題。正解は，the willingness to work hard. (一生懸命に物事に取り組む意欲)である。ア「他者と上手くやっていく」 get along with「～と仲良くやっていく，と良い関係にある」 イ「怒りを克服する」 get over「乗り越える，打ち勝つ，克服する」 エ「静かである」

やや難 5 (条件英作文)

(大意) クラス・リーダー：私達の文化祭で，王女についての劇をしませんか。／生徒A：まさか。少年についてはどうですか。我がクラスには，女子より男子の方が多いです。何をしますか。私は，ともかくステージで演じたくありません。／クラス・リーダー：いいですか。私達の劇では，男子と女子に演じてもらうことが必要です。それに，一緒に劇を作ることは，私達にとって良い経験になるでしょう。というのは，協力することで，私達の演技はより良いものとなり，我がクラスの絆がより強固なものとなるからです。

一緒に劇を作ることが良い経験となる理由を，英語で表す条件英作文。語数指定はナシ。

★ワンポイントアドバイス★

2の問1，文法・語句選択補充問題を取り上げる。小問数は13題と本校の英語の入試では一番問題数が多くなっており，慣用表現を含む広い文法項目が扱われている。文法の問題集を利用して，なるべく多くの演習をこなすこと。

＜国語解答＞ 《学校からの正答の発表はありません。》

一 問一 (a) 虚構 (b) 抹消 (c) 覆(われた) (d) わいきょく (e) 亀裂
問二 5 問三 1 問四 1 問五 4 問六 3 問七 2 問八 3
問九 逆に，

二 問一 4 問二 4 問三 5 問四 (例) 複数の人とのかかわりの中で「わたし」を作っていくものであり，書き留めることで広めたり深めたりすることができるもの。(57字)

三 問一 3 問二 2 問三 3 問四 1 問五 1 問六 2・5

○推定配点○

一 問一 各2点×5 他 各5点×8 二 問一・問二 各5点×2 問三 2点
問四 10点 三 問六 3点 他 各5点×5 計100点

＜国語解説＞

一 (論説文―漢字の読み書き，文脈把握，内容吟味，脱文・脱語補充，要旨)

問一 (a) 「虚」を使った熟語はほかに「虚栄」「虚飾」など。訓読みは「むな(しい)」「うつ(ろ)」。(b) 「抹」を使った熟語はほかに「抹茶」「一抹」など。 (c) 「覆」の訓読みは「おお(う)」「くつがえ(す)」「くつがえ(る)」。音読みは「フク」。熟語は「覆面」「転覆」など。 (d) 「歪曲」

は，ゆがんで本当の姿をとらないこと。「曲」を使った熟語はほかに「曲面」「曲解」など。訓読みは「ま(がる)」「ま(げる)」。　(e)「亀裂」は，カメの甲羅の模様のように，ひびが入ること。「裂」を使った熟語はほかに「支離滅裂」「破裂」など。訓読みは「さ(く)」「さ(ける)」。

問二　直前に「現代の化粧法，『ナチュラルメイク(＝自然の創作)』」とあり，直後で「驚くほど緻密に加工・変形しながらしかも加工・変形しているというその事実をマッショウするような現代の化粧術」と説明されているので5が適切。「創作」による「自然」という逆説的なものである。

問三　【文章Ⅱ】の冒頭に「わたしの顔というものは，そもそもわたしが見るというかたちでふれることができないものである」とあるので，1が適切。

問四　直前に「他者が〈わたし〉として認知してくれるその媒体としての顔が自分にだけは見えない」とあり，直後には「わたしはわたし(の顔)を見つめる他者の顔，他者の視線を通じてしか自分の顔に近づけない」「われわれは目の前にある他者の顔を『読む』ことによって，今の自分の顔の様態を想像するわけである」とあり，【文章Ⅱ】には「他人がわたしをそれによってわたしと認知する顔を，わたしはじかに見たことがない」とあるので1が適切。

問五　A　直前に「他者の〈顔〉の上に何かを読み取る，あるいは『だれか』を読み取る」とあるので，「想像(的に措定される)」とするのが適切。　B　直後に「その反転を可能にする」とあるので，「根源(的交叉)」とするのが適切。　C　直後に「ともに同じ意味の枠をなぞっている」とあるので，「共同(的な構造)」とするのが適切。　D　直後の「イメージの形成」につながる表現としては，「可視(的)」とするのが適切。

やや難　問六　直前に「対象として正確に見ているわけではないことは，……じぶんの顔の写真に往々にして否定的な感情を抱く」とあり，直後には「わたしは〈顔〉としてのわたしの存在を終生見ることはない」とある。また，【文章Ⅰ】には「われわれは目の前にある他者の顔を『読む』ことによって，いまの自分の顔の様態を想像する」とあるので，3が適切。

問七　直前の段落に「それは〈顔〉を見ているのではないないのだ。物や風景を見つめるのとおなじ地平で，だれかの「顔面」とよばれているものにじっとまなざしを置くだけのことである」と説明されているので，「切迫してこない状況」とする2が適切。

問八　「磁場」については，直前に「それは押しのけあいや駆け引きと言ってもいいし，衝突とそのあとのうろたえと言ってもいい，引きつけと押しのけ，粘着と引き剥がしといった，相反する力が交叉する」と説明されているので，「耕助くん」の「視線の強度を鍛える」，「穂菜実さん」の「アイデンティティをも失ってしまう」は適切でない。

問九　「接触」という言葉に着目すると，「逆に……」で始まる段落の「逆に，顔の接触がなんらかの関係をかならずや引き起こさざるを得ないところで，ひとは顔を見ることができない。」に着目できる。脱落文の「見ることができる」と「見ることができない」は，「逆に」でつながるので，「逆に，……」の直前に補うのが適切。

二　**(論説文一文脈把握，内容吟味，要旨，脱語補充，慣用句)**

問一　「書かない」ことについては，「しかしそれは，……」で始まる段落に「その場で遂行されたこととして過ぎていきます」とあり，「書き留めておくと，その文字を見ながら，(読みながら)それを反芻したり，そこからまたさらに考えを広めたりすることができます」とあるので，4が適切。

問二　直後の段落に「やはり『わたし』というのは，わたし自身が作り出した単独のものではありません」とあり，最終段落には「その赤ん坊は，周囲の人間に育てられ，次第に言葉を身につけ，そのうちやっと「わたし」という意識を持つようになり，『人間』らしくなります。……『わたし』は，このようにして複数の人とのかかわりの中でできあがっていくのです」と述べられているので,「複数の人間とのかかわりの中で『わたし』という意識をもつ」とする4が適切。

問三　直後の「いろいろ基本的なことがわかるようになる」にあてはまるものとして,「もの心つく」が入る。「もの心つく」は,世の中のことが分かり始める,という意味。

やや難 問四 「考える」ことについて筆者は,「頭の中で考えていたとしても,書かなかったら忘れてしまいます」「書き留めておくと,……それを反芻したり,そこからまたさらに考えを広めたり深めたりすることができます」「『考える』というのはひとりですることではありません」「『わたし』は,このようにして,複数の人とのかかわりの中でできあがっていくのです」と述べているので,これらを要約すればよい。

三 **(古文―文脈把握,内容吟味,口語訳,大意,文学史)**

〈口語訳〉 名誉や利欲に追いまわされて,(心の)静かな時もなく,一生を(そのことのために)苦しめて過ごすのは,まったく愚かなことである。

(そもそも人間は)財産が多いと,身を守る方法において欠けるところができる。(なぜかというと,財産というものは)危害を受け,めんどうなことを招く媒介となるものである。死んだ後に,黄金を積んで北斗星に届くほどに財産を残したとしても,(かえって)子孫のために迷惑がられることであろう。(次に)愚かな人の目を喜ばせる楽しみも,これまた,つまらないものである。大きな車や,肥えた馬,黄金や玉の飾りも,物のわかった人は不愉快にばかばかしいことと見るにちがいない。(だから)黄金は山に捨て,玉は淵に投げるのがよい。利欲に迷うのは,この上なく愚かな人である。

不朽の名声を長く後世に残すということは,まことに望ましいことであろう。(しかし)位が高く,身分が尊いことだけを,優れた人と言うべきであろうか。いや,言うべきでない。愚かでつまらない人でも,よい家に生まれ,時運に恵まれると,高い位にのぼり,おごりをきわめることもある。(これに反して)昔の立派な聖人で,自分から低い位に甘んじていて,時世に合わないで終わった例も,また,たくさんある。(だから)むやみに高い位を望むのも,(利欲を望むことに)次いで愚かなことである。

知恵と人格とは,非常にすぐれているという名誉を,ぜひとも残したいものであるが,よくよく考えてみると,名誉を愛するのは,世間の人の評判を喜ぶことなのである。ほめる人も,けなす人も,ともに(いつまでも)この世に生き長らえることはなく,聞き伝えるような(後世の)人も,これまた,すぐさま(この世を)去ることであろう。(だから)だれに恥じたり,だれに知られることを願う必要があろうか。(それに)誉れは,また同時にそしりのもとである。死んだ後に名誉など残っても,少しも益はない。知恵・人格についての名誉を願うのも,次いで愚かなことである。

しかし,しいて知恵を求め,賢になろうと願う人のために言うならば,知恵が(この世に)出て来てから,偽りというものが生まれた。才能は欲望やあらぬ悩みが積もり積もってできたものである。(人から)伝えられて聞き知り,(人から)学んで知るのは,真実の知ではない。(それならば)どんなものを知ということができるか。可というのも不可というのも,(つまりは)一つのもので区別はない。(また)どんなものを善というか。(これも知と同じである)まことの人というのは,知もなく,徳もなく,功もなく,名誉もない。だれが(それを)知り,だれが(後世に)伝えよう。これは,(わざと)徳を隠し,愚かさをよそおっているのではない。もともと,賢とか愚,得とか損などの境地を超脱しているからなのである。

迷いの心をもって名誉や利欲を要求すると,(それはみな)このとおりである。万事はみな一時の仮の現象である。論ずるに足らず,願うにも足りないのである。

問一 「名利」は,名誉と利欲,「使われて」は,追い立てられて,という意味なので3が適切。

問二　直後に「害をかひ,累ひを招くなかだちなり。身の後には金をして北斗をささふとも,人のためにぞわづらはるべき」と述べられているので2が適切。

問三　「やんごとなし」は，位が高い，高貴だ，という意味。係助詞「や」は反語の意味を表し，「～やは言ふべき」で，～と言うべきだろうか，いや言うべきでない，という意味になるので3が適切。

問四　(エ)の「人の聞」は，世間の人の評判，という意味。「そしり」は，「誹り」「謗り」と書き，非難，悪口，という意味なので，1が適切。

問五　「花子さん」の解釈は，本文冒頭に「名利に使はれて，しづかなるいとまなく，一生を苦しむるこそ，愚かなれ」とあることと合致しない。筆者は，名誉や利欲に追われて心が鎮まることのない一生は愚かである，と言っているので，「迷いの心をもって名誉や利益の欲望を求めると」は合致しない。

問六　『徒然草』は，鎌倉時代末期に成立した兼好法師による随筆。随筆は，『枕草子』と『方丈記』。『枕草子』『方丈記』『徒然草』は「三大随筆」とされる。『源氏物語』は平安時代に成立した紫式部による長編物語。『十訓抄』は，鎌倉時代に成立した説話。『奥の細道』は，江戸時代に成立した松尾芭蕉による俳諧紀行。

★ワンポイントアドバイス★

現代文の読解は，読解力と記述力の向上を意識して，筆者の主張を要約する練習をしよう！　古文は，口語訳できる力をつけ，かなり長めの文章にも対応できる力をつけておこう！

2022年度

★★★★★★★★★★★★★★★★★★★★★★★★

入　試　問　題

2022年度

東京農業大学第一高等学校入試問題

【数　学】（50分）〈満点：100点〉

1 次の式を簡単にしなさい。

(1) $-\dfrac{1}{2}\left\{11\times3^2+10\div\dfrac{3}{(-2)^2}\right\}\times(-6^2)$

(2) $\left(\dfrac{a^3}{b^2c}\right)^2\div\left(\dfrac{a^5c^2}{b^4}\right)\div\left(\dfrac{b}{ac}\right)^2$

(3) $\left(\dfrac{\sqrt{3}}{\sqrt{8}}-\dfrac{\sqrt{8}}{\sqrt{3}}\right)\left(\dfrac{2}{\sqrt{5}}+\dfrac{\sqrt{5}}{2}\right)\times\dfrac{(\sqrt{6}-\sqrt{2})(3+\sqrt{3})}{\sqrt{45}}$

2 次の問いに答えなさい。

(1) $x^2-y^2+z^2-2xz$を因数分解しなさい。

(2) 2次方程式$x^2-4x+2=0$の2つの解のうち，小さい方をaとするとき，$3a^2-12a+5$の値を求めなさい。

(3) 6%の食塩水a(g)と18%の食塩水b(g)を混ぜると10%の食塩水ができた。このとき，$a:b$を最も簡単な整数の比で表しなさい。

(4) 図のように，円Oが△ABCの辺またはその延長と接していて，ABの延長と円Oの接点をPとする。

AB＝13 cm，BC＝9 cm，CA＝12 cmであるとき，線分APの長さを求めなさい。

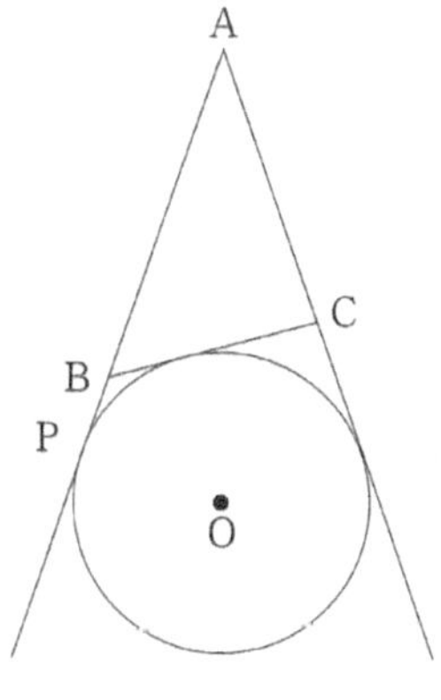

3 次の問いに答えなさい。

(1) 長さ12 cmの針金を使って面積8 cm^2の長方形を作るとき，長方形の縦と横の長さをそれぞれ求めなさい。ただし，横の長さの方が縦の長さより長いものとする。また，針金の太さは考えないものとする。

(2) 長さ12 cmの針金を何本かに切り分ける。切り分けたすべての針金を使って，図のような2つの立方体を作る。この2つの立方体の体積の和が$\frac{1}{3}$ cm^3となるとき，2つの立方体の一辺の長さをそれぞれ求めなさい。ただし，針金の太さは考えないものとする。

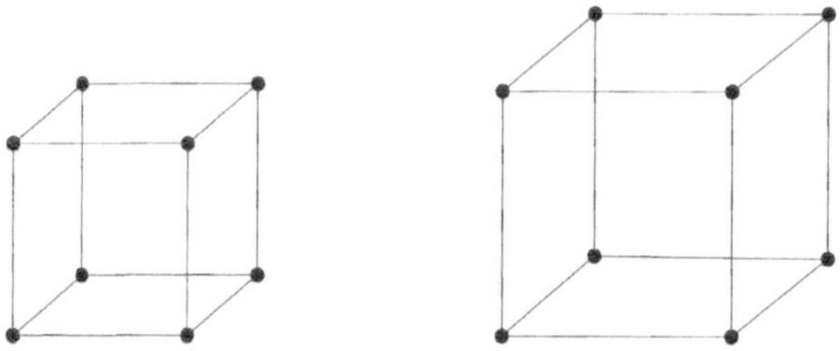

4 図のような正八面体OABCDEがある。

点Pは，この正八面体の辺上を頂点から頂点へ移動する。また点Pは，はじめ頂点Oにあり，1回の移動で隣り合う4つの頂点のいずれかに等しい確率で移動し，同じ頂点にとどまることはない。このとき，次の問いに答えなさい。

(1) 2回の移動で，点Pが頂点Eに止まる確率を求めなさい。

(2) 3回の移動で，点Pが頂点Aを通らずに頂点Eに止まる確率を求めなさい。

(3) 4回の移動で，点Pがはじめて頂点Eに止まる確率を求めなさい。

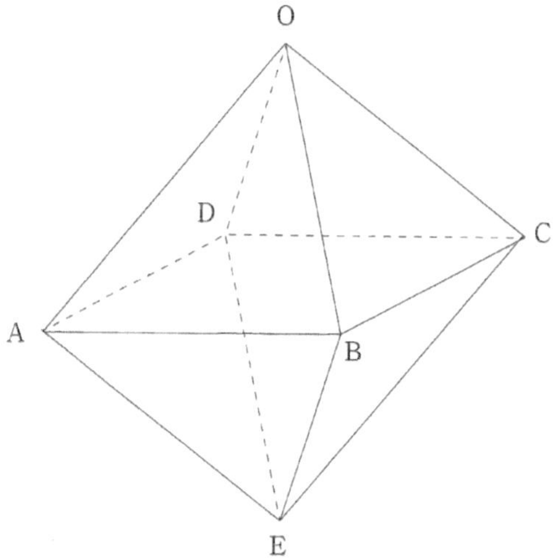

5 図のように，△ABCにおいて辺ABを4：1に，辺ACを2：3に分ける点をそれぞれD，Eとする。また，線分DE上に△BCF＝$\frac{1}{3}$△ABCとなるように点Fをとり，直線AFと辺BCの交点をGとするとき，次の問いに答えなさい。

(1) △ADEと△ABCの面積の比を，最も簡単な整数の比で表しなさい。

(2) △AFEと△CFGの面積の比を，最も簡単な整数の比で表しなさい。

(3) BG：GCを，最も簡単な整数の比で表しなさい。

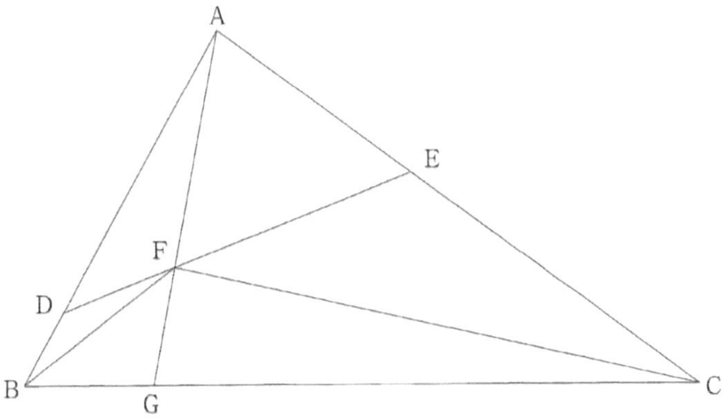

6 放物線$y=\frac{1}{2}x^2$上に点A，Bがあり，点Aのx座標は2，点Bのx座標は2より大きいものとする。点A，Bからそれぞれy軸に垂線を下ろしたときの，y軸との交点をC，Dとする。線分CD上の点Pが，PA＝PB，∠APB＝90°をみたすとき，次の問いに答えなさい。

(1) △APC≡△PBDを，解答欄にしたがって証明しなさい。

(2) 点B，Pの座標を求めなさい。

(3) △ABPの面積を求めなさい。

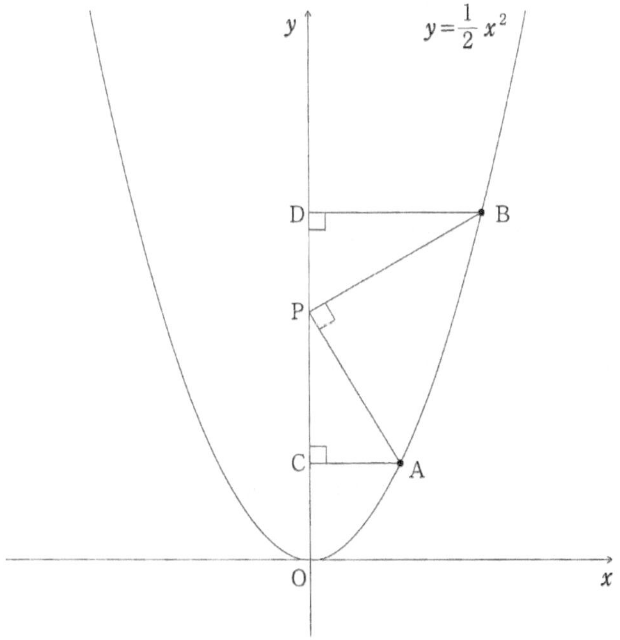

【英　語】（60分）〈満点：100点〉

1　次の設問（Part 1～3）に答えなさい。

Part 1

これから，会話文が２つ流れます。それぞれの会話文の後に，会話文に対する質問が流れます。質問に対する答えを最もよく表している絵を（A）から（D）の中から１つ選び，それぞれ記号で答えなさい。音声は１回しか流れませんので，注意して聞いてください。

Question 1：

What will the boy probably do next?

（A）

（B）

（C）

（D）

Question 2：

What sport will the girl probably play in high school?

（A）

（B）

（C）

（D）

Part 2

これから，会話文が２つ流れます。その会話文を聞いた後，印刷されている質問に対する最も適切な答えを（A）から（D）の中から１つ選び，それぞれ記号で答えなさい。音声は１回しか流れませんので，注意して聞いてください。

1．

Question 3：What will Fred probably do next?

（A）He will go to the restaurant directly.

（B）He will leave his bike at school.

（C）He will meet his mother at the convenience store.

（D）He will see a doctor at the hospital.

2.

Question 4：What is the girl happy about doing?

（A）Thinking of possible measures she can take

（B）Asking her father about his experience at a workshop

（C）Going to a cafe to interview the owner about food waste

（D）Making a list of products and services that are kinder to the environment

Part 3

これから，やや長めの英文が２回流れます。その後で，内容に関する質問が２回流れます。答えとして最も適切なものを１つ選び，それぞれ記号で答えなさい。英文は２回流れますが，質問を聞いた後に，もう１度英文を聞くことはできません。注意して聞いてください。

Question 5：

（A）

（B）

（C）

（D）

Question 6：

（A）

（B）

（C）

（D）

これでリスニングテストは終わりです。

※リスニングテストの放送台本は非公表です。

2　次の設問（問１～３）に答えなさい。

問１　次の英文の（　　）に当てはまるものをア～エから１つ選び，それぞれ記号で答えなさい。

1．A：It seems it will keep raining for another hour. How about watching a short movie at home?
　B：OK,（　　　）not?

　ア　can　　イ　let's　　ウ　what　　エ　why

2．The paintings in this room are all extremely valuable. So, please don't touch them,（　　　）you?

　ア　will　　イ　are　　ウ　do　　エ　can

3．June is the month（　　　）we usually have a lot of rain.

　ア　what　　イ　which　　ウ　on which　　エ　in which

4．（　　　）is a son of your brother or sister.

　ア　A grandson　　イ　A cousin　　ウ　A niece　　エ　A nephew

5．If you want to see the（　　　）sun tomorrow morning, wake up before five.

　ア　rising　　イ　risen　　ウ　raising　　エ　raised

6．Eating a well-balanced meal gives you the power（　　　）to run long distances.

　ア　had　　イ　got　　ウ　made　　エ　needed

7．It is a fish（　　　）not seen in this river these days.

ア it is　イ why is　ウ that is　エ what is

8．A：I'm afraid of getting sick.

B：Then you should stop (　　) right away.

ア smoke　イ smoking　ウ to smoke　エ smoked

9．A：Let's watch the Olympic Games on TV. Do you prefer judo (　　) table tennis?

B：I like both. You can decide which event to watch.

ア of　イ than　ウ to　エ with

10. I wonder if she can get to the theater before the movie (　　).

ア starts　イ started　ウ will start　エ is starting

11. I'd like to take some photos here, but my digital camera doesn't (　　).

Will you check it for me?

ア set　イ play　ウ move　エ work

12. This report (　　) nothing about the dangers of the medicine's side effects.

ア causes　イ says　ウ talks　エ searches

13. A：Here, this is your cake. Do you need something (　　)?

B：Thanks, but I have my own fork.

ア to eat　イ to eat with　ウ to hold　エ to drink

問２　各組の２文がほぼ同じ内容となるように，(　　)内に適する１語を答えなさい。

1．Believing in yourself is the most important of all.

Believing in yourself is (　　) important (　　) anything (　　).

2．Milton lives in Setagaya. He started living there two years ago.

Milton (　　) (　　) in Setagaya (　　) two years.

問３　次の英文の(　　)内の語(句)を並べかえて，日本文の意味を表す英文を完成させなさい。ただし，文頭に来る語も小文字にしています。

1．彼らの一人ひとりが，室内にテレビとピアノを持っている。

(the room / and a piano / them / of / a TV / each / in / has).

2．その男は確かにサムライと呼ばれていたと思う。

I (that / was / Samurai / am / the man / called / sure).

3．私はまだマミほどたくさんの本は読んでいない。

(Mami / as / as / I / read / books / not / many / have) yet.

4．渋沢は勇敢にも直ちに日本を離れることを決意した。

Shibusawa (Japan / enough / make / at / brave / decision / leave / was / the / to / to) once.

5．将棋を好む子どもたちの数は増加している。

(is / like / children / increasing / the / shogi / who / of / number).

3 次の設問(A～F)に答えなさい。＊印は注があることを示します。

A 次の英文の下線部の意味として適切なものをア～エから１つ選び，それぞれ記号で答えなさい。

1． Hikaru loves singing. One day, he recorded his song with his smartphone and uploaded it to the Internet. Not long after, his video <u>went viral</u>. Most of his classmates enjoyed it. He became a confident singer.

ア became popular　イ was less interesting

ウ was released　エ caught a virus

2． Lui went camping last weekend and found a beautiful mushroom. She was really interested in it. However, her father said that it might be <u>toxic</u>. So, she gave up taking it home.

ア stupid　イ poor　ウ dangerous　エ negative

3． Tom is such an <u>eager beaver</u>. In fact, he finished his summer homework in only two weeks. Now, he studies advanced mathematics for two hours every day.

ア a person who has a lot of homework

イ a person who is popular in his or her class

ウ a person who loves to finish work quickly

エ a person who only likes math

B 次の広告について，<u>本文の内容と一致しないもの</u>を，ア～エから１つ選び，記号で答えなさい。

Big Water : Nine Boys in Summer

By Kate Lewis

Kapell Books Co.

Can get it in either e-book or print form

Big Water is the seventh book in the young athletes group of works written by this writer, who has a 17-year-old son, and it is translated into French, German, and Italian. *Big Water* tells the story of a swim team of nine boys from Central High School in Minneapolis. Although the boys are inexperienced, with practice they gain strength and confidence. Despite losing their first swim competitions, the following year the boys manage to win the U.S. high school swimming championship.

ア It is written by a teenager.

イ It is part of a series.

ウ It is read in different languages.

エ It is sold in both digital and paper form.

C 次の英文の空所[　　]に入る最もふさわしい文を，ア～エから１つ選び，記号で答えなさい。

[　　　　] In figure skating, costumes and music are important. It is an artistic performance. Skaters have rules to follow about costumes and music. In speed skating, the winners have the fastest time. In figure skating, judges score many different things. The skater with the highest score wins.

ア Figure skating is a popular sport.

イ Figure skating is not as artistic as speed skating.

ウ　Figure skating has a lot of rules.

エ　Figure skating is more artistic than speed skating.

D　次の英文の内容と一致するものを，ア～エから１つ選び，記号で答えなさい。

Decades before the war, the friendship between the Japanese and American people was shown in *mutual gifts of trees. In 1912, Japan sent more than 3,000 cherry trees across *the Pacific Ocean. The Japanese gift *bloomed into an *annual event on Washington, D.C.'s *Tidal Basin. Every year, in late March and early April, visitors walk through a springtime wonderland of white and pink flowers.

注　mutual　相互の　　the Pacific Ocean　太平洋　　bloom　開花する，発展する　　annual　年に一度の
Tidal Basin　ワシントンD.C.にある入り江

ア　The cherry trees were given to the U.S. by Japan because Japan lost the war.

イ　The gift of cherry trees was the symbol of good relations between Japan and the U.S.

ウ　Visitors in Washington, D.C. can enjoy the beautiful flowers throughout the year.

エ　Visitors in Washington, D.C. can enter an amusement park of cherry trees.

E　次のニュース記事が一番伝えたい内容を，ア～エから１つ選び，記号で答えなさい。

For years, Rita Ebel had a problem: it was hard for her wheelchair to enter cafes and shops. So she built *ramps out of *Lego bricks – and they're becoming popular outside her town of Hanau, Germany.

"For me, it is just about trying to influence the world a little bit to barrier-free travel," said the 62-year-old grandmother. She has been using a wheelchair since she was in a car accident 25 years ago.

Ebel and her husband spend two to three hours a day building the ramps. Each one uses several hundred colorful plastic bricks and up to eight tubes of *glue.

The idea is catching on. Ebel has sent building manuals to Austria and Switzerland. People in Spain and the U.S. are also showing interest.

注　ramp　スロープ，傾斜　　Lego brick　レゴブロック　　glue　のり

ア　A 62-year-old lady made ramps, and the idea is spreading outside her country.

イ　A 62-year-old lady unfortunately got into a car accident 25 years ago.

ウ　A 62-year-old lady used Lego bricks to solve all her barrier-free problems.

エ　A 62-year-old lady had already sent her products to Spain and the U.S.

F　次の文章の[１]～[３]に当てはまる英文をア～カから１つずつ選び，それぞれ記号で答えなさい。

Are you going to Asakusa today? You should take a photo in front of Kaminarimon Gate. That's the famous red gate that leads to Sensoji Temple. Kaminarimon Gate is a symbol of the Asakusa area. It's also a symbol of Tokyo.

There are two statues at the gate. On the left is the god of thunder, and on the right is the god of wind. The god of thunder has drums to make the sound of thunder. [　1　]

In the middle of the gate is a huge lantern. It's about four meters high, and it weighs about 700 kilograms. Most people just look at the front of the lantern. [　2　] It has a beautiful wooden *carving of a dragon.

A repaired version of the lantern was given to the temple by Konosuke Matsushita. He was the founder of the electronic company, Panasonic. In 1960 he became ill, so he went to Sensoji Temple to pray. [3] He gave them the lantern to express his thanks.

Many people take photos in front of Kaminarimon Gate. There are *rickshaws offering rides, too. Taking a rickshaw is a fun way to go sightseeing around Asakusa.

注 carving 彫刻 rickshaw 人力車

ア It is believed that it can cause strong wind

イ After that, he got better.

ウ But don't forget to check out the bottom of the lantern, too.

エ Then, he was impressed with the huge Kaminarimon Gate.

オ The god of wind has a bag that is said to be filled with wind.

カ You can see the huge letters of kanji, "Kaminarimon."

4 **次の英文を読んで，後の設問（問１～５）に答えなさい。**
＊印は注があることを示します。

In 1974, serious flooding in *Bangladesh caused a terrible shortage of food. Throughout Bangladesh, about one million people *starved to death over the next few years.

During that period, a worried young professor at *Chittagong University, *Muhammad Yunus, was disappointed that all he could do to help society was to teach economics. He wanted to do more to help his fellow countrymen and women. He wanted to put away the economics theories and textbooks, and find out about the real lives of the poor of Bangladesh. With this in mind, he took his students on a field trip to the local village of *Jobra.

In Jobra, the professor and his students met a woman named *Sophia who made small bamboo seats for a living. They were shocked to discover that she only made 2 cents a day from her work. Most of her money went into paying back high-interest loans that she used to buy the *raw materials she needed. Their research in Jobra showed many more poor people living just like Sophia.

A

So, villagers such as Sophia had to borrow money from local dealers, who *charged terribly high interest rates. None of the villagers could make enough money to escape their poverty because they were all having to pay back high-interest loans.

B

So, he lent 42 poor women the 27 dollars he had with him to buy raw materials to make their bamboo seats, etc. It was important that he trusted these poor women to pay him back – if they didn't, there would be nothing he could do.

Yunus's lower *repayment rate allowed the women to make enough to live on and to make a *profit. He continued his banking system for the poor based purely on trust, and it soon became successful in several villages. So in 1983, Yunus decided to start his own bank, *Grameen Bank, with the single purpose of loaning money to the "poorest of the poor." The word "gram" means village in *Bengali, reflecting the bank's origins.

[C]

To get a loan, all you need to show is that you are poor and you have the will to work hard. Then, five of you make a group, and each of you receives a small, individual loan. People who borrow from the bank repay the trust they are given by repaying their loans. As a result, they paid in record numbers.

[D]

This social pressure encourages the members to pay their loans back on time. However, the rest of the group do not have to repay an unpaid loan − Grameen Bank accepts it as a loss. By trusting these people with their tiny loans, Yunus allowed them to help themselves.

[E]

Yunus believes that women living in poverty use the money more directly for their families than men. Not only do they repay their loans, but they also clothe, educate and feed their children with their profits.

Over the last few years, the *greed and mistakes of traditional banks have caused great problems in the world economy. At the same time, Grameen Bank has continued to make life a little better for the poor of the world. The contrast between these banks and Grameen Bank is clear: they work to make money; Grameen works to help the poor.

Grameen Bank has so far loaned about 6.4 billion dollars to 7.4 million families, and now many *financial institutions around the world have copied Muhammad Yunus's simple model. It is worth remembering that the poor are not poor because they are lazy. They are no [X] from the rich. They just happen to have been born into [X] families. In 2006, the great work done by Yunus and the bank itself was recognized, and they were *awarded the Nobel Peace Prize.

注 Bangladesh バングラデシュ　starve 飢える　Chittagong University チッタゴン大学
Muhammad Yunus ムハマド・ユヌス(グラミン銀行の創始者)　Jobra ジョブラ(バングラデシュの小さな村)
Sophia ソフィア(ジョブラの貧しい女性)　raw material 原材料　charge 請求する
repayment rate 返済利率　profit 利益　Grameen Bank グラミン銀行　Bengali ベンガル語
greed 強欲　financial institution 金融機関　award (賞を)与える

問1 本文中の空所 [A] ～ [E] に当てはまる英文を下のア～オから１つずつ選び，それぞれ記号で答えなさい。

ア It is an interesting fact that about 97 percent of Grameen borrowers are women.

イ Traditional banks would not lend money to these poor people because they did not trust the poor to pay them back.

ウ If one of the group cannot repay their loan, the rest of the group will feel the pressure.

エ Grameen Bank has a unique system.

オ Yunus saw that if these people could borrow money at a more reasonable rate, it would help them greatly.

問２　次の問い（１～６）に対する最も適切な答えをア～エの中から１つ選び，それぞれ記号で答えなさい。

1．Why did Yunus take his students to the local village of Jobra?

ア　He wanted to throw away his teaching materials.

イ　He wanted to teach them economics with products made in Jobra.

ウ　He wanted to show them real lives in Bangladesh.

エ　He wanted to get along with Sophia through the field trip.

2．What was Sophia's life like?

ア　She couldn't get out of poverty because of a high-interest loan.

イ　She earned enough money to support her family.

ウ　She could earn only 2 cents and spent all the money for her family.

エ　She became independent by making hand-made products.

3．What did Yunus do for the women in Jobra?

ア　He gave them raw materials to produce their hand-made products.

イ　He lent a small amount of money with high interest rates.

ウ　He introduced local dealers in order to lend them a small amount of money with low interest rates.

エ　He used his own money for poor women to help them buy raw materials to make their bamboo seats, etc.

4．According to Yunus, how were women living in poverty different from men?

ア　They directly used money they got for their families.

イ　They bought their own clothes with their profits.

ウ　They educated their children because their husbands didn't.

エ　They spent much more money on education and amusement than men.

5．What was special about Grameen Bank?

ア　Grameen Bank made a lot of money by lending money to the poor.

イ　Grameen Bank had a big impact on the world economy.

ウ　Grameen Bank continued to improve the standard of living of the poor.

エ　Grameen Bank loaned more than 6 billion dollars, which made it famous.

6．What happened because of Yunus's effort?

ア　Women around the world were fully saved by Yunus's low-interest loans.

イ　Many banks around the world introduced Yunus's bank model.

ウ　Most people noticed poor people were not poor because they were lazy.

エ　Yunus and the bank itself were awarded the Nobel Peace Prize because they gave people a lot of money without any profit.

問３　次のグラミン銀行の特徴について述べた英文の空所（　1　）～（　5　）に入る語を，それぞれ英語１語で答えなさい。

"Gram" means village in Bengali, which reflects the bank's origins. Grameen Bank lends a small individual loan to people who show their will to work hard although they are (　1　). Five people make a (2) and cooperate with each other to pay the loan back. As a result, people who borrowed from Grameen Bank repaid their loans with a surprisingly (3) percentage. This is because social pressure to repay their loans allows the members to pay it back (4) time. However, the fellow members don't have to repay any unpaid money even if someone can't pay it back. The bank thinks of the unpaid money as a (5). The policy helped poor people become independent.

問4　本文中の空所[X]に共通して入る最もふさわしい1語を英語で書きなさい。

問5　次の英文は，本文の内容をふまえたN君の感想である。空所[A]・[B]に入る最もふさわしい1語をそれぞれ英語で書きなさい。

This story was impressive. Muhammad Yunus and his Grameen Bank were a shining example to everyone. They showed us that making money was not the only goal, even for a bank. In the Edo period, Japan also had a similar five-family neighborhood system (Gonin-Gumi). However, the villagers at that time had to take responsibility for not paying a tax. In other words, it worked as a system to [A] the other villagers. There was little room for believing in other people. On the other hand, Muhammad Yunus and his Grameen Bank tried to save the poor by expecting their good will. They showed the power of [B]. In that sense, it was worth being awarded the Nobel Peace Prize.

5　**以下のイラストについて，語群を参考にしながら，下記の空所①～③に語(句)を入れて英文を完成させなさい。その際，イラストの内容をすべて含める必要はありません。**

【語群】

waste(廃棄する)　　plastic bags(ビニール袋)　　reusable bags(再利用可能なバッグ)

It is [①] to [②] because [③].

問四　傍線部（ウ）「あるかぎり取りつきて、散らざりけれ」とあるが、どのような状態か。最も適当なものを次の1～5の中から一つ選びなさい。

1　蜂に刺されまいと逃げていた人々が、一カ所に集まり騒いでいる状態

2　御前にあった枇杷の皮を次々とむいては、ある一カ所に並べだした状態

3　飼っていた蜂が逃げ騒いだが、宗輔公がその蜂を枇杷に集めとどめた状態

4　蜂を飼うことが無益だと言っていた人々に、蜂が襲いかかり取りついた状態

5　巣の中から出て飛び散っていた多くの蜂が枇杷に集まりとまっている状態

問五　傍線部（エ）「かしこくぞ、宗輔が候ひて」とあるが、誰のどのような気持ちを述べたものか。最も適当なものを次の1～5の中から一つ選びなさい。

1　蜂の巣が落ちた時に宗輔がいてくれて助かったという、鳥羽上皇の賞賛の気持ち。

2　ちょうどよいタイミングで自分が居合わせて良かったという、宗輔公の自画自賛の気持ち。

3　蜂が飛び交う宮中で、宗輔がとっさに供人になってくれたことに対する、院の感謝の気持ち。

4　蜂の巣が落ちた時に宗輔を素早く呼び寄せた、供人の機転に対する、鳥羽上皇の感嘆の気持ち。

5　飛び回り人々を襲っていた蜂を退散させた宗輔の特殊な能力に対し、院の恐れおののく気持ち。

問六　本文は、鎌倉時代中期に成立した作品『十訓抄』である。この作品と同じ種類（ジャンル）のものを、次の1～5の中から一つ選びなさい。

1　方丈記　　2　十六夜日記　　3　源氏物語

4　枕草子　　5　今昔物語集

げられたりければ、（ウ）あるかぎり取りつきて、散らざりければ、供人を召して、（Ｂ）やをらたびたりければ、院は、「（エ）かしこくぞ、宗輔が候ひて」と仰せられて、御感ありけり。

（『十訓抄』による）

（注）

※恪勤者……雑役に従事する侍

※勘当……懲らしめしかること

※出仕……宮中へ出かけること

※漢の蕭芝……漢の国（今の中国）にいた雑使い

※鳥羽殿……鳥羽上皇の邸宅

※相国……宗輔公のこと

問一　二重傍線部（Ａ）「にはかに」、（Ｂ）「やをら」の意味として、文意に合うものを、次の1～5の中からそれぞれ一つずつ選びなさい。

（Ａ）にはかに

1　ゆっくりと
2　とつぜん
3　庭に
4　はげしく
5　もろともに

（Ｂ）やをら

1　いそいで
2　そのまま
3　しずかに
4　しだいに
5　いっせいに

問二　傍線部（ア）「とまりけり」とあるが、状況の説明として最も適当なものを、次の1～5の中から一つ選びなさい。

1　牛車の物見窓の周りを飛び回っていた蜂に、宗輔公が命令をしたところ気絶して地面に落ちてしまった。
2　宮中に出発する時に飛び回っていた蜂に、宗輔公が「とまれ」と言ったところ邸宅にとどまりついて来なかった。
3　牛車の物見窓の周りを飛び回っていた蜂を、宗輔公の暗示により自分の背中にすべてとまらせてしまった。
4　宮中に出発する時にそこにはいなかった蜂を、宗輔公の予言によって呼び寄せて護衛役として手にとまらせた。
5　牛車の物見窓に張りついていた蜂に、宗輔公が「とまれ」と命令したところ窓の外に出て窓全体を隠した。

問三　傍線部（イ）「不思議の徳」とあるが、どのような能力のことか、最も適当なものを次の1～5の中から一つ選びなさい。

1　多くの蜂に名前を付ける能力
2　多くの蜂を見分ける能力
3　近くに来た蜂を追い払う能力
4　多くの蜂を自由に操る能力
5　遠くの蜂を呼び寄せる能力

定的な違い」について、筆者はどう評価しているか、最も適当なものを次の1~5の中から一つ選びなさい。

1 バラクラフの指摘は大航海時代、大規模交易、「世界システム」の成立を歴史の流れ順に捉えておらず、自身の考える十九世紀と二十世紀の違いに無理に結びつけている。

2 バラクラフの指摘はヨーロッパを中心に世界を語ることを前提にされているため、筆者の考えるアジアに文化の中心が移行してきたという考えとはそぐわない。

3 バラクラフの指摘は「近代」と「現代」の区別をつけることが目的であり、十九世紀と二十世紀の決定的な違いに関してはそれほど大きな問題にはならない。

4 バラクラフが指摘する決定的な違いはアジアの視点から捉えられており、西洋の啓蒙主義や近代的な理想の拡大を無視しているという点で、不十分な論である。

5 バラクラフの指摘以前に、大航海時代を迎え、大規模交易を含む「世界システム」が確立していたと考えられるので、「世界史」の成立をことさら強調するのは少し的外れである。

問三 空欄 X に入るものとして最も適当なものを次の1~5の中から一つ選びなさい。

1 「近代」が今までヨーロッパの希望の上に成立していたことを誰もが信じて疑わない時代になった

2 「現代」とは、ヨーロッパにとっては、理想や進歩の一片ももはや信じることのできない時代になった

3 「近代」とは、ヨーロッパにとっては、自らの権力や財力が及ばないものがない理想の時代ではなかった

4 「現代」が、アジアにとって、無理やりヨーロッパ的な近代的理想を押し付けられる時代になった

5 「現代」とは、衰退するヨーロッパよりもアジアのほうが歴史の進歩を実感できる進化の時代になった

問四 二重傍線部「世界というチェス・ボードに登場するひとつの駒にすぎなくなる」とはどういうことか、八〇字以内で説明しなさい。

三 次の文章は、蜂を飼いならしていた藤原宗輔のエピソードである。宗輔は、世間での評価とは裏腹に、鳥羽上皇の邸宅で起こった蜂の騒動にも沈着冷静に対処した。この文章を読んで、後の問いに答えなさい。

すべて、蜂は短小の虫なれども、仁智の心ありといへり。されば、京極太政大臣宗輔公は、蜂をいくらともなく飼ひ給ひて、「なに丸」「か丸」と名を付けて、呼び給ひければ、召しにしたがひて、※恪勤(かくご)者(しゃ)などを※勘当し給ひけるには、「なに丸、某(なにがし)刺して来」とのたまひければ、そのままにぞ振舞ひける。※出仕の時は車のうらうへの物見に、はらめきけるを、「とまれ」とのたまひければ、(ア)とまりけり。世には蜂飼の大臣とぞ申しける。(イ)不思議の徳、おはしける人なり。※漢の蕭芝が雉(きじ)をしたがへたりけるに、ことならず。

この殿の蜂を飼ひ給ふを、世人、「無益のこと」といひけるほどに、五月のころ、※鳥羽殿にて、蜂の巣(A)にはかに落ちて、御前に飛び散りたりければ、人々、刺されじとて、逃げさわぎけるに、※相国、御前にありける枇杷(びわ)を一房取りて、琴爪にて皮をむきて、さし上

じつは考えてみれば、これは当然のことで、実際にはすでに十九世紀から歴史は「世界」を舞台にしていたともいえます。植民地主義や帝国主義のなかで、ヨーロッパがアジア、アフリカ、イスラム圏、ラテン・アメリカに進出し、特にアジアに対してはいわゆる「ウェスタン・インパクト（西欧の衝撃）」によって、アジアのドラマを大きく変えていったわけです。

さらにいえば、少なくとも地理上の発見が生じた大航海時代の十五、十六世紀から、「世界」は大規模交易によってひとつの舞台へと結びつけられつつあったともいえます。ウォーラーステインは、それを「世界システム」と呼んで、十五世紀から「世界システム」ができていたといいますが、そこまで射程を広げれば、なにもバラクラフのように、二十世紀に入って「世界史」が成立したなどとことさら強調するのも、いまさらという気がしないでもありません。

しかし、ここで重要なことは、事実がどうなっていたかではなく、まさに、ヨーロッパ人たちが、二十世紀に入って「世界史」という舞台を実感するようになったということです。ヨーロッパの出来事がヨーロッパだけでは収まらず、それが「世界」と結びつき、ヨーロッパが自身の手によってみずからの運命を決めることができなくなってしまった。またこれは、ヨーロッパが掲げてきた理念や使命感を、もはやヨーロッパ人の思いのままには動かすことができなくなったということです。

そして、このことは「現代」を考えるうえで重要なことを意味しています。なぜなら、「近代」とは、良かれ悪しかれ、ヨーロッパが生み出した希望の上に展開されてきたからです。その希望は主として啓蒙(けいもう)主義や近代的な理想を掲げたもので、ここに歴史の進歩という意識が存在した。そして［　X　］ということなのです。

（佐伯啓思『20世紀とは何だったのか「西欧近代」の帰結』による）

問一　傍線部（ア）「『近代』と『現代』はどう違うのでしょうか」とあるが、その説明として、最も適当なものを次の1～5の中から一つ選びなさい。

1　十九世紀と二十世紀で「近代」「現代」を分けるという明確な区別があるが、現代に関しては「コンテンポラリー」「レイト・モダン」などと呼ばれ正確に定義できない。

2　正確な区別はないが、強いて判断すると「近代」と「現代」の差は少しの違いがあるだけなので、とりあえず形の上でのわかりやすさの指標として一般に知られている。

3　無理に区別する必要性はないが、連続と断絶という面から考える際に、断絶を強調したいときには、十九世紀と二十世紀が完全に断絶していると明言できる。

4　正確な区別はなく、通常は十九世紀と二十世紀で「近代」と「現代」を分けており、この間は連続もしているが、断絶もしているとも考えられる。

5　正確な区別が無いように見えて、実際には明確な違いが生じているのが「近代」と「現代」であるが、「近代」「現代」に分けられる時期が地域によって違う。

問二　傍線部（イ）「バラクラフが指摘する十九世紀と二十世紀の決

一郎さん：もしかしたら、いつの日かＡＩが人間以上の存在となり、自分たちの力で新たな人工知能を作り上げてしまうかもしれないね。そうなれば、人間には理解できないＡＩが誕生するのかもね。

高雄さん：ＡＩの進化によって「人間」の概念が変化し、ＡＩと人間は特別な別々の存在へと変わっていくよね。そうなればＳＦ映画のようにＡＩが人間の存在を脅かす脅威となることは間違いないね。

【選択肢】　1　咲穂さん　　2　稲夫さん　　3　花子さん
　　　　　4　一郎さん　　5　高雄さん

二　次の文章を読んで、後の問いに答えなさい。

そもそも(ア)「近代」と「現代」はどう違うのでしょうか。じつは、あまり正確な区別はありません。

英語では、近代は「モダン」ですが、現代はというと「コンテンポラリー」といったり、「レイト・モダン」ということになるでしょう。とはいえ、「コンテンポラリー」とは本来は「同時代」という意味で、ここでいう「現代」とはちょっと違いますし、「レイト・モダン」では、両者の大きな差異についてうまく表現できません。しかし、一般的に「現代」といったときには、十九世紀とは区別された意味での二十世紀を指すのがふつうでしょう。

もちろん二十世紀社会といえども十九世紀社会の延長上にあり、その上に成立しているわけですが、それにもかかわらず両者をあえて区別するのは、ここに大きな断絶があると解釈できるからです。より正確には、十九世紀と二十世紀の間にはある種の連続と断絶がある。そのうえで、強いていえば、断絶のほうを強調してみたいということです。

では、十九世紀と二十世紀の違いをさしあたりどう理解しておいたらいいのか。

ひとつ参考になる本があります。ずいぶん前に刊行された本ですが、バラクラフというイギリスの歴史家が書いた『アン・イントロダクション・トゥー・コンテンポラリー・ヒストリー』（An Introduction to Contemporary History）、つまり現代史入門という本で、翻訳は『現代史序説』（岩波書店）となっています。一九六四年に出たものですが、これは「近代」から区別された「現代」の意味を端的に描き出しています。

(イ)バラクラフが指摘する十九世紀と二十世紀の決定的な違いは何かというと、二十世紀とは、「世界史」というものが表舞台に出てきた時代である、ということ。われわれは、歴史を「世界史」という概念で考えなければならなくなった。

それに対して、十九世紀はあくまでヨーロッパ中心に歴史を語ることができた時代です。もちろん世界史はありますが、その世界史を主導したのはヨーロッパであり、ヨーロッパ的なものが世界に広がっていった時代だといえるのです。ところが二十世紀は、もはやヨーロッパを中心にして世界を考えることができなくなった。世界戦争が勃発し、世界政治なるものが出現し、ついには世界を動かす世論というものが出てくる。もはやヨーロッパの政治が世界を動かすのではなく、それは世界というチェス・ボードに登場するひとつの駒にすぎなくなるのです。

て、自然災害の恐怖を経験しないで済む。
2　ユーザーが好むものを作り出せるＡＩによって、ユーザーの好みに適したアイドルを作ることができる。
3　ＭＲＩやレントゲンの画像から病名を判断できるＡＩによって、人間の医者の診察や判断は必要なくなる。
4　人の表情や声色を分析して適した回答をするＡＩによって、人に相談するよりも安心して話すことができる。
5　道路の混雑状況や距離から所要時間を計算してくれるＡＩによって、効率よく安全に運転することができる。

問九　傍線部（エ）「私たち人間の理解を超えるＡＩは、もはや私たちの似姿ではあり得ない」とあるがどういうことか。その説明として、最も適当なものを次の1～5の中から一つ選びなさい。
1　人間がロボットやＡＩの技術を発展させた結果、ロボットやＡＩが自我を持つようになり、「人間とは何か」という問いに対して人間の知能を超えた回答を導き出した新たなＡＩが開発されたということ。
2　人間は、ロボットやＡＩの発展のために「人間とは何か」という難題に立ち向かうことの必要性を理解しながらも回答不能のまま放置してしまい、最終的にＡＩにその難題の回答を求めてしまったということ。
3　人間の理解を超えるＡＩは、人間がつくり上げたＡＩよりも優れた性能を持っているので、「人間とは何か」という問いに対して回答を出されても、もはや人間が理解できる内容のものではないということ。
4　人間に理解できないことを理解できるＡＩは、「人間とは何か」という難題ですら簡単に回答をすることが可能になり、私たち人間の想像する姿を遥かに超えた姿の「人間」を作り出してしまったということ。
5　人間はＡＩの技術発展の過程では、ＡＩに無い部分を探し求めることで「人間とは何か」という問いに向き合ってきたが、ＡＩが新たに作り出したＡＩによって人間は「人間らしさ」を見失ってしまったということ。

問十　この本文の内容について、５人の生徒が話し合っている。本文の内容について**間違って解釈**している生徒を、後の【選択肢】1～5の中から**二つ**選びなさい。

咲穂さん：最近の「あたらしい技術」の進化のスピードは驚くほど速くて、思わず戸惑ってしまうわ。ますます、技術と人間の関係性において「人間とは何か」という問いについて考えなければならなくなったわね。
稲夫さん：そのことに加えて、人は技術の進化に伴って「ＡＩは絶対に間違わない」と考えているようだけど、絶対に間違わないとも言い切れないよね。人間の感情をＡＩに組み込もうとしている以上、人間のようにミスをすることが考えられるよね。
花子さん：「人間らしくなる」ことがロボットやＡＩの目標であるならば、ロボットやＡＩに限りなく人間と同じ感情を持つ時が来て、「人間らしさ」という意味で、人間とロボットの区別がなくなるのではないかしら。

5　A　もしかしたら　B　まさに　C　だが
　D　とにかく　E　ちなみに
　D　すなわち　E　だから

問五　傍線部（ア）「ことさら「人間性」を持ち出すことには落とし穴がある」について、筆者がそのように述べる理由として、最も適当なものを次の1～5の中から一つ選びなさい。

1　AIの進化がどれほど進んだとしても、人間の持つ複雑な感情を理解することは出来ないから。
2　どんなに優秀な技術であっても、人間の感情には得体の知れない感覚や不安が付きまとうものだから。
3　医療ロボットがミスをした場合、ロボットに感情のこもった謝罪をさせたとしても決して人には伝わらないから。
4　「人間とは何か」についての答えよりも、「あたらしい技術」の進化のスピードの方が遥かに速いから。
5　高度な医療などを確実に成功させられるのであれば、人は感情よりも成功の可能性の高さを求めるから。

問六　空欄 Y に入るものとして、最も適当なものを次の1～5の中から一つ選びなさい。

1　車で長距離を移動するより、飛行機の方が楽で安くて速いから
2　車の事故は危険性を感じるが、飛行機の事故には危険性を感じないから
3　飛行機の方が車よりも、乗り心地やデザイン性が優れているから
4　飛行機の事故が現実に起こる確率が低く、恐怖感が湧かないから
5　飛行機はAIが操縦しているので絶対的な安全が確保されているから

問七　傍線部（イ）「今、必要なのは、それ抜きでも何とかなる設計の方である」とあるが、その理由として最も適当なものを次の1～5の中から一つ選びなさい。

1　社会を構成する時は、国の権力者が中心となって作り上げた方が効率的であるため、社会の中での意見の分裂を避けるために権力者の意志に従うことが賢明であるから。
2　社会を構築する上で感情を必要とせずに成り立っている仕組みが多くある中、心を求めた社会を優先すると逆に社会を混乱させる可能性が高くなるから。
3　以前の社会に比べて現代の社会では、共感や思いやりといった感情を大切に思う人達が全くいなくなったため、心など関係ない仕組みが社会に合っているから。
4　共感や思いやりといった感情を基に社会を構築しようとすると、時間と経費が何倍にも膨らむ可能性があり、無駄を回避するためにも国の権力者に委ねた方がいいから。
5　現代の社会に対して、感情を土台に置く社会設計は時間や経費の面から考えてもハードルが高すぎるので、それ抜きでも何とかなる設計を用いた方が現実的な考え方であるから。

問八　傍線部（ウ）「その意味」が示す内容の具体例として、適当なものを次の1～5の中から**すべて**選びなさい。

1　大気の状況や気圧配置を分析して天気を予測するAIによっ

のアイデンティティを失わせていくかもしれない。

（堀内進之介『人工知能時代を〈善く生きる〉技術』による）

（注）
※ ハイデガー……ドイツの哲学者
※ 仁愛論……情け深い心で人を思いやるという思想のこと
※ メタファー……修辞技法のひとつで「隠喩」「暗喩」のこと
※ シニカル……皮肉な態度をとる様子のこと

問一　波線部（a）～（e）について、（a）の漢字の読みをひらがなで、（b）～（e）のカタカナを漢字に直して答えなさい。

問二　二重傍線部（X）「なまじ」、（Z）「思いを馳せる」のそれぞれの意味として、最も適当なものを次の1～5の中から一つずつ選びなさい。

（X）「なまじ」
1　苦しい状況なのにあえて重要視すること。
2　未熟な状態なのに大人の真似をすること。
3　しなくてもいいのに無理やりにすること。
4　説明もできないのに知ったふりをすること。
5　当たり前のことなのに詳しく説明をすること。

（Z）「思いを馳せる」
1　理想とする世界についてどんどんと妄想を膨らますこと。
2　自分の信念にこだわり続けながら一つの考えを貫くこと。
3　思い思いのことをつなげて一つの大きなものにすること。
4　遠く離れていることについてあれこれと考えをめぐらすこと。
5　前の世代から次の世代へと確実に真実を伝え続けていくこと。

問三　空欄［Ⅰ］～［Ⅳ］に入る語句として、最も適当なものを次の1～5の中からそれぞれ一つずつ選びなさい。（同じ番号を使ってはいけません。）

1　社会　2　最終　3　哲学
4　絶対　5　反逆

問四　空欄［A］～［E］に入る語句の組み合わせとして、最も適当なものを次の1～5の中から一つ選びなさい。

1　A　もしかしたら　B　むしろ　C　そもそも
　　D　なぜなら　E　そして
2　A　もしもの時には　B　むしろ　C　そもそも
　　D　やはり　E　ところが
3　A　もしかしたら　B　むしろ　C　だが
　　D　たとえば　E　つまり
4　A　もしもの時には　B　まさに　C　だが

　鏡に映し出されなければ自分の姿が見えないのと同じで、人間は「内側」から自分を知ることはできない。近代以前であれば、人間は神という、全知全能の「外側」の存在に自らを映し込み、神との関係において、自らの本質を把握しようとしていた。しかし、神が退場した現代においては、ロボットやＡＩがその役割を担いつつある。人間にできてロボットやＡＩができないことは何か、と対比することを通して、私たちは人間を理解しようとしているのだ。

　ロボットやＡＩに反射される人間は、いったいどのようなものだろうか。たとえば、ドイツの哲学者ライマール・ツォンスが、その著書『人間の時代』で論じるように「人間とは、人間のデータの総計」なのかもしれない。「私たちはそんな機械のようなものではない」という違和感は、もしかしたら人間がつくってきたひとつの「防御壁」であり、単に「機械」と認識しないようプログラムされているだけ、という可能性さえある。奇しくもコンピュータ概念を初めて理論化したイギリスの数学者アラン・チューリングは、「紙と鉛筆、消しゴムを装備し、(d)ゲンカクな規律に服する人間は、事実上ひとつの(e)フヘン機械である」と言っている。コンピュータなどの情報処理機械が人間を真似て創造された時代はもう過去のもので、今や人間の方が情報処理機械として理解されるのだ。

　機械と人間とが互いの※メタファーになっている様からは、「人間とは何か」という問いに対して、とても興味深い逆説が引き出せる。既に神は退場し、私たちは自らの似姿としてのＡＩが神に取って代わる未来に(Z)思いを馳せるようになった。しかし、そんな私たちの思惑から離れて、ＡＩは神の代役になることから退場してしまいそうである。二〇一七年五月、「Google Brain」の研究者らが「自らの力で新たな人工知能をつくり上げるＡＩ」である「AutoML」の開発に成功したと発表し、さらに「AutoML」がつくり上げた「子ＡＩ」はこれまで人間がつくり上げたＡＩよりも優れた性能を持っていたことが判明した。イタリアの哲学者ヴィーコの「真なるものとつくられたものとは置き換えられる」という著名な命題の意味するところは、人間は自分のつくったものしか理解しないということである。(エ)私たち人間の理解を超えるＡＩは、もはや私たちの似姿ではあり得ない。

　そう考えると、私たち人間はとても※シニカルな存在だ。一方では、「人間なるもの」を維持しようと神やＡＩとの比較を通じて一所懸命に正当化することを試みながら、他方では、まさにその試みが「人間なるもの」という概念を破壊し続けているのだから。こうした事情を踏まえると、「人間とは何か」という［Ⅳ］的な問いの答えは、やはり［Ⅳ］的なものにならざるを得ないようだ。すなわち、「人間とは、人間であることをやめたがっている存在だ」、と。

　常日頃、私たちは「人間は特別な存在だ」と思っているが、だからこそ、ＡＩの進化を「自分の特別な地位を脅かす脅威」と捉える。しかし、技術の進化により、サイボーグや「感情を持つ」ロボット、あるいは遺伝子操作で「プログラム」された人間が私たちの身の回りに存在するようになり、グラウド上のＡＩと恋愛関係を持つことも普通になったとしたら、これまで「人間らしい」「人間的に価値がある」という言葉で表現されてきた「これが人間だ」という概念は、大きく変わっていくだろう。「あたらしい技術」が明らかにする人間の「真実」は、従来の人間観を大きく揺さぶり、「特別な存在」という人間もいいものにまで心を求めるのは、かえって混乱の元になりかねない。心ではなく、逆に技術を社会設計の土台に据え、そのプラスアルファの部分として心を置く方が社会の仕組みはうまく機能するはずだ。

私たちが心を求めれば求めるほど、技術は「心のこもった」サービスを提供しようとする。場合によっては、人間よりもＡＩの方が「思いやりに溢れている」と感じさせるほど、過剰に心を演出していくだろう。その中には思いやりや「誰かを愛する」といった、「人間らしさ」も当然含まれる。今後、人間とＡＩが恋愛関係になることも十分起こり得るし、もしかしたら人間よりもＡＩの方が思いやりに溢れた道徳的態度をとるようにさえなるかもしれない。

（ウ）その意味で、私たちが警戒すべきは、[B]「心ありき」の価値観だと言える。しかし、もはや心が問題にならないのであれば、私たち人間のよりどころは、いったい何になるのだろうか。

「知能」を獲得すべく開発が進められているロボットやＡＩは、「人間らしくなる」ことをひとつの目標に、「人間性」に挑戦し続けている。だが、かつて人間を似姿とした神が自己完結した完全なる存在であるのに対し、ロボットやＡＩは全知全能でも完全無欠でもなく、まさに人間がつくっていかなくてはならないものだ。それこそ神ではない人間は、間違いも犯すし、試行（ｂ）サクゴし続けていくしかない。ロボットやＡＩによって反射された人間像をどう映し込むか、私たちは常に選択を問われることになる。

[C]、「人間とは何か」「人間らしさとは」と問われて、明確に答えられる人はどれだけいるだろうか。「人間性」の中身はいわばブラックボックスであり、「人間とは何か」という定義は時代が進むにつれて、大きく変化してきた。[D]、古代や中世では、奴隷は人間とは見なされなかったし、女性に参政権が与えられ、一人前の「人間」として[Ⅱ]的に承認されるようになったのは、二〇世紀に入ってからのことだ。他にも、「道具を使える」「コミュニケーションができる」といった、人間ならではの特徴と考えられてきた能力も、生物学をはじめとする科学の（ｃ）チケンによって、今では、サルやイルカなどの他の動物にも同様の能力があることが確認されている。また、人間とチンパンジーの遺伝子は約九六パーセント一致しており、実際にチンパンジーには人間の四歳児程度の知能があることも明らかになっている。そのため、なぜチンパンジーは人間と違って檻（おり）に入れられるのかと、人権ならぬ動物の権利（アニマルライツ）を考える必要が生じている。

このように、人間の「定義」は次々に塗り替えられてきたわけだが、これからＡＩが人間にどんどん近い存在になるのであれば、「人間にできてＡＩにできないことは何か」という境界線は今以上に曖昧になっていくはずだ。

[E]、「もっと人間性を大事にしよう」と、人間の価値を強調すればするほど、人間性を獲得しようとするＡＩの価値もまた高められ、人間とＡＩの区別がつけられなくなるということだ。いっそ、ＡＩが人間に[Ⅲ]的な態度をとれば、人間との違いははっきりするかもしれないが、いずれにしても、境界線を引くのは人間ではなくＡＩの方である。だとすれば、「人間ならではの価値」はますます見えにくくなり、「人間とは何か」という問いは、回答不能のまま放置されるしかない、ということになる。

【国　語】（五〇分）〈満点：一〇〇点〉

一　次の文章を読んで、後の問いに答えなさい。（作問の都合上、一部省略された箇所がある。）

私たちは、「あたらしい技術」が変えていく未来の入口に立っている。しかし今はまだ、あまりにも目まぐるしい「あたらしい技術」の進化のスピードに翻弄され、何をどうしていいかすら分からないというのが実情だ。「あたらしい技術」と私たちの関係を突き詰めていくと、ひとつの大きな命題に向き合わざるを得なくなる。それは、※ハイデガーが技術論で展開した、「人間とは何か」という問いだ。

これまで人間が使ってきた技術とは異質の、「あたらしい技術」が持つ、どこか(a)得体の知れない感覚が、私たちに不安を抱かせている。そうした不安が引き起こす一種の反動として、「人間性」の価値が強調されることも多い。しかし、「あたらしい技術」と私たちの関係を考えていくとき、(ア)ことさら「人間性」を持ち出すことには落とし穴がある。

どんなにAIが進化しても人間にしかできないことは何かという議論の中で、［Ｉ］的に引き合いに出されるのは、「愛情」「思いやり」などの感情だ。「人間には心があるがAIには心が無い」と言いたくなる気持ちは分かるが、論拠としてはあまり有効とは言えない。

たとえば、医療ロボットと人間の医師が手術をしてミスをする確率は、［Ａ］、医療ロボットの方が低いかもしれない。いくら人間の医師に「心」があり、「手術は失敗したけれど、あの先生は一所懸命やってくれたから」と気持ちを慰めることができるのだとしても、それは一種の言い訳である。心があろうが無かろうが、本来求められるべきは、手術の成功のはずだ。患者にとっては、手術の成功率がより高く、さらに人件費などのコストを安く抑えられるのであれば、「心が無い」AIに手術してもらった方がいい、ということになるのではないだろうか。

あるいは、どんな名医でも死んでしまったらその技術は再現不可能であるのに対し、AIならいくらでも同じレベルで手術を行える、というメリットもある。そう考えていくと、(X)なまじ心を持ち出すことで、かえってAIの優位性が際立つということになってしまうだろう。

AIは絶対に間違わないと神格化するのは問題だが、「AIがこんな恐ろしいミスをする」「だからAIは怖い、使わないでおこう」と一足飛びに否定するのは無理がある。要は飛行機と車のようなもので、どちらも事故が起こり得るし、飛行機の場合は車以上に重大な結果になりかねない。それでも人が飛行機に乗るのは、［Ｙ］だ。

そもそも、※仁愛論的に、まず共感や思いやりといった感情を土台に置く社会設計は、今ではハードルが高過ぎてあまり機能するようには思えない。心は無いよりもあった方がいいかもしれないが、(イ)今、必要なのは、それ抜きでも何とかなる設計の方である。

現実の社会は、道路の右と左のどちらを通行するかなど、心など関係なく働いている仕組みが少なくない。法哲学者のジョセフ・ラズが『自由と権利』などで論じるように、国や政府が政策を決定するとき、道路の通行をどちら側にするかなど、どちらに決まっても誰も困らないものであれば、独断で決めてしまっていいと言える。どちらで

MEMO

大切なことはメモしておこうネ！

2022年度

解 答 と 解 説

《2022年度の配点は解答欄に掲載してあります。》

＜数学解答＞ 《学校からの正答の発表はありません。》

1 (1) 2022 (2) $\frac{a^3}{b^2c^2}$ (3) $-\frac{3}{2}$

2 (1) $(x+y-z)(x-y-z)$ (2) -1 (3) $a:b=2:1$ (4) 17cm

3 (1) 縦2cm，横4cm (2) $\frac{1}{3}$cm，$\frac{2}{3}$cm

4 (1) $\frac{1}{4}$ (2) $\frac{1}{16}$ (3) $\frac{1}{8}$

5 (1) 8：25 (2) 4：5 (3) 1：4

6 (1) 解説参照 (2) B(4，8)，P(0，6) (3) 10

○推定配点○

1 各5点×3 2 各6点×4 3 各5点×2 4 各5点×3 5 各6点×3

6 (1) 8点 他 各5点×2 計100点

＜数学解説＞

1 (式の計算，平方根)

(1) $-\frac{1}{2}\left\{11\times3^2+10\div\frac{3}{(-2)^2}\right\}\times(-6^2)=-\frac{1}{2}\left(11\times9+10\times\frac{4}{3}\right)\times(-36)=18\times\left(99+\frac{40}{3}\right)=1782+240=2022$

(2) $\left(\frac{a^3}{b^2c}\right)^2\div\left(\frac{a^5c^2}{b^4}\right)\div\left(\frac{b}{ac}\right)^2=\frac{a^6}{b^4c^2}\times\frac{b^4}{a^5c^2}\times\frac{a^2c^2}{b^2}=\frac{a^3}{b^2c^2}$

(3) $\left(\frac{\sqrt{3}}{\sqrt{8}}-\frac{\sqrt{8}}{\sqrt{3}}\right)\left(\frac{2}{\sqrt{5}}+\frac{\sqrt{5}}{2}\right)\times\frac{(\sqrt{6}-\sqrt{2})(3+\sqrt{3})}{\sqrt{45}}=\frac{3-8}{2\sqrt{6}}\times\frac{4+5}{2\sqrt{5}}\times\frac{3\sqrt{6}+3\sqrt{2}-3\sqrt{2}-\sqrt{6}}{3\sqrt{5}}=\frac{-5}{2\sqrt{6}}\times\frac{9}{2\sqrt{5}}\times\frac{2\sqrt{6}}{3\sqrt{5}}=-\frac{3}{2}$

2 (因数分解，式の値，比，平面図形)

基本 (1) $x^2-y^2+z^2-2xz=(x-z)^2-y^2=(x-z+y)(x-z-y)=(x+y-z)(x-y-z)$

重要 (2) $x=a$は$x^2-4x+2=0$の解だから，$a^2-4a+2=0$　よって，$3a^2-12a+5=3(a^2-4a+2)-1=3\times0-1=-1$

基本 (3) $a\times\frac{6}{100}+b\times\frac{18}{100}=(a+b)\times\frac{10}{100}$　$6a+18b=10a+10b$　$4a=8b$　$a=2b$　よって，$a:b=2:1$

重要 (4) 円Oと線分BC，ACの延長との接点をそれぞれQ，Rとし，BP＝BQ＝x，CQ＝CR＝yとする。BC＝BQ＋QCより，$x+y=9$…①　AP＝ARより，$13+x=12+y$　$x-y=-1$…②　①＋②より，$2x=8$　$x=4$　よって，AP＝13＋4＝17(cm)

3 (方程式の利用)

(1) 長方形の縦の長さを$x$cmとすると，横の長さは$(6-x)$cmと表せるから，$x(6-x)=8$　x^2-

$6x+8=0$　$(x-2)(x-4)=0$　$x=2,\ 4$　$x<6-x$より，$x=2$　よって，縦2cm，横4cm

(2) 立方体の一辺の長さを，小さい方を$x$cm，大きい方を$y$cmとする。$12x+12y=12$より，$x+y=1$…①　$x^3+y^3=\frac{1}{3}$…②　ここで，$(x+y)^3=(x+y)^2(x+y)=(x^2+2xy+y^2)(x+y)=x^3+x^2y+2x^2y+2xy^2+xy^2+y^3=x^3+3x^2y+3xy^2+y^3$　よって，$x^3+y^3=(x+y)^3-3xy(x+y)$　これに①，②を代入して，$\frac{1}{3}=1^3-3xy\times1$　$xy=\frac{2}{9}$…③　①より$y=1-x$を③に代入して，$x(1-x)=\frac{2}{9}$　$x^2-x+\frac{2}{9}=0$　$\left(x-\frac{1}{3}\right)\left(x-\frac{2}{3}\right)=0$　$x=\frac{1}{3},\ \frac{2}{3}$　$x<y$より，$x=\frac{1}{3}$，$y=\frac{2}{3}$　よって，$\frac{1}{3}$cmと$\frac{2}{3}$cm

4 （確率）

(1) 1回の移動で隣り合う4つの頂点のいずれかに移動する確率は$\frac{1}{4}$　頂点Oから頂点Aを通り頂点Eに移動する確率は，$\left(\frac{1}{4}\right)^2=\frac{1}{16}$　頂点OからそれぞれB，C，Dのいずれかを通り頂点Eに移動する確率も同じであるから，求める確率は，$\frac{1}{16}\times4=\frac{1}{4}$

(2) 題意を満たす移動の仕方は，O→B→C→E，O→C→B→E，O→C→D→E，O→D→C→Eの4通りあり，それぞれの確率は，$\left(\frac{1}{4}\right)^3=\frac{1}{64}$だから，求める確率は，$\frac{1}{64}\times4=\frac{1}{16}$

(3) 頂点Oに戻るとき，1回目に頂点Aを通る場合がO→A→O→A→E，O→A→O→B→E，O→A→O→C→E，O→A→O→D→Eの4通りあるから，その確率は，$\left(\frac{1}{4}\right)^4\times4=\frac{1}{64}$　1回目にそれぞれ頂点B，C，Dを通る場合も同様であるから，その確率は，$\frac{1}{64}\times4=\frac{1}{16}$　頂点Oに戻らないとき，1回目に頂点Aを通る場合がO→A→B→A→E，O→A→B→C→E，O→A→D→A→E，O→A→D→C→Eの4通りあり，1回目にそれぞれ頂点B，C，Dを通る場合も同様であるから，$\left(\frac{1}{4}\right)^4\times4\times4=\frac{1}{16}$　よって，求める確率は，$\frac{1}{16}+\frac{1}{16}=\frac{1}{8}$

5 （平面図形）

重要 (1) △ADE：△ADC＝AE：AC＝2：(2＋3)＝2：5　△ADC：△ABC＝AD：AB＝4：(4＋1)＝4：5　よって，△ADE：△ABC＝$\frac{2}{5}$△ADC：$\frac{5}{4}$△ADC＝8：25

重要 (2) A，FからBCにひいた垂線をそれぞれa，bとすると，△BCF：△ABC＝b：a＝1：3　$a/\!/b$より，AG：FG＝a：b＝3：1　△AFE：△AFC＝AE：AC＝2：5　△AFC：△CFG＝AF：FG＝(3－1)：1＝2：1　よって，△AFE：△CFG＝$\frac{2}{5}$△AFC：$\frac{1}{2}$△AFC＝4：5

(3) △ADF：△ABF＝AD：AB＝4：5　△ABF：△ABG＝AF：AG＝2：3　よって，△ADF：△ABG＝$\frac{4}{5}$△ABF：$\frac{3}{2}$△ABF＝8：15　△ADF＝$8s$とすると，△ABG＝$15s$　△AFE＝$4t$とすると，△AFC＝$10t$，△CFG＝$5t$，△ACG＝$15t$　よって，△ADE：△ABC＝8：25より，$(8s+4t):(15s+15t)=8:25$　$200s+100t=120s+120t$　$80s=20t$　$4s=t$　したがって，BG：GC＝△ABG：△ACG＝$15s:15\times4s=1:4$

6 （図形と関数・グラフの融合問題）

基本 (1) △APCと△PBDにおいて，仮定より，∠PCA＝∠BDP＝90°…①　AP＝PB…②　∠APC＝

$\angle DPC-\angle BPD-\angle APB=180^\circ-\angle BPD-90^\circ=\angle PBD$…③　①，②，③より，直角三角形の斜辺と1つの鋭角がそれぞれ等しいので，$\triangle APC\equiv\triangle PBD$

重要　(2)　$y=\frac{1}{2}x^2$に$x=2$を代入して，$y=\frac{1}{2}\times2^2=2$　よって，A(2, 2)，C(0, 2)　点Bのx座標をtとすると，点Bは$y=\frac{1}{2}x^2$上にあるから，$B\left(t,\ \frac{1}{2}t^2\right)$　(1)より，CP＝DB＝t，PD＝AC＝2だから，OD＝$2+t+2=t+4$　よって，$\frac{1}{2}t^2=t+4$　$t^2-2t-8=0$　$(t-4)(t+2)=0$　$t>2$より，$t=4$　したがって，B(4, 8)　OC＋CP＝2＋4＝6より，P(0, 6)

基本　(3)　$BP=AP=\sqrt{AC^2+CP^2}=\sqrt{2^2+4^2}=2\sqrt{5}$　よって，$\triangle ABP=\frac{1}{2}\times(2\sqrt{5})^2=10$

★ワンポイントアドバイス★

一部考えにくい問題もあるが，出題構成，難易度に大きな変化はない。時間配分を考えて，できるところから解いていこう。

＜英語解答＞ 《学校からの正答の発表はありません。》

1　リスニング問題解答省略

2　問1　1 エ　2 ア　3 エ　4 ウ　5 ア　6 エ　7 ウ　8 イ　9 ウ　10 ア　11 エ　12 イ　13 イ　問2　1 more, than, else　2 has, lived, for　問3　1 Each of them has a TV and a piano in the room(.)
2 (I) am sure that the man was called Samurai(.)
3 I have not read as many books as Mami (yet.)
4 (Shibusawa) was brave enough to make the decision to leave Japan at (once.)
5 The number of children who likes shogi is increasing(.)

3　A 1 ア　2 ウ　3 ウ　B ア　C エ　D イ　E ア　F [1] オ　[2] ウ　[3] イ

4　問1　A イ　B オ　C エ　D ウ　E ア　問2　1 ウ　2 ア　3 エ　4 ア　5 ウ　6 イ　問3　(1) poor　(2) group　(3) high　(4) on　(5) loss　問4　different　問5　[A] doubt　[B] believing

5　(例)　(It is)　① good (to)　② use reusable bags (because)　③ wasting plastic bags is not good for the Earth(.)

○推定配点○

1 各1点×6　2 問1 各1点×13　他 各2点×7　3 各2点×10
4 問5 各3点×2　他 各2点×17　5 7点　計100点

＜英語解説＞

1　リスニング問題解説省略。

2　**問1　(語句補充問題：慣用表現，付加疑問文，関係代名詞，名詞，分詞，動名詞)**

基本　1　A「もう一時間ほど雨が降り続くようです。家で短い映画を見ませんか。」 B「わかりました，そうしましょう。」〈why not?〉は「そうしましょう」などの意味を表す。

2 「この部屋にある絵はすべて非常に価値が高いものです。だから，手を触れないでくださいね。」命令文の付加疑問は，〈will you?〉文末につけて作る。

3 「6月はふつう多くの雨が降る月だ。」 元々は we usually have a lot of rain in June という文である。in June を関係代名詞を用いて表すので，in which となる。

4 「甥は兄や姉の男の子供だ。」 文意に合うのは「甥」である。アは「孫」，イは「いとこ」，エは「姪」という意味で，いずれも文意に合わない。

5 「明日の朝昇る太陽を見たいなら，5時前に起きなさい。」「～しつつある」という意味を表すので現在分詞を選ぶ。

6 「バランスのよい食事をとることは，長い距離を走るのに求められる力をあなたに与える。」 過去分詞は受け身の意味を表して，直前の名詞を修飾する。

7 「それは，この頃ではこの川では見られない魚だ。」 fish が先行詞となり，従節の意味上の主語にもなるので，関係代名詞の that を使う。

8 A「私は病気になるのが怖いです。」 B「では，あなたはすぐにタバコを吸うことを止めるべきです。」 stop の後に動詞を置く場合には動名詞にする。

9 A「テレビでオリンピックの試合を見ましょう。卓球より柔道の方が好きですか。」 B「私は両方好きです。どのイベントを見るかあなたが決められます。」〈prefer A to B〉で「BよりAを好む」という意味を表す。

10 「私は，映画が始まる前に彼女が劇場に着けるかどうか疑問に思う。」 未来のことを表す従節の中では動詞は現在形にする。

11 「ここで何枚か写真を撮りたいのですが，私のデジタルカメラは動きません。それをみてもらえますか。」 機械が「動く」という意味は work で表す。

12 「このレポートは，薬の副作用の危険について言っているだけだ。」「～について書いている」という意味を表す時には，動詞の say を使う。

13 A「はい，これはあなたのケーキです。食べるのに使う何かが必要ですか。」 B「ありがとう，でも私は自分のフォークを持っています。」 元々は eat with something「何かを使って食べる」という内容であり，それが不定詞を用いて表わされている。

問2 （書き換え問題：比較，現在完了）

1 「自分自身を信じることは，すべての中で一番大切だ。」→「自分自身を信じることは，他の何よりも大切だ。」〈～ than anything else〉で「他のどんなものよりも～」という意味を表す。

2 「ミルトンは世田谷に住んでいる。彼は2年前にそこに住み始めた。」→「ミルトンは2年間世田谷にずっと住んでいる。」「ずっと～している」という意味は，現在完了の継続用法で表す。

問3 （語句整序問題：代名詞，接続詞，受動態，比較，不定詞，関係代名詞，進行形）

1 〈each of ～〉は「～の一人ひとり」という意味を表す。

2 〈be sure that ～〉で「～を確かだと思う」という意味を表す。

3 〈not as ～ as …〉で「…ほど～でない」という意味を表す。

4 〈～ enough to …〉で「…するくらい～だ」という意味になる。また，make a decision で「決意する」という意味を表す。

5 「将棋を好む」という部分が「子どもたち」を修飾するので，主格の関係代名詞を使って表す。

3 （長文読解問題：内容吟味）

A 1 「ヒカルは歌うのが大好きだ。ある日，彼は自分の曲をスマートフォンで録音してインターネットにアップロードした。その後間もなく，彼のビデオはバズった。彼のクラスメートのほとんどがそれを楽しんだ。彼は自信を持った歌手になった。」

「バズった」という意味を表すので，ア「人気になった」が答え。イ「面白くなかった」，ウ「発表された」，エ「ウイルスにかかった」

2 「ルイは先週末キャンプに行き，美しいキノコを見つけた。彼女は本当にそれに興味を持ったが，彼女の父はそれが有毒であるかもしれないと言った。それで彼女はそれを家に持ち帰ることをあきらめた。」「有毒な」という意味を表すので，ウ「危険な」が答え。ア「愚かな」，イ「貧しい」，エ「否定的な」

3 「トムはとても熱心な努力家だ。実際，彼はたった2週間で夏の宿題を終え。現在，彼は高度な数学を毎日2時間勉強している。」「努力家」という意味を表すので，ウ「仕事を早く終えるのが好きな人」が答え。ア「多くの宿題を持つ人」，イ「クラスで人気がある人」，エ「数学だけ好きな人」

B

ビッグ・ウオーター：夏の9人の少年たち

著者　ケイト・ルイス
カペル出版社
電子ブックでも紙媒体でも入手できます

ビッグ・ウォーターは，17歳の息子を持つこの作家が書いた若いアスリートグループの7冊目の本で，フランス語，ドイツ語，イタリア語に翻訳されています。ビッグ・ウォーターは，ミネアポリスの中央高校の9人の男の子の水泳チームの物語です。男の子たちは経験が浅いですが，練習することで力と自信を得ます。最初の水泳大会に敗れたにもかかわらず，翌年，少年たちはなんとか米国の高校水泳選手権に勝ちました。

「17歳の息子を持つ」作家なので，ア「ティーンエイジャーによって書かれている」が答え。
イ「シリーズの一部である」，ウ「様々な言語で読まれる」，エ「デジタルでも紙の形でも売られている」

C 「フィギュアスケートはスピードスケートよりも芸術的だ。フィギュアスケートでは，衣装と音楽が重要だ。それは芸術的なパフォーマンスである。スケーターには，衣装や音楽について従うべきルールがある。スピードスケートでは，勝者が最速タイムを記録する。フィギュアスケートでは，審判は多くの異なるものを採点する。スコアが最も高いスケーターが勝つ。」 フィギュアスケートとスピードスケートを比べて，フィギュアスケートの芸術性について説明しているので，エ「フィギュアスケートはスピードスケートよりも芸術的だ。」が答え。ア「フィギュアスケートは人気があるスポーツだ。」，イ「フィギュアスケートはスピードスケートほど芸術的ではない。」，ウ「フィギュアスケートには多くの規則がある。」

D 「戦前の数十年，日本とアメリカの人々の友情は，木の相互の贈り物で示された。1912年，日本は太平洋を渡って3,000本以上の桜の木を送った。日本の贈り物は，ワシントン D.C. のタイダルベイスンで毎年開催されるイベントに発展した。毎年，3月下旬から4月上旬に，訪問者は白とピンクの花の春の不思議議の国を歩く。」 桜の木によって日本とアメリカの友好関係が示されたという内容なので，イ「桜の木の贈り物は，日米の良好な関係の象徴だった。」が答え。ア「日本が戦争に敗れたため，桜の木は日本から米国に渡された。」，ウ「ワシントン D.C. の訪問者は，一年中美しい花を楽しむことができる。」，エ「ワシントン D.C. の訪問者は，桜の木のアミューズメントパークに入ることができる。」

E 「何年もの間，リタ・エベルは問題を抱えていた。彼女の車椅子がカフェやショップに入るのは難しかった。そこで彼女はレゴブロックでスロープを作った―そしてそれらは彼女の町ドイツのイラナウ以外で人気が出てきている。

「私にとって，それはバリアフリーの旅をするために少しだけ世界に影響を与えようとしていることです。」と62歳の祖母は言った。彼女は25年前に自動車事故にあった時から車椅子を使用している。

エベルと彼女の夫はスロープ作りに1日2～3時間かけた。それぞれが数百のカラフルなプラスチックレンガと最大8本の接着剤を使用する。

そのアイデアは流行している。エベルは，オーストリアとスイスに組み立て方のマニュアルを送った。スペインやアメリカの人々も興味を示している。」 車椅子の老人がレゴブロックでバリアフリーにするためのスロープを作り，注目を浴びつつあるという内容なので，ア「62歳の女性がスロープを作り，そのアイデアは国外に広がっている。」が答え。イ「残念ながら，62歳の女性が25年前に自動車事故に巻き込まれた。」，ウ「62歳の女性は，レゴブロックを使用してバリアフリーの問題をすべて解決した。」，エ「62歳の女性はすでに彼女の製品をスペインと米国に送った。」

F 今日は浅草に行くだろうか？ あなたは雷門の前で写真を撮るべきだ。それは浅草寺に通じる有名な赤い門である。雷門は浅草エリアのシンボルだ。東京のシンボルでもある。

門には2つの彫像がある。左側は雷神，右側は風神だ。雷神は雷の音を出すためのドラムを持っている。[1]風神は風で満たされていると言われる袋を持っている。

門の真ん中には巨大な提灯がある。高さは約4メートル，重さは約700キログラムだ。ほとんどの人は提灯の正面を見るだけだ。[2]しかし，提灯の底もチェックすることを忘れないでほしい。竜の美しい木彫りが施されている。

修理された提灯は，松下幸之助によって寺院に贈られた。彼は電子会社パナソニックの創設者だった。彼は1960年に病気になったので，お祈りをするために浅草寺に行った。[3]その後，彼は良くなった。彼は感謝の気持ちを表すために提灯を贈った。

多くの人が雷門の前で写真を撮る。乗り物を提供する人力車もある。人力車を利用することは，浅草周辺を観光する楽しい方法である。

[1] 雷神の説明の後に来るので，オが答え。

[2] 提灯について，正面から見ること以外の説明が続くので，ウが答え。

基本 [3] 松下幸之助が感謝したと続くので，イが答え。 ア 「それは強い風を起こすと信じられている。」「それ」が指すものが直前にないので，誤り。 エ 「それで，彼は巨大な雷門に感動した。」 関連する場所がないので，誤り。 カ 「あなたは『雷門』という巨大な漢字を見ることができる。」 関連する場所がないので，誤り。

4 （長文読解問題・説明文：内容吟味）

（大意） 1974年，バングラデシュでの深刻な洪水により，ひどい食糧不足が発生した。バングラデシュ全土で，その後数年間で約100万人が飢えて死んだ。その間，チッタゴン大学の悩める若き教授，ムハマド・ユヌスは，社会を助けるために彼ができることは経済学を教えることだけであることに失望していた。彼は同胞や女性たちを助けるためにもっと行動したかった。彼は経済理論と教科書を片付けて，バングラデシュの貧しい人々の実際の生活について知りたいと思った。このことを念頭に置いて，彼は学生たちを地元のジョブラ村へのフィールド・トリップに連れて行った。

ジョブラで，教授と彼の学生は，生計を立てるために小さな竹の座椅子を作っているソフィアという名前の女性に会った。彼らは，彼女が仕事から1日2セントしか稼げないことを知ってショックを受けた。彼女のお金の大部分は，彼女が必要な原材料を購入するために使用した高利のローンの返済に使われた。ジョブラでの彼らの研究は，ソフィアのように生きているより多くの貧しい人々を明らかにした。

A伝統的な銀行は，貧しい人々が彼らに返済することを信用していなかったので，これらの貧しい人々にお金を貸さなかった。

そのため，ソフィアのような村人は，ひどく高い金利を請求する地元のディーラーからお金を借りなければならなかった。彼らは皆高利のローンを返済しなければならなかったので，村人の誰も彼らの貧困から逃れるのに十分なお金を稼ぐことができなかった。

Bユヌスは，これらの人々がより合理的なレートでお金を借りることができれば，それは彼らに大いに役立つだろうと考えた。

それで，彼は42人の貧しい女性に彼が持っていた27ドルを貸して，竹の座椅子などを作るための原材料を購入した。これらの貧しい女性が彼に返済することを彼が信じることが重要だった一もしそうしなければ，彼にできることは何もなかった。

ユヌスの低い返済利率は，女性が生きて利益を上げるのに十分な収入を得るのを可能にした。彼は純粋に信頼に基づいて貧しい人々のために彼の銀行システムを続け，そしてそれはすぐにいくつかの村で成功した。そこで，1983年にユヌスは「貧しい人々の中で一番貧しい人」にお金を貸すことを唯一の目的として，自分の銀行であるグラミン銀行を設立することを決定した。「グラム」という言葉は，銀行の起源を反映して，ベンガル語で村を意味する。

Cグラミン銀行には独自のシステムがある。

ローンを取得するには，あなたが貧しく，一生懸命働く意志があることを示す必要があるだけだ。次に，5人がグループを作り，それぞれが少額の個別ローンを受け取る。銀行から借りる人は，ローンを返済することで与えられたクレディットを返済する。その結果，彼らは記録的な数で支払った。

Dグループの1人がローンを返済できない場合，グループの残りのメンバーはプレッシャーを感じるだろう。

この社会的圧力により，メンバーは期限内にローンを返済するようになる。ただし，グループの他のメンバーは未払いのローンを返済する必要はない。グラミン銀行はそれを損失として受け入れる。小さなローンでこれらの人々を信頼することによって，ユヌスは彼らが彼ら自身を助けることを可能にした。

Eグラミンの借り手の約97%が女性であることは興味深い事実だ。

ユヌスは，貧困の中で暮らす女性は男性よりも家族のために直接お金を使うと信じている。彼女らはローンを返済するだけでなく，子供たちに彼女らの利益で服を着せ，教育し，そして養う。

過去数年間，伝統的な銀行の貪欲さと過ちは世界経済に大きな問題を引き起こしてきた。同時に，グラミン銀行は世界の貧しい人々の生活を少しでも良くし続けてきた。これらの銀行とグラミン銀行の対比は明らかだ。彼らはお金を稼ぐために働いている。グラミンは貧しい人々を助けるために働いている。

グラミン銀行はこれまでに約64億ドルを740万世帯に貸し付けており，今では世界中の多くの金融機関がムハンマド・ユヌスの単純なモデルをコピーしている。貧しい人々は怠惰であるために貧しいわけではないことを覚えておく価値がある。彼らは金持ちと何ら[X]違わない。彼らはたまたま[X]異なった家族に生まれたのだ。2006年には，ユヌスと銀行自体の素晴らしい業績が認められ，ノーベル平和賞を受賞した。

問1　大意参照。

問2　1「ユヌスはなぜジョブラの田舎の村に学生たちを連れて行ったのか。」 ア「彼は自分の教授用の道具を捨てたかった。」 人々の様子を知るためだったので，誤り。 イ「彼はジョブラで作られる製品で経済学を彼らに教えたかった。」 文中に書かれていない内容なので，誤り。 ウ 「彼は彼らに，バングラデシュの本当の生活を見せたかった。」「バングラデシュの貧しい人々の実際の生活について知りたい」とあるので，答え。 エ 「彼はフィールド・トリップを通じてソフィアと仲良くなりたかった。」 ソフィアのことを知らなかったので，誤り。

2 「ソフィアの生活はどのようだったか。」 ア 「彼女は高い利子率のローンのために貧困から抜け出せなかった。」「彼らは皆高利のローンを返済しなければならなかったので，村人の誰も彼らの貧困から逃れるのに十分なお金を稼ぐことができなかった」とあるので，答え。 イ 「彼女は家族を支えるために十分なお金を稼いだ。」 稼ぐことができなかったので，誤り。 ウ 「彼女は2セントだけ稼ぐことができて，家族のためにすべてのお金を使った。」 家族のために使えなかったので，誤り。 エ 「彼女は手作りの製品を作ることによって独立した。」 文中に書かれていない内容なので，誤り。

3 「ユヌスはジョブラの女性たちのために何をしたか。」 ア 「彼は彼女らに手作りの製品を生産するための原材料を与えた。」 原材料を与えてはいないので，誤り。 イ 「彼は高金利で少額のお金を貸した。」 低金利で貸したので，誤り。 ウ 「彼は地元のディーラーを紹介し，低金利で小額のお金を貸してくれた。」 ディーラーを紹介してはいないので，誤り。 エ 「彼は貧しい女性のために自分のお金を使って，竹の座椅子などを作るための原材料を購入するのを手伝った。」 女性たちはユヌスの貸付によって原材料を買ったので，答え。

4 「ユヌスによれば，貧乏な暮らしをしている女性たちは男性たちとどのように違うか。」 ア 「彼女らは家族のために得たお金を直接使った。」「子供たちに彼女らの利益で服を着せ，教育し，そして養う」とあるので，答え。 イ 「彼女らは自分たちの利益で自分の服を買った。」 自分たちには使っていないので，誤り。 ウ 「夫がそうしなかったので，彼女らは子供たちを教育した。」「夫がそうしなかった」とは書かれていないので，誤り。 エ 「彼女らは男性よりも教育と娯楽にはるかに多くのお金を費やした。」 娯楽には使っていないので，誤り。

5 「グラミン銀行は何が特別なのか。」 ア 「グラミン銀行は貧しい人々にお金を貸すことでたくさんのお金を稼いだ。」 お金を稼いだことが特別な訳ではないので，誤り。 イ 「グラミン銀行は世界経済に大きな影響を与えた。」 文中に書かれていない内容なので，誤り。 ウ 「グラミン銀行は，貧しい人々の生活水準を改善し続けた。」 文中の内容に合うので，答え。 エ 「グラミン銀行は60億ドル以上を貸し出し，有名になった。」 有名になったことが特別な訳ではないので，誤り。

6 「ユヌスの努力によって何が起こったか。」 ア 「世界中の女性がユヌスの低金利ローンによって完全に救われた。」 世界中の女性が対象ではないので，誤り。 イ 「世界中の多くの銀行がユヌスの銀行モデルを導入した。」「世界中の多くの金融機関がムハンマド・ユヌスの単純なモデルをコピーしている」とあるので，答え。 ウ 「ほとんどの人は，貧しい人々は怠惰であるために貧しいわけではないことに気づいた。」 文中に書かれていない内容なので，誤り。 エ 「ユヌスと銀行自体は，人々に利益を得ずに多くのお金を与えたため，ノーベル平和賞を受賞した。」 利益を得なかったわけではないので，誤り。

問3 「『グラム』とは，銀行の起源を反映したベンガリ語で村を意味する。グラミン銀行は，(1)貧しいにもかかわらず一生懸命働く意志を示している人々に少額の個人ローンを貸し出している。5人が(2)グループを作り，互いに協力してローンを返済する。その結果，グラミン銀行から借りた人は驚くほど(3)高い割合でローンを返済した。これは，ローンを返済するという社会的圧力により，メンバーが(4)期限内に返済できるためだ。ただし，他のメンバーは，誰かが返済できなくても，未払いのお金を返済する必要はない。銀行は未払いのお金を(5)損失と考えている。この方針は貧しい人々が自立するのを助けた。」

問4　貧しい人々はもともと金持ちの人々と違っているわけではないことを表している。違っている理由は，金持ちの人々の家とは違う家に生まれたからだと言っている。

重要　問5「この話は印象的でした。ムハンマド・ユヌスと彼のグラミン銀行は，誰にとっても輝かしい模範でした。彼らは，銀行にとってさえ，お金を稼ぐことが唯一の目標ではないことを私たちに示しました。江戸時代，日本にも同様の五世帯近隣制度（五人組）がありました。しかし，当時の村人たちは税金を払わない責任を負わなければなりませんでした。言い換えれば，それは他の村人を[A]疑うためのシステムとして機能しました。他の人を信じる余地はほとんどありませんでした。一方，ムハンマド・ユヌスと彼のグラミン銀行は，彼らの善意を期待して貧しい人々を救おうとしました。彼らは[B]信じる力を示しました。その意味で，ノーベル平和賞を受賞する価値はありました。」

ユヌスの方法の本質にあるものを高く評価している。江戸時代の五人組制度では互いが不信感をもっていたが，ユヌスの方法は人々の善意を前提にした方法であることが素晴らしいと言っている。[B]は「善意」という言葉から believe を導き出す。また[A]はその反対の例なので doubt が導き出せる。

5　（英作文問題）

イラストと語群を参考にして考える。ビニール袋が地球に有害で，再利用可能なバッグを使うべきだというのは，今では常識なので，その内容に関する英文を書けばよい。

★ワンポイントアドバイス★

2問1の8には stop が使われている。stop の後には動名詞が置かれるが，不定詞が続くこともあり，これは stop の目的語ではないと判断する。その場合には「～するために立ち止まる」という意味になることを覚えておこう。

<国語解答>　《学校からの正答の発表はありません。》

一　問一　(a)　えたい　(b)　錯誤　(c)　治験　(d)　厳格　(e)　不変
問二　(X)　3　(Y)　4　問三　Ⅰ　2　Ⅱ　1　Ⅲ　5　Ⅳ　3　問四　3
問五　5　問六　4　問七　2　問八　2・4　問九　3　問十　4・5

二　問一　4　問二　5　問三　2　問四　(例)　二十世紀はヨーロッパを中心に世界を考える時代ではなくなり，ヨーロッパは世界を主導する立場ではなく世界政治の中の一要素と位置づけられるようになったということ。(78字)

三　問一　(A)　2　(B)　3　問二　2　問三　4　問四　5　問五　1　問六　5

○推定配点○

一　問一～問三　各2点×11　他　各4点×8(問八完答)　二　問四　10点　他　各4点×3
三　問一　各2点×2　他　各4点×5　計100点

＜国語解説＞

一 （論説文一漢字の読み書き，語句の意味，脱文・脱語補充，接続語，指示語，文脈把握，内容吟味，要旨）

問一 (a) 「得」を使った熟語はほかに「心得」「得手」。「得」の訓読みは「え(る)」「う(る)」。音読みは「トク」。熟語は「得意」「得心」など。 (b) 「錯」を使った熟語はほかに「錯乱」「錯覚」など。 (c) 「治」を使った熟語はほかに「治癒」「治療」など。音読みはほかに「ジ」。熟語は「根治」「政治」など。訓読みは「おさ(まる)」「おさ(める)」「なお(す)」「なお(る)」。(d) 「厳」を使った熟語はほかに「厳禁」「厳重」など。音読みはほかに「ゴン」。熟語は「荘厳」。訓読みは「おご(そか)」「きび(しい)」。 (e) 「不変」は，変化しないこと。同音の「普遍」は，全体に広く行き渡ること。すべてのものに共通してあること。「不偏」は，考え方や立場などがかたよらないこと。

問二 (X) 「なまじ」は，しなくてもよいのに敢えてすること，中途半端なこと，不十分，という意味なので3が適切。 (Y) 「思いを馳せる」は，思いを遠くにまで至らす，という意味なので4が適切。

問三 Ⅰ 直後の「『愛情』『思いやり』などの感情」を引き合いに出す状況としては，「最終(的に)」が適切。 Ⅱ 「女性に参政権が与えられ，一人前の『人間』」として承認されることを指すので，「社会(的に承認される)」とするのが適切。 Ⅲ 直前に「AIが人間に」とあるので，「反逆(的な態度)」とするのが適切。 Ⅳ 直前の「『人間とは何か』」という問い，後の「人間とは，人間であることをやめたがっている存在だ」という答えにあてはまるものとしては，「哲学(的)」とするのが適切。

問四 A 後の「かもしれない」に呼応する語として，「もしかしたら」が入る。 B 直後の「『心ありき』の価値観かもしれない」を修飾する語としては，どちらかといえば，という意味の「むしろ」が適切。 C 直前に「私たちは常に選択を問われることになる」とあるのに対し，直後には「明確に答えられる人はどれだけいるだろうか」とあるので，逆接を表す「だが」が入る。D 直前に「大きく変化してきた」とあり，直後に「古代や中世では……」と具体例が示されているので，例示を表す「たとえば」が入る。 E 直前に「……境界線は今以上に曖昧になっていくはずだ」とあり，直後で「……区別がつけられなくなるということだ」と説明しているので，言い換え・説明を表す「つまり」が入る。

やや難 問五 後に「『人間には心があるがAIには心が無い』と言いたくなる気持ちはわかるが，論拠としてはあまり有効とは言えない」とあり，さらに「心があろうが無かろうが，本来求められるべきは，手術の成功のはずだ」「どんな名医でも死んでしまったらその技術は再現不可能であるのに対し，AIならいくらでも同じレベルで手術を行える，というメリットもある」と述べられているので5が適切。

問六 直前に「どちらも事故が起こり得るし，飛行機の場合は車以上に重大な結果になりかねない。それでも人が飛行機に乗るのは」とある。「それでも人が飛行機に乗る」理由にあてはまるものとしては，「事故が起こる確率が低く」とある4が適切。

やや難 問七 直後に「現実の社会は，道路の右と左のどちらを通行するかなど，心など関係なく働いている仕組みが少なくない」とあり，続いて「どちらでもいいものにまで心を求めるのは，かえって混乱の元になりかねない」と述べられているので2が適切。

問八 直前に「場合によっては，人間よりもAIの方が『思いやりに溢れている』と感じさせるほど，過剰に心を演出していくだろう。……人間よりもAIの方が思いやりに溢れた道徳的態度をとるようにさえなるかもしれない」とあるので，「心のこもった」「人間らしさ」「恋愛関係になることも可能」などにあてはまる2・4が適切。

やや難 問九　直前に「『自分の力で新たな人工知能をつくりあげるAI』である『AutoML』」とあり，「『AutoML』がつくり上げた『子AI』はこれまで人間がつくりあげてきたAIよりも優れた性能を持っていたことが判明した」「人間は自分のつくったものしか理解しないということだ」とあるので，「もはや……，人間が理解できる内容のものではない」とする3が適切。

問十　「一郎さん」の「自分たちの力で新たな人工知能を作り上げてしまうかもしれないね」という発言は，本文に「『自らの力で新たな人工知能をつくり上げるAIである『AutoML』の開発に成功した』とあることと合致しない。「高雄さん」の「AIと人間は特別な別々の存在へと変わっていくよね」という発言は，本文最後に「『特別な存在』という人間のアイデンティティを失わせていくかもしれない」とあることと合致しない。

二　（論説文一文脈把握，内容吟味，脱文補充，要旨）

問一　直後に「じつは，あまり正確な区別はありません」とあり，「一般的に『現代』といったときには，十九世紀とは区別された意味での二十世紀を指すのがふつうでしょう」「もちろん二十世紀社会といえども十九世紀社会の延長線上にあり，その上に成立しているわけですが，……。より正確には，十九世紀と二十世紀の間にはある種の連続と断絶がある」と述べられているので4が適切。1の「明確な区別がある」，2の「少しの違いがあるだけ」，3の「明言できる」，5の「地域によって違う」は適切でない。

問二　「バラクラフ」の指摘とは，「二十世紀とは，『世界史』というものが表舞台に出てきた時代である，ということ。われわれは，歴史を『世界史』という概念で考えなければならなくなった」というもので，筆者の考えは「さらにいえば……」で始まる段落に「少なくとも地理上の発見が生じた大航海時代の十五，十六世紀から，『世界』は大規模交易によってひとつの舞台へと結びつけられつつあったともいえます。……なにもバラクラフのように，二十世紀に入って『世界史』が成立したなどとことさら強調するのも，いまさらという気がしないでもありません」と述べられているので5が適切。

問三　直前に「なぜなら，『近代』とは，良かれ悪しかれ，ヨーロッパが生み出した希望の上に展開されてきたからです。その希望は主として啓蒙主義や近代的な理想を掲げたもので，ここに歴史の進歩という意識が存在した」とあり，それに「そして」と付け加える内容としては，「近代」に対する「現代」の説明が入ると考えられる。直前の段落に「ヨーロッパが自身の手によってみずからの運命を決めることができなくなってしまった。またこれは，ヨーロッパが掲げてきた理念や使命感を，もはやヨーロッパ人の思いのままには動かすことができなくなった」とあるので，「『現代』とは，ヨーロッパにとっては，理想や進歩の一片ももはや信じることができない時代となった」とする2が適切。

やや難 問四　直前に「十九世紀はあくまでもヨーロッパ中心に歴史を語ることができた時代です。……ヨーロッパ的なものが世界に広がっていった時代だといえるのです。ところが二十世紀は，もはやヨーロッパを中心にして世界を考えることができなくなった。……世界政治なるものが出現し，ついには世界を動かす世論というものが出てくる」と説明されている。二十世紀において，ヨーロッパは世界の中心ではなくなり，世界を主導する立場ではなくなったことを「ひとつの駒にすぎなくなる」と表現しているので，ヨーロッパが世界の中心ではなくなったことをおさえてまとめればよい。

三　（古文一語句の意味，文脈把握，内容吟味，口語訳，大意，文学史）

〈口語訳〉　すべての蜂は小さな虫ではあるけれども，仁智の心があるという。だから，京極太政大臣宗輔公は，蜂を何匹も飼っていらっしゃって，「なに丸」「か丸」と名前を付けて呼んでいらっしゃったので，恪勤者などを呼び出して，懲らしめるときには「なに丸，某を刺して来い」とおっしゃると，(蜂は)言われた通りに振る舞った。宮中へ出かけるときには，車の左右の窓ではらはらと飛んでいるのを「止まれ」とおっしゃると(言われた通りに)止まる。世間では蜂飼いの大臣と呼んだ。(宗輔公は)不思議な能力をお持ちになった人であった。中国の籥芝が雉を従えていたことと同様である。

この殿が蜂を飼っていらっしゃるのを，世間の人は「無駄なことだ」と言っていたが，五月のころ，鳥羽上皇の邸宅で，蜂の巣が急に落ちてきて飛び散ったので，人びとは刺されまいと逃げ騒いだが，宗輔公は前にあった枇杷を一房取って，琴爪で皮をむいて，(枇杷を)差し上げると，多くの蜂が取り付いて，飛び散らからず，供人を従えて静かに去ったので，鳥羽上皇は「宗輔公がいて助かったぞ」と仰せられて，賞賛された。

問一　(A)「にはか」は，突然だ，急だ，という意味なので2が適切。　(B)「やをら」は，そっと静かに，そっと，という意味なので3が適切。

問二　直前に「出仕の時は……とまりけり」とあるので，2が適切。宗輔公の車の周りを飛び回っていた蜂が，宗輔公の「『とまれ』」の一言で，その場にとどまり，宮中にはついて来なかったのである。

問三　直前に「蜂飼の大臣」とあるので，4が適切。宗輔公が蜂を自由に操る様子は，「『なに丸，某刺して来』とのたまひければ，そのままにぞ振舞ひける。出資の時は車のうらうへの物見に，はらめきけるを，『とまれ』とのたまひければ，とまりけり」と説明されている。

問四　直前に「蜂の巣，にはかに落ちて，御前に飛び散りたりければ，人々，刺されじとて，逃げ騒ぎけるに，相国，御前にある枇杷を一房取りて，琴爪にて皮をむきて，さし上げられたりければ」とあるので5が適切。巣が落ちて飛び散った多くの蜂を枇杷の実に引き寄せて，蜂が飛び回るという騒動を静めたのである。

問五　直前に「あるかぎり取りつきて，散らざりければ」と，鳥羽上皇に賞賛された理由が示されているので1が適切。2の「宗輔公の自画自賛」，3の「供人になってくれた」，4の「供人の機転」，5の「恐れおののく気持ち」は適切でない，院は，「かしこくぞ……」と宗輔公の機転を褒めているのである。

問六　『十訓抄』は，鎌倉時代中期に成立した説話集。『方丈記』は，鎌倉時代前期に成立した鴨長明による随筆。『十六夜日記』は，鎌倉時代中期に成立した阿仏尼による日記。『源氏物語』は，平安時代中期に成立した紫式部による長編物語。『枕草子』は，平安時代中期に成立した清少納言による随筆。『今昔物語集』は，平安時代末期に成立した説話集。

★ワンポイントアドバイス★

現代文は，さまざまな文章にあたり，やや難解な内容のものにも慣れておこう！
古文は，注釈を参照して口語訳できる力をつけ，大意を的確にとらえる練習をしよう！

2021年度

★★★★★★★★★★★★★★★★★★★★★★★

入　試　問　題

2021年度

東京農業大学第一高等学校入試問題

【数　学】（50分）〈満点：100点〉

1 次の計算をしなさい。

(1) $\dfrac{3x-y}{12}-\dfrac{3x-2y}{6}$

(2) $(-x^2y)^3\div 2xy^2\times 4x-16x^4y^3\times(xy^2)^2\div(-2y^2)^3$

(3) $(\sqrt{6}-\sqrt{3})^2-\dfrac{2}{\sqrt{12}}(\sqrt{6}+\sqrt{3})$

2 次の問いに答えなさい。

(1) $3x+5y=96$ を満たす自然数x，yの組$(x,\ y)$は何組あるか求めなさい。

(2) $x=3-\sqrt{2}$のとき，x^3-3x^2-6の値を求めなさい。

(3) 図のように，4点A，B，C，Dが円周上にある。点Eは線分ABの延長と線分DCの延長との交点であり，点Fは線分ACと線分BDとの交点である。∠AED＝40°，∠CFD＝92°，∠ADE＝52°のとき，∠CADの大きさを求めなさい。

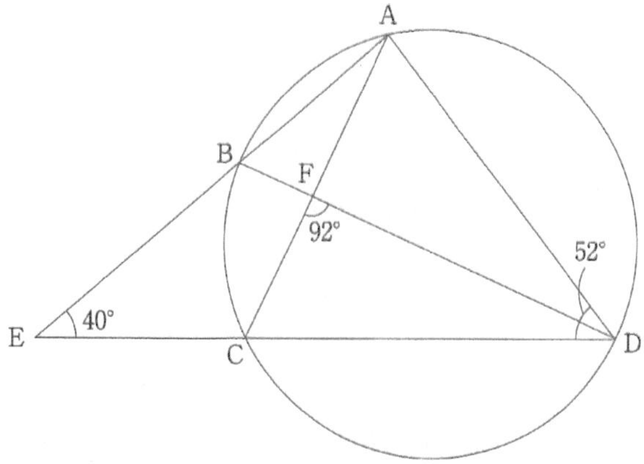

3 図のように，放物線$y=-\frac{1}{2}x^2$上に2点A，Bがあり，点Aのx座標は-3，直線ABの傾きは$-\frac{3}{2}$である。
このとき，次の問いに答えなさい。

(1) 直線ABの式を求めなさい。

(2) 点Bの座標を求めなさい。

(3) △OABと△OACの面積が等しくなるように点Cを放物線$y=-\frac{1}{2}x^2$上にとるとき，点Cの座標を求めなさい。ただし，点Cは点Bとは異なる点とする。

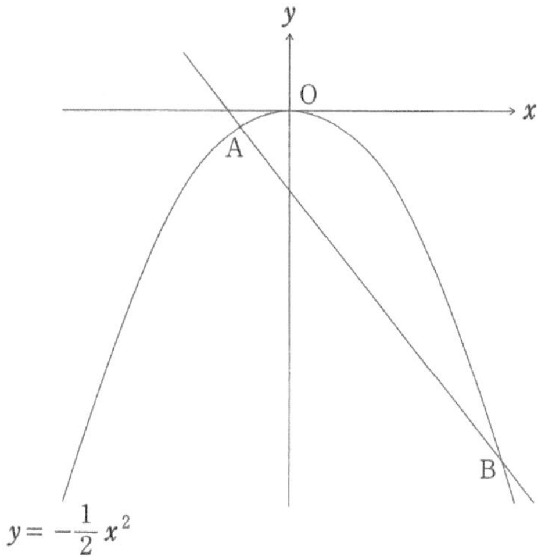

4 図のように，円周を8等分する点A，B，C，D，E，F，G，Hをとる。これらの点から異なる3つの点を選んで結び，三角形を作る。
このとき，次の問いに答えなさい。

(1) 二等辺三角形は何個できるか求めなさい。

(2) 直角三角形は何個できるか求めなさい。

(3) 二等辺三角形でも直角三角形でもない三角形ができる確率を求めなさい。

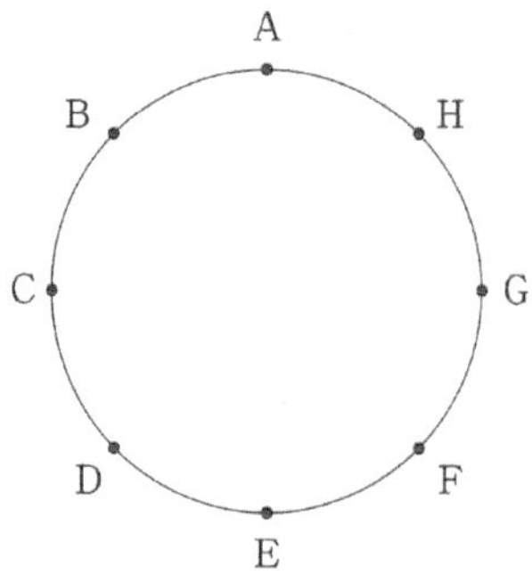

5 10%の食塩水が200 g入っている容器がある。はじめに，この容器からx gの食塩水を取り出し，かわりに同じ重さの水を入れてよくかき混ぜる。次に，容器から$2x$ gの食塩水を取り出し，かわりに同じ重さの水を入れてよくかき混ぜたところ，食塩水の濃度が7.2%となった。このとき，xの値を求めなさい。

6 図のように，AB＝6，AC＝4の△ABCについて，∠BACの二等分線と辺BCとの交点をD，辺BCの中点をEとする。CからADに引いた垂線とADとの交点をF，ABとの交点をGとする。
このとき，次の問いに答えなさい。

(1) AB//FEが成り立つことを解答欄にしたがって証明しなさい。

(2) △AGF：△GBEを最も簡単な整数比で表しなさい。

(3) △AGF：△FECを最も簡単な整数比で表しなさい。

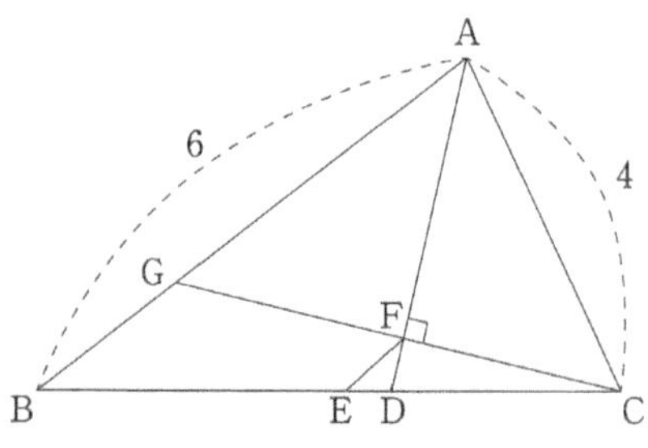

【英　語】（60分）〈満点：100点〉

1　**次の設問(Part 1 ～ 3)に答えなさい。**

Part 1

これから，会話文が2つ流れます。それぞれの会話文の後に，会話文に対する質問が流れます。質問に対する答えを最もよく表わしている絵を(A)～(D)の中から1つ選び，それぞれ記号で答えなさい。音声は1回しか流れませんので，注意して聞いてください。

Question 1：

(A)

(B)

(C)

(D)

Question 2：

(A)

(B)

(C)

(D)

Part 2

これから，会話文が2つ流れます。その会話文を聞いた後，印刷されている質問に対する最も適切な答えを(A)～(D)の中から1つ選び，それぞれ記号で答えなさい。音声は1回しか流れませんので，注意して聞いてください。

Question 3：What did Risa's father encourage her to do?

(A) To follow her dream and study hard.

(B) To think of the risks before taking any action.

(C) To listen to many people's opinions.

(D) To ask others for their support.

Question 4：What is the reason for the boy's choice?

(A) He's interested in being a guide.

(B) He would like to study art.

(C) He prefers to spend time inside.

(D) He wants ideas for a school activity.

Part 3
これから，やや長めの英文が2回流れます。その後で，内容に関する質問が2回流れます。答えとして最も適切なものを1つ選び，それぞれ記号で答えなさい。英文は2回流れますが，質問を聞いた後に，もう1度問題を聞くことはできません。注意して聞いてください。

Question 5：
（A）
（B）
（C）
（D）

Question 6：
（A）
（B）
（C）
（D）

これでリスニングテストは終わりです。
※リスニングテストの放送台本は非公表です。

2 **次の設問(問1・2)に答えなさい。**

問1　次の英文の(　　)に当てはまるものをア～エから1つ選び，それぞれ記号で答えなさい。

1．I went to a party last weekend, and I saw my old friend from elementary school. We had such a good time (　　).
ア　both　　イ　together　　ウ　each other　　エ　with them

2．It's been a long time (　　) I saw Ken last.
ア　before　　イ　when　　ウ　until　　エ　since

3．Our teacher (　　) us to bring a dictionary to school tomorrow.
ア　said　　イ　spoke　　ウ　talked　　エ　told

4．A：Hi, Jun. How is everything going?
B：Good. I (　　) to Canada to study English.
ア　visit　　イ　went　　ウ　just gone　　エ　going

5．As he watched a butterfly flying, the baby stopped (　　).
ア　cry　　イ　to cry　　ウ　crying　　エ　to be cried

6．A：If you want to play soccer with Rick, do your homework first!
B：Oh, no.... (　　) I finish it now?
ア　Must　　イ　Can　　ウ　May　　エ　Will

7．It was my first day at the new school, but I've already made (　　) with Jennifer.
ア　a friend　　イ　the friend　　ウ　friends　　エ　friendly

8．Are you the new student from Brazil? (　　) don't you join the tea ceremony club? You can learn Japanese culture.
ア　How　　イ　What　　ウ　Where　　エ　Why

9．A：Do you have anything to write with?

B：I'm sorry, but I have (　　　) pens to lend you.

ア any　　イ little　　ウ none　　エ no

10. The little boy held me (　　　) the arm and shouted.

ア at　　イ by　　ウ on　　エ with

11. Do you know what language (　　　) in Egypt?

ア speaking　　イ spoken　　ウ is speaking　　エ is spoken

12. The baby (　　　) on his back is Meghan's son.

ア lay　　イ laying　　ウ lie　　エ lying

13. My close friend Patrick has moved to Hokkaido, and I don't have any plans for this weekend. I am so (　　　).

ア boring　　イ bored　　ウ impressing　　エ impressed

問２　次の英文の(　　)内の語(句)を並べかえて，日本文の意味を表す英文を完成させなさい。ただし，文頭に来る語も小文字になっています。

1．ヨーロッパから来る旅行者はだんだん少なくなっている。

(tourists / fewer / from / and / come / fewer) Europe.

2．彼女はその国のすべての音楽家の中で，最も有名な歌手の一人である。

She is (most / of / musicians / the / of / singers / one / all the / in / famous) the country.

3．君は部屋をきれいにしておく必要がある。

(room / need / clean / to / you / your / keep).

4．図書館には何人の生徒がいるか教えていただけますか。

(students / you/ there / many / the library / tell / in / me / how / could / are)?

5．一ヶ月にいくら洋服代にかけているのですか。

(much / on / do / clothes / how / spend / you) in a month?

3　**次の設問(A ～ F)に答えなさい。＊印は注があることを示します。**

A　次の英文の下線部の意味として適切なものをア～エから１つ選び，それぞれ記号で答えなさい。

1．Everyone returning to the country from abroad should be <u>quarantined</u> for 14 days. They may have caught *COVID-19 on their travels and they are a risk to their family and friends for about two weeks after they arrive.

注　COVID-19　新型コロナウィルスの名称

ア kept away from others

イ in touch with others

ウ caught a cold

エ free from disease

2．Ken is <u>indecisive</u>. Last summer, he was planning to go out with his friends. Karen wanted to go swimming at the beach, but Kate wanted to go hiking in the mountains. Ken was asked to choose one of them, but he couldn't. Then, the trip was canceled.

ア always influenced by girls

イ　easily changes his mind
ウ　able to decide something quickly with confidence
エ　unable to make decisions

3．I was going to pay for the concert tickets, but I completely forgot to do so. The money was due last Friday but <u>that ship has sailed</u>.

ア　There is a small chance to get the tickets.
イ　I don't have enough time.
ウ　It's too late.
エ　I can't wait.

B　次の広告の主な目的を，ア～エから1つ選び，記号で答えなさい。

VISIT US NOW!
IT'S FINALLY HERE!

Gadson's Furniture Corporation
Proudly announces our newest outlet on 22nd Street, New York

Come in to find out what shoppers in New York, Chicago, and Boston have long known: Gadson's sells the best. You can choose from traditional or modern designs, or pieces imported from Europe, especially Sweden and Norway. Don't be satisfied with low-cost, low-quality products. Instead, come to us to see what true high-quality means.

Store Hours
Monday - Friday　9：00 A.M. - 7：00 P.M.
Saturday / Sunday　10：00 A.M. - 6：00 P.M.

For more information,
Please call 3-512-555-9119

ア　To announce a huge sale
イ　To inform people of a new shop
ウ　To get new employees
エ　To research store shoppers

C　次のニュース記事が一番伝えたい内容を，ア～エから1つ選び，記号で答えなさい。

*King Arthur has nothing on 8-year-old Saga Vaneck. Saga was playing in a lake near her family's holiday home in Sweden when she saw some kind of stick in the water. She pulled out a 1,500-year-old sword. Though it's covered in *rust, specialists are amazed at how well *preserved it is. And people have begun calling Saga the queen of Sweden, because she pulled the sword from the lake.

注　King Arthur　アーサー王　　rust　さび　　preserved　保存された

ア　An 8-year-old girl became the queen of Sweden.

イ　An 8-year-old girl found an ancient sword.

ウ　An 8-year-old girl discovered King Arthur's treasure.

エ　An 8-year-old girl enjoyed her holidays in Sweden.

D　次の対話文の内容として最もふさわしいものを，ア～エから1つ選び，記号で答えなさい。

Julia：Hi, Kohei. Can we talk just a minute?

Kohei：Yes, of course.

Julia：I'm going to have a birthday party for Meg.

Kohei：Wow, sounds great!

Julia：Doesn't she like fish?

Kohei：Yes, but listen. Her favorite food is chicken. You should buy roasted chicken.

Julia：Really? I'll prepare it. Thanks for your help.

Kohei：Anytime!

ア　Meg prefers chicken to fish.

イ　Meg doesn't like fish, but she likes chicken.

ウ　Meg likes neither chicken nor fish.

エ　Meg likes fish better than chicken.

E　次の英文の空所［　　　　　　］に入る最もふさわしい文を，ア～エから1つ選び，記号で答えなさい。

［　　　　　　］ It is home to people from all over the world. LA's people speak many different languages. They practice different religions, too. The city's food is like its people. It comes from everywhere. Foods from Asian countries are very common. So are Mexican and American dishes. The Farmer's Market is LA's oldest market. It has many kinds of foods. Thousands of people shop and eat there each day.

ア　Los Angeles is the second largest city in the US.

イ　Los Angeles is an international city.

ウ　Los Angeles is a powerful business center.

エ　Many famous actors work and live in Los Angeles.

F　次の各段落を文意が通るように並べかえたとき，最も適切な組み合わせを1つ選び，番号で答えなさい。

（ア）　This is the experience of players during Paralympic *football 5-a-side matches, also known as soccer in the United States and other select countries. Two teams of five players, all *legally blind and wearing *eye-covers to ensure fairness, face off and try to put the ball in the other team's goal.

（イ）　Have you ever thought that playing soccer was hard? Professional players make it look so easy, but it takes years of practice to learn to control the ball nicely. Professional players can kick the ball exactly to the place they want, curve the ball and more, but only after a lot of practice.

（ウ）　But how do players find the ball? Each ball makes a special noise so that players can find it on the field. Players are given direction by a guide that sits behind the goal, but the players can also be led by the *sighted goalie and coaches on the sidelines. All these *dynamics make this one of the most interesting versions of soccer. Welcome to football 5-a-side!

（エ）　Now, imagine someone putting an eye-cover on you and telling you to go shoot a goal. Playing ordinary soccer suddenly doesn't seem so hard now, does it!

注　football 5-a-side　5人制サッカー　　legally blind　法的に視覚障害のある
　　eye-covers to ensure fairness　公平さを証明するための目隠し
　　sighted goalie　目の見えるゴールキーパー　　dynamics　相互の関係性

① （イ）→（ア）→（ウ）→（エ）　② （エ）→（ウ）→（ア）→（イ）
③ （エ）→（イ）→（ア）→（ウ）　④ （イ）→（エ）→（ア）→（ウ）
⑤ （イ）→（ウ）→（ア）→（エ）

4　次の英文を読んで，後の設問(問１～３)に答えなさい。
＊印は注があることを示します。

If *Mother Goose* is the first book that is read to English children, *Peter Rabbit* is, in most cases, the first book that is read by them. Many children, of course, know *Peter Rabbit* by heart long before they ever begin to read for themselves. They get their mothers to read it to them, and then again without ever tiring of hearing it. So when they begin to read, this is naturally their first book. Nor do they find the reading at all difficult, seeing that they already know it by heart and the pictures tell them where to turn the pages.

[　　　　A　　　　]

John, my loving brother, loved to hear about Peter's adventures in Mr. McGregor's garden from our mother's mouth while she was trying to take a nap in the afternoon. It wasn't long before he knew the whole story by heart; and it wasn't long either before my mother got tired of its repeated reading. Sometimes, to get it over and done with as soon as she could, she would leave out a paragraph. But he would soon notice it and tell her what words she had left out. At other times, he would try to read the book himself, saying something about the story to himself and turning the pages at the right time. So it wasn't long before he was actually able to read the words.

[　　　　B　　　　]

Once, I visited the home of its author, Beatrix Potter, with a group of Japanese students. Inside, we found her pictures laid out in glass cases. At once, the students were charmed beyond words. They moved from case to case with excitement, saying "Kawaii." And that is just the feeling of English children, when they are first shown *The Tale of Peter Rabbit*.

C

Here, we find a perfect wedding of words and pictures, as of sound and sense. The author needn't depend on the skill of another artist to interpret her story in pictures for her little readers. But as she tells the story in words, she draws the pictures to go with it as she thinks best. One even feels the pictures must have come first, and the words naturally followed; and that is just the right order in telling stories to children.

The story itself is simply told in between the pictures. Peter of course, like a normal English child, never does what Mother tells him, and so he gets in trouble. She tells him (and the others) not to go into Mr. McGregor's garden. But Peter isn't listening, and off he goes into Mr. McGregor's. There, he is nearly caught by Mr. McGregor and put into another rabbit pie by Mrs. McGregor. Only, these stories, unlike *Mother Goose*, mustn't have a sad ending; and so, whatever the danger, Peter somehow escapes and makes his way home. Still, he has to be *scolded for his behavior. He has lost his blue jacket and both shoes, and what is more, he is in bad health, so he has to go to bed without supper. So the lesson of the story for little children is: "Follow your mother's advice."

D

In my childhood, I well remember that I had no taste for stories about *human beings, while I enjoyed anything about animals. Still, I expected the animals to speak and behave like human beings: I was not a "naturalist." There had to be the mother rabbit to give her wise words of advice to her little rabbits. And I was naturally pleased to find that the hero's name was the same as mine. If a man appeared, like Mr. McGregor, he was clearly the enemy; and I found it an advantage that he was *depicted as an old man with a beard.

E

It seems to me that human beings never appear to be natural before the camera. We care about too much. We have to be taken when we aren't looking. But animals are always natural; for the simple reason that they don't care about themselves. They look right into the lens of the camera, wondering (perhaps) if it is something to eat. And that is the right moment to press the button and take their photo.

From *Peter Rabbit*, Beatrix Potter went on to write many other stories in the same way, though they were not as popular as her first story. Yet all together, they form a kind of *epic for children; an epic not only of animals and English life, but also of the English countryside. The animals are mostly wild animals, and the pictures show a lot of scenes of the countryside, where the houses are all farm-houses and the gardens are vegetable gardens. That showed her love of nature; she hoped nature would remain unchanged forever.

注　scold　叱る　　human beings　人間　　depict　描く　　epic　叙事詩

問1　本文中の空所［ A ］～［ E ］に当てはまる英文を下のア～オから1つずつ選び，それぞれ記号で答えなさい。

ア　Another feature of this story that charms English children, over and above its simplicity and pictures, is that it is about animals.

イ The importance of *Peter Rabbit* in the eyes of English children is the charm of its pictures.

ウ On reflection, my view on the Peter Rabbit books in my childhood was equal to my present view on photography.

エ Such was the case with my youngest brother, whose babyhood I remember so much more clearly than my own, as I was already fifteen when he arrived.

オ The great advantage of these pictures is that they are all by the author herself.

問2 次の問い(1～7)に対する最も適切な答えを，ア～エから1つ選び，記号で答えなさい。

1. Why is *Peter Rabbit* the first book that is read by English children?

ア They are tired of hearing *Peter Rabbit* so often.

イ They are taught by parents to read *Peter Rabbit* first of all.

ウ They can understand the whole story from the pictures.

エ They remember the story with the pictures and also use the pictures to help them understand.

2. What did John do before he learned to read the words?

ア He pointed out his mother's mistake.

イ He remembered the stories of several books.

ウ He told the whole story to his mother.

エ He looked through all the pages to get the story quickly.

3. How do English children feel when they first see *The Tale of Peter Rabbit*?

ア They want to see Japanese students they met at the museum.

イ They are charmed by the characters.

ウ They want to read the story further.

エ They feel like painting the rabbits.

4. What is the right order when people tell stories to children?

ア The pictures should be followed by the words.

イ The words should be focused on rather than the pictures.

ウ The pictures should come after the words.

エ The words should appear before the pictures.

5. What is the difference between *Mother Goose* and *Peter Rabbit*?

ア In *Mother Goose*, children are always interested in dangerous things.

イ In *Mother Goose*, children can learn a lesson.

ウ In *Peter Rabbit*, children don't experience a tragedy.

エ In *Peter Rabbit*, children can become main characters.

6. Why isn't the article's author a "naturalist"?

ア The author's name doesn't come from nature.

イ The author talks with animals through his sense.

ウ The author wants animals to behave like human beings.

エ The author wants to fight against an old man.

7. What is the difference between animals and human beings in taking pictures?
　ア Human beings care about animals when they are close.
　イ Human beings care about how they look on camera.
　ウ Animals care about whether they are attacked by human beings.
　エ Animals want the photographer to take their pictures.

問3　次の英文の空所[A]・[B]には最もふさわしい1語をそれぞれ書きなさい。また，[C]には適切な語句を入れて英文を完成させなさい。

What do you think about the story? Peter Milward, the author, explains about the story of *Peter Rabbit*, and expresses his idea about what the work suggests. Peter Rabbit and the other characters are like human beings because they talk and wear clothes. In that sense, Beatrix Potter shows our lives through her animal characters. However, as you know, real animals are different from us. They neither speak nor get dressed. Animals seem as if they didn't care about anything; just eating the grass. Their way of life is just [A]. Therefore, the author comes to love animals rather than humans.

By the way, Potter bought large areas around the *Lake District and presented them to the *National Trust. The areas are not so far from the industrial centers of England. Potter herself, with money from her books, has made sure that this countryside will be the [B] as always. In this way, not only by her books for children, but also by her generosity to everyone, she has done a lot to [C].

注　Lake District　湖水地方(英国の代表的な景勝地)
　　National Trust　ナショナル・トラスト(英国の自然保護団体)

5　**以下の絵の場面を説明する英文を，与えられた書き出しに続けて完成させなさい。ただし，語群から必ず1語を用いて1文で答えること。**

Ken

【語群】[because / but / as]
【書き出し】
Ken's mother ____
____.

　　確にそのことを言うべきじゃないかしら。

花子さん：でも、気の合った人ならとくにもてなす必要はないので、用事がなくても問題はないと思うわ。

一郎君　：まとめると、双方が心の合う者同士であれば、例外として無用の訪問もいいと言うことだね。

1　三郎君　　2　二郎君　　3　米子さん
4　花子さん　　5　一郎君

問六　本文は鎌倉時代に成立した作品である。作品名を次の1～5の中から一つ選びなさい。

1　花月草子　　2　枕草子　　3　徒然草
4　竹取物語　　5　源氏物語

に出会うと青い目をし、気に入らない人が来ると白い目をしたとされる人物。

問一　傍線部（Ⅰ）「なかなか」、（Ⅱ）「物がたり」について、文意に合うものを、次の1～5の中からそれぞれ一つずつ選びなさい。

（Ⅰ）「なかなか」

1　かなり　　2　かえって　　3　たぶん

4　なぜなら　　5　たとえば

（Ⅱ）「物がたり」

1　理想を抱く　　2　昔のことを思い出す

3　大声を出して騒ぐ　　4　話をする

5　独り言を言う

問二　傍線部（ア）「いとむつかし」とあるがなぜか。その理由として最も適当なものを次の1～5の中から一つ選びなさい。

1　用事も無いのに人のところへ行く場合は、相手のことを考えてタイミング良く帰る気遣いが必要だから。

2　用事があって人のところに行ったとしても、用事を済ませてすぐに帰るのは相手を不愉快にさせるから。

3　人のところへ行って用事が済んだら、長居をせずに速やかに帰らないと、わずらわしく思われるから。

4　人と会い用事を早く済ませて帰ろうとする素振りを見せる人を、無理に引き留めることは失礼だから。

5　人と会う場合は、大した用事が無くても、重要な用事があるような振る舞いを見せることが礼儀だから。

問三　傍線部（イ）「心しづかに」とあるが、この語の下に省略された言葉として最も適当なものを次の1～5の中から一つ選びなさい。

1　語らん　　2　眠らん　　3　笑わん

4　食はん　　5　泣かん

問四　傍線部（ウ）「いとうれし」とあるがなぜか。その理由として最も適当なものを次の1～5の中から一つ選びなさい。

1　長い期間、文章を書き続けていると、続編を楽しみにしている人からの手紙は大変励みになるから。

2　久しぶりに筆をとってみると、なんとも懐かしい人を思い出し、手紙を書いてみたくなったから。

3　しばらくぶりに文章を書いてみると楽しかったので、次は誰かに手紙でも書こうと考えたから。

4　長い間、音沙汰もなくてどうしているのかと思っていた人から、手紙が送られてきたから。

5　いつも直接会っている旧友から手紙が送られて来るのは、普段と違って新鮮な気持ちになるから。

問五　次は、本文の内容について生徒が話し合っているものである。本文の内容と**合致しない**ことを言っている生徒の名前を後の1～5の中から一つ選びなさい。

三郎君　：用事もないのに人のところへ訪問するのはあまりいいことではないよね。更に長居されると最悪だよね。

二郎君　：そうだね。お互いに気を使って疲れるし、時間の無駄だから、用事が済んだらすぐに帰るべきだと思うな。

米子さん：そう思うなら、人に訪問されて都合が悪い場合は、明

2　受験とは、受験生の学力や実力を測るための一つの有効な手段としてシステム化されているが、試験で良い点数さえ取れば良いと考える受験生が多くなった。

3　満員電車の中で座席に座っている私は、新宿駅から電車に乗って来る一人の老婆の姿を目にしたが、「この前席を譲ったので今日はいいだろう」と思い座り続けてしまった。

4　肥満体質を改善するためにダイエットを始めたが、本来の改善課題を見失ってしまい、極度の食事制限をしたために、かえって不健康になってしまった。

5　労働者を経済的に豊かにするための手段として、最低賃金を上げることを考えた経営者が、逆に雇用を控えるようになってしまい、失業者が増えてしまった。

問三　本文の内容に合致するものを次の1～6の中からすべて選びなさい。

1　他者からの評価と違って、自己評価は自分で下した評価であるために、それに縛られてしまう。

2　現在が未来を規定し、限定してしまうという自己規定は客観的なものである。

3　評価とは、常に現在のある側面だけに焦点を当てた限定的なものである。

4　一篇の詩にどのようなイメージを膨らませることができるかという問題に、客観的な評価はできない。

5　すべての人々や現象から均一の断面を切り取り、その特徴や性質、オーラを比較するのが評価である。

6　客観的評価が可能なものは近過去と未来の事柄である。

問四　二重傍線部（X）「評価というもの」とあるが、筆者はこの「評価」をどのようなものと捉えているか、またこの「評価」に対してどのような心構えが必要だと述べているか。以上二点を本文中の語句を用いて七十字以内で説明しなさい。（「とする心構えが必要である。」につながる形で答えなさい。）

三　次の文章は、訪問者のマナーについて書かれたものである。これを読んで、後の問いに答えなさい。

さしたる事なくて人のがり行くは、よからぬ事なり。用ありて行きたりとも、その事はてなば、とく帰るべし。久しく居たる、（ア）いとむつかし。

人と向ひたれば、詞おほく、身もくたびれ、心もしづかならず。よろづの事さはりて時をうつす。互ひのため益なし。いとはしげに言はんもわろし。心づきなき事あらん折は、（Ⅰ）なかなかそのよしをも言ひてん。同じ心に向はまほしく思はん人の、つれづれにて、「いましばし、けふは（イ）心しづかに」などいはんは、この限りにはあらざるべし。阮籍（げんせき）が青き眼（まなこ）、誰もあるべきことなり。

そのこととなきに人の来りて、のどかに（Ⅱ）物がたりして帰りぬる、いとよし。また、文も、「久しく聞えさせねば」などばかりいひおこせたる、（ウ）いとうれし。

（注）
※向はまほしく……対座していたく
※阮籍……「阮籍」中国六朝時代の晋の人。竹林の七賢の一人。気に入った人

俺には関係ないよと突き放しておくこともできる。だが自己評価となると、自分で下した評価なのだから、どうしてもそれに縛られざるを得なくなる。そんな余計な縛りは何の意味もない。

自分をどこかにピン止めして、位置づけておけば安心である。しかしその安心は、おうおうにして「そこそこでいいか」という消極性にスライドしてしまいやすいし、高望みしても無理だと諦めに結びつきやすい。

評価なんて知ったことか、やりたい奴にはやらせておけ、くらいの気概を持って、自分を敢えて位置づけないこと。それは確かに不安ではあろうが、安易な自己規定からは決して開くことのできない、未来の可能性を押し開くものでもあると思うのである。

安易な、そして消極的な自己規定、自己評価から自由であり続けること。自分を評価しようとしないで、敢えて自分を宙づり状態の不安のなかに置き続けること。そんな〈未決定状態〉こそが、何かのきっかけがあったとき、一気にその何かに邁進する推進力となるのである。安定した自己規定からは、そのような推進力は生まれない。自分の可能性は、自分ですらまだ知らないものなのだと、いつもいつも思っていて欲しいのである。

（永田和宏『知の体力』による）

問一　傍線部（ア）「ひたすら後ろ向きのそんな自己規定は、自らの可能性をあらかじめ封印無化する」とあるが、その説明として、最も適当なものを次の1～5の中から一つ選びなさい。

1　自分自身を客観的に観察し分析し評価できる能力は、いささか限定的であり独りよがりなものなので、その評価を生かすどころか、その結果に縛られてしまうため将来の自分を決定づけてしまうこととなる。

2　他の誰かとの比較の中でしか自分を見られなくなるような消極的な自己評価は、一気に何かに邁進するような推進力や未来の可能性を押し開く行為を妨げるものとなる。

3　「私などとてもとても」といった強い自己規定を持っているということは、客観的な基準を無視しているために、他者との比較や合格ラインからの距離を測ることができずに損をしてしまう。

4　客観的な基準を利用して評価を下す自己規定とは、自らの絶対的な主観を全く無視して行われるため、一定の側面にしか焦点が当てられない偏ったものであり、その限定的な評価が全体であるような錯覚を持ちやすくなる。

5　最近の学生に見られる自分勝手な自己評価を見ていると、それは生活習慣の中で教え込まれた悪習であり、その弊害としては、第三者による評価でないため、過大評価されてしまうこととなる。

問二　傍線部（イ）「評価そのものが自己目的化してしまい、評価を生かすのではなく、それに縛られてしまう」とあるが、このことと同様の事例として**ふさわしくないもの**を、次の1～5の中から一つ選びなさい。

1　会社において残業するとは、たまってしまった仕事を処理するために行う業務であったが、残業代を稼ぎたくて残業を行う社員が増えてしまった。

二　次の文章を読んで、後の問いに答えなさい。

職業柄、学生と接する機会が多い。楽しいことも多いが、時おりもう少しおおらかに生きてよと、切なくなることもある。

それは「私などとてもとても」といった強い自己規定が垣間見えることによる。自己評価の慎ましさである。じれったい。

彼らはいつ頃から自己評価という習慣を教え込まれるのだろう。「○○ちゃんを見てごらんなさい。それに較(くら)べてあなたは」などと言われ続けて育つと、いやでも他との比較のなかでしか自分を見られないようになるものだ。

自分を客観的に見るのは悪いことではない。しかし、それがいつも誰かとの比較であったり、合格ラインからの距離としてしか意識されていないとしたら、(ア)ひたすら後ろ向きのそんな自己規定は、自らの可能性をあらかじめ封印無化するという点で害にこそなれ、益するところは何もない。

客観的な基準を欠いては評価そのものが成立しないから、ある一つの均一の断面で誰をも切り取ろうとするのが評価の視線であり、きわめて限定的なある断面に投射された影が評価という数字に変換される。つまり(X)評価というものは、原理的に、みんなに同じ物差しをあてて判断できる項目についてしか、測ることができないのである。一篇の詩を読んで、そこにどのような豊かなイメージを膨らませることができるか、そんな問題は評価の場では絶対に出ない。客観的評価が不可能だからである。

評価できる能力というのは、誰が採点しても同じ結果が出てくるような対象に対してだけ、それを量ることができるのであり、それがその人間の評価の全体像では決してないことは言うまでもないだろう。むしろ、試験などによる評価は、その人間のもっとも大切な部分については、もともと歯が立たないものなのである。

さらに、試験を含めたすべての評価は、〈現在および近過去〉だけを評価するものであり、それ以上のものではないということもいま一度確認しておきたいところだ。評価とは、常に〈現在の〉、しかもある側面だけに焦点をあてたきわめて限定的なものである。

ところが、その限定的な評価が一人歩きを始めると、あたかも個人の全体であるかのようなオーラを持ち始める。さらに、その限定的な〈現在の〉評価が、そのまま未来へ投射され、未来を規定する大きな要因となりやすい。未来は現在に依存はするが、地続きではない。現在が未来を規定し、限定することがあるとしたら、その要因は、自分の力はこれくらいのものだからという萎縮した自己規定以外のものではない。

評価というものは、それが良ければ自信をもってさらに励み、悪ければ、それを分析して克服できるように対策を練る、そういう使われ方をした場合にのみ意味を持つ。ところが、(イ)評価そのものが自己目的化してしまい、評価を生かすのではなく、それに縛られてしまうという場合のほうが圧倒的に多いのが現実である。まして、その現在の評価が将来の自分を決定づけてしまうような、評価への依存は本末転倒、まったく意味を持たないものなのだと、まず自覚をしてほしいものだと思う。「私はまあこの程度のものでございます」といった値札をぶら下げて歩いているかのような若者が多すぎるのだ。

第三者による評価なら、それは他人が勝手にやっているのだから、

問七　傍線部（ウ）「「挑発」」とはどういうことか、最も適当なものを次の1～5の中から一つ選びなさい。
1　人間の方が主役となって自然から力を得て利用すること。
2　人間が自然の手助けをして自然を保護していくこと。
3　人間と自然が常に対立し、やがて自然の驚異にさらされること。
4　自然をそのまま利用し、自然を文明と同化していくこと。
5　自然界に存在しないものを人間が作り出すこと。

問八　傍線部（エ）「現代の「技術」の性格」が見られるものの事例を次の1～5の中から**二つ**選びなさい。
1　アイガモを使って雑草や害虫を駆除する稲作
2　ポンプを使って山上に引き上げた水を使用した水力発電
3　自然環境をそのまま楽しめる国立公園
4　化学反応を利用してオゾンを発生させる装置
5　川の流れに従って下っていくカヌー

問九　傍線部（オ）「近代技術の本質」とはどういうものか、最も適当なものを次の1～5の中から一つ選びなさい。
1　自然の力におそれおののき、その神秘的な力にはかなわないと考え、自然から無理な力を引き出さないもの。
2　自然を支配することなど考えず、自然の中ある力を引き出す手助けをすると考えるもの。
3　自然の力を技術によって使用しているように見えて、実は自然を支配することなどできないもの。
4　自然を支配することもなければ、奴隷になることもない自然とは一線を画した存在を大切にするもの。
5　自然を抑え込み人間が主役となったことで、自然より優位に立ったが管理を必要とするもの。

問十　この文章の内容や構成について適当なものを次の1～5の中から**二つ**選びなさい。
1　プラトン的な考え方をおしすすめると、技術は、自然から人間の役に立つという自然全体からいうと狭い範囲で自然を挑発する形で利用することになり、それが現在の技術信仰を生み出している。
2　ハイデガーは現代技術の広がりに対して批判的で警戒感も抱いているが、これは歴史的な必然であって、今後、以前のような自然と人間が対立しない姿に戻ることも予見している。
3　ハイデガーの主張では無能な人間でも原子力エネルギーの管理に成功しているので、ずっと管理をしなければならないとしても人間が技術の奴隷になったということではない。
4　筆者は、ハイデガーの主張を紹介することを中心に論を展開していて、そのために現代の技術を人が持つ経過とその内容への批判のためにプラトンやアリストテレスの考え方を前提として挙げている。
5　筆者は、現代技術の暴走を止めるためには「テクノロジー」を ギリシャ的な「テクネー」の段階まで戻すことが必要だと考えていて、ハイデガーの考え方はそのための重要なヒントになるととらえている。

1　だから　　2　たとえば　　3　ところが
4　言い換えれば　　5　また

問五　傍線部（ア）「プラトン的思考と、先のアリストテレス的思考はだいぶ違っている」とあるが、その説明として最も適当なものを次の1～5の中から一つ選びなさい。

1　プラトン的思考が目に見えない本質を実現すべく働きかけをすると物ができると考えるのに対し、アリストテレス的思考は何かよくわからないものから物事が成り立っていく最終的な形として物が存在すると考えている。

2　プラトン的思考では物の本質は抽象的であり時代や場所によって変化していくものであるのに対し、アリストテレス的思考ではすべてのものは無機質な素材としてあり、人の働きかけに対応して変化していくと考えている。

3　プラトン的思考が自然という考え方を否定し、物事には本質のみが存在すると考えるのに対し、アリストテレス的思考は人の作る物も実は自然の帰結としてイデアを人が形にしていると考えている。

4　プラトン的思考では大事なのはイデアという素材そのものであり、アリストテレス的思考は、素材に働きかけ物の形を形成する行為そのものが大切だと考えている。

5　プラトン的思考では神の意志が働いて無機質な素材が自然に変化することが大切だとするのに対し、アリストテレス的思考は素材の良さを生かして自然的な発生、変化が大切であると考えている。

問六　傍線部（イ）「『ギリシャ的な思考』はわれわれ日本人にはむしろなじみやすい」のはなぜか、その理由として、最も適当なものを次の1～5の中から一つ選びなさい。

1　日本ではかつて物は「おのずからなるもの」であり、人間の働きかけや個性が押し出されるものではなかったが、これはギリシャ的思考の物が混沌の中から自然に生成し発現する考え方に近いものがあるから。

2　日本では有名な仏師が木の中に仏像の本質を見つけ、あらかじめ思い描いた仏像のイメージをそこに投射して作品を完成させたが、その様子はギリシャ的思考の自然の中の本質を発掘する方法に近いものがあるから。

3　日本では自然の材料の中に物の姿を見つけ、それをそのままにして変化を待つのがよいと考えたが、これはギリシャ的思考の物は無機質で変化しないという考え方と根本でつながっているから。

4　日本の彫像家は、自然の中にある無機質なものにはたらきかけて理念的な本質を掘り出すのに対し、ギリシャ的思考では、同じようにものにはたらきかけて本質的な物を積極的に創出するところが似ているから。

5　日本では自然はそこにあるもので、時間をかけて変化し、生成し流転すると考えたが、ギリシャでも自然は人間ではなく神が支配するもので人間の手の及ばないものだと考えていたから。

ハイデガーは、そこにこそ（オ）近代技術の本質がある、といいます。

人間は決して技術の主人になることもなければその奴隷になることもない。たとえ原子力エネルギーを管理することに成功しても、それが、人間が技術の主人になったということになるでしょうか。断じてそうではない。管理が不可欠という事実そのものが、とりもなおさず人間の行為の無能を暴露している、とハイデガーは言います。（理想社版選集第18『技術論』の「日本の友に」より）

しかし、また、この無能の自覚において、人は、自然のうちにある、何か計り知れない、算定できない、まだ覆い隠された力の秘密へといざなわれるのではないか、とも彼はいうのです。

結局、この現代技術の最先端において、われわれは、あのギリシャの古人と同様、計り知れない自然の力の前にひざまずき、その覆い隠された力を改めてまざまざと知るほかない。本当の意味での自然のもつ途方もない力に思いを至すほかない。物理科学ももともとは自然のもつ神秘的というばかりの潜在力を知るための知識だったはずです。

そこで、もう一度、なぜギリシャ人が、自然を支配するなどと考えずに、人は自然に寄り添い、自然の内蔵するものを引き出す手助けをする、と考えたのかに思いを致すことができるのではないでしょうか。

それは、日本の場合には、日本古来の「自然（じねん）」へ思いを致す、ということなのです。

むろん、「現代テクノロジー」を「テクネー」へ戻すことはできません。しかし、「テクノロジー」への志向のうちに、「テクネー」への思いを持ちこむことで、われわれは現代技術の暴走を多少でも遅らせることができるのではないでしょうか。

（佐伯啓思『反・幸福論』による）

問一　波線部（a）～（e）について、（a）（b）（d）（e）のカタカナは漢字に直し、（c）の漢字の読みをひらがなで答えなさい。

問二　二重傍線部（X）「発露」、（Y）「軌を一にしている」のそれぞれの意味として、最も適当なものを次の1～5の中から一つずつ選びなさい。

（X）発露
1　露のように表面ににじんで見えること。
2　爆発的に表現されること。
3　一段上のレベルに引き上げること。
4　隠していたことがおもてに現れ出ること。
5　水分のように蒸発してしまうこと。

（Y）軌を一にしている
1　同時期に発生していること。
2　お互いに協力していること。
3　違う立場を堅持していること。
4　本質的な考え方が違うこと。
5　立場や方向を同じくすること。

問三　空欄［Ⅰ］～［Ⅴ］に入る語句として最も適当なものを次の1～5の中からそれぞれ一つずつ選びなさい。

1　具体　2　無機　3　抽象
4　機械　5　普遍

問四　空欄［A］～［E］に入る語句として最も適当なものを次の1～5の中からそれぞれ一つずつ選びなさい。

が内蔵しているものの発現を手助けする「テクネー」ではなく、自然に対峙し、それを支配し、それに挑戦する。物理学が出てきたときに、それと結合した技術が「近代技術（テクノロジー）」という専門科学の一変種として、産業化を可能としたのです。

　産業化によって、人は物的な富の(b)チクセキを幸福だとみなし、技術によっていくらでも富を増進できるという技術信仰を生みだしました。これはまた、科学の専門主義への信仰とも(Y)軌を一にしているのです。ハイデガーは、今日（20世紀の中葉）、アメリカとソ連こそがその代表的な国で、このふたつの国は体制は違うけれど、本質は同じだと述べています。

　さて、ハイデガーは、あきらかに近代技術の暴走に対して強い警戒感と(c)嫌悪感を抱いていますが、決して時間を逆転させて、前近代の農耕社会へ戻ろうなどというわけではありません。「テクネー」から「テクノロジー」へと移行したときに、われわれがすでに現代の高度な技術主義に取り込まれているというのは歴史の必然なのです。極端にいえば、プラトンから現代の産業社会までは一直線なのです。

　水力発電はよくて原子力発電はだめだ、という特別な理由はありません。自動車はよいけど飛行機やロケットはよくない、という理由もありません。人工の(d)ヒリョウや殺虫剤できれいな野菜を作るのはよいがクローンのトマトはよくない、という理由もありません。これらは一連の技術文明の流れなのであって、人間もこの歴史的必然性のなかにからめとられているのです。

　だから、今さら、反技術主義を掲げて農耕生活へと退却することはできません。

　しかし、ここで実はある大事なことに気がつくのではないでしょうか。そもそも近代技術は、われわれ人間が自然を支配し、自らの手で自らの幸福の条件を作り出すためのものでした。技術によって、自然の脅威や制約から逃れ、自然を支配して、理想的な（イデアルな）社会を実現してゆくはずでした。

　ところが、今日生じていることは、人は、様々な専門科学と結合した技術が生みだす(e)キョウコな機械的システム（ハイデガー的にいえば「立て組み（ゲシュテル）」）の中にからめとられているのです。水力発電がラインの水を建屋に塞ぎ入れるのと同様に、人も、この発電・配電・電力供給システムの技術体系にからめとられているのです。われわれの生活は、この技術の体系に依存し、従属し、その意味で、決して自然を支配などしていないのです。

　これは原発の場合にはもっとはっきりするでしょう。原発は、核物理学、原子力工学、土木工学、地震学、防災学、建築学それに経済学などの多種多様な専門家たちの高度な共作です。徹底して自然を支配し、そのうちに潜むエネルギーを最大限に発露させようとした。そのことによって、人間を自然から自立させ、自らの手で富を生み出そうとした。

　ところが、まさにここで人間は、この自動化してしまったシステムにからめとられてしまったのです。建屋の中に巨大な格納容器を作って、そこに放射性物質を閉じ込めたつもりが、どうやらわれわれ自身が、原発システムという巨大な建屋のなかに閉じ込められたように見えます。人は、決して近代技術の主人になることもなければ、自然を支配することもできないのです。

プラトンの「イデア」は「神」になったり「理性」になったり「精神」になったりしながらも、自らの「イデアル」つまり「理想」の世界を実現すべく自然に働きかけ、これを変形し、支配しようとしたのです。

そして、人間が自らの「理想世界」を実現すべく「自然」を支配し、そこから人間にとって必要な力を引きだすとき、それを「エネルギー」と呼んだのです。「エネルギー」は自然のなかに堆積されており、人間によって引き出され利用されるべき力なのです。

この「エネルギー」が、アリストテレス的な「エネルゲイア」とかなり違うことはいうまでもないでしょう。アリストテレス的な「エネルゲイア」は、あくまで自然のなかから生成し現生して現実になった姿なのです。

確かに、それは自然が生み出したものです。しかし、自然が「エネルゲイア」を生みだすとき、主体になっているのは自然の方であって、人間はその自然の生み出す作用をせいぜい助けているに過ぎない。人間の方が主役になって自然の中から力を（「エネルギー」を）取り出しているのではないのです。人間は、自然の発現する力（エネルギー）の手助けをし、その力によって現実にあるものをそこにあらしめるだけなのです。

これが「テクネー」すなわち「技術」であって、そうだとすると「技術」とは、もともと自然のもっている力が生み出す運動を人間が手助けすることにほかならない。自然が現実の物を生みだす働きに寄り添うのが「技術」ということになるでしょう。それは、決して、人間の幸福のために自然をねじふせ、それを支配する手段ということではなかった。

［E］、農夫が土地に働きかけそこから収穫を得る、これは決して自然に対立することではない。農夫の仕事は、穀物の種をまくことにあり、生育は自然の生長力に任せる。彼はそれを見守るだけなのです。これは決して大地を「挑発」することではない、とハイデガーはいいます。

ところが、その大地が石炭や鉱石の採掘に充(あ)てられると、その土地は（ウ）「挑発」される。

また、産業化は、耕作を動力化し、効率性をもとめる食品産業に仕立てあげる。それは人間にとって役立つという有用性の狭い領域に押し込められる。

同様に、ライン河がせき止められ、そこにダムを作り、せき止めたところに無理やり穴をこじ開けて放水し、タービンをまわす。このことは、電気エネルギーの一連の［V］的な仕立て（プロセス）のなかにラインの流れも組み込まれるということなのです。水力発電所はラインの流れに即して作られたのではなく、ラインの流れが、発電所という建屋のなかへと塞がれてゆくのです。

近代技術は、物理学という専門科学とともに生まれる。物理学に支えられた近代技術は自然からエネルギーを取り出すのだが、それは自然に即したものではなく、自然を「挑発」するという形で、自然を機械的なプロセスへと組み立て、有用性や効率性へと送りだすのです。そして、その究極の延長線上に鉱物（ウラニウム）から作り出された原子力というものがでてくる。

ここに（エ）現代の「技術」の性格がある。それは、本来の「自然」

で不滅の物事の本質なのです。[B]「イデア」という概念は、どうしても、キリスト教的な「神」や、またそれを認識する人間の普遍的な「理性」あるいは「精神」に重なってくるでしょう。

これに対して、「ヒュレー」と呼ばれる材料あるいは質料は、無機質の素材であり、神や人がそれに働きかけることによって「イデア」（エイドス）にあわせて姿をかえてゆく。そしてこの無機質の素材の集合を実際上「自然」とみなすことになる。だから大事なのは、どうしても、「質料（ヒュレー）」ではなく「形相（イデア＝エイドス）」という本質の方だということになる。

いいかえれば「自然」とは、人の理性の力によって、イデアを実現するように作り替えられる無機質の何ものかなのです。これはもはやすべてを包み込んで生成するものではなく、人がそれに働きかける対象なのです。人は、イデアを実現すべく[Ⅳ]的な「自然」に作用し、これを作り替えることができるのです。

しかしもともとのギリシャの自然観においてはだいぶ違っている。たとえば、運慶が仏の彫像を彫り出すという例をもう一度考えてみましょう。この場合には次のように理解するのが適当でしょう。

現実にそこにある彫像は、混沌の中から自然に生成し発現してきたものなのです。それは自然に働きかけるのではなく、自然の働きによって生成し、いで来たったのです。彫像家はあらかじめ思い描いたイデアという理念に従って自然に働きかけて彫像を作り出すのではなく、ただ自然の働きの手助けをして彫像を取りだすのです。

[C]、彫像の形は自然のなかに潜在しているといってもよい。しかし、それはあくまで潜在もしくは伏在するだけでイデアというような理念的本質ではありません。そして、彫像家は、この伏在するものを彫り出し、明るみにだすだけなのです。

それをまた言い換えれば、この彫像は、自然のなかから生成し発現するということになるでしょう。彫像家の仕事は、この自然の運動の手助けに過ぎず、その手助けを「テクネー」というわけです。だから、「テクネー」とは、自然を(X)発露させ、うち開かせる作用で、「技術」というだけではなく、「職人仕事」や「芸術」とも深くかかわった概念なのです。

だがこの(イ)「ギリシャ的な思考」はわれわれ日本人にはむしろなじみやすいことなのではないでしょうか。

日本ではかつては自然は「じねん」であり、「おのずからなるもの」でした。ギリシャの発想は、むしろ、日本の「自然（じねん）」に近い。

じっさい、一流の仏師は、仏を制作するのではなく、木を彫ることで、自ずと現生してゆく仏を取り出す手助けをしたのです。

[D]、日本の華道は、西欧のフラワー・アレンジメントが制作者の個性を出そうとするのとは違い、制作者の個性を殺すことで自ずと「花」が自らを作品として現れ出てくる、という面が強い。

もともと、生成し流転してゆく運動、おのずから何かになり変成してゆくもの、それが日本の自然であり、それは決して人間がそれに働きかけて自らの都合に合わせて変形できる無機質のものではないのです。

ところが西欧では、「ギリシャ的な思考」ではなく、「プラトン的な思考」がその後の西欧文化を支配することになった。

【国　語】〈五〇分〉〈満点：一〇〇点〉

一　**次の文章を読んで、後の問いに答えなさい。**

　エネルギーという語は、もともとギリシャ語の「エネルゲイア」から発しています。「エネルゲイア」とはアリストテレスの言葉で、ある物事が現実に存在している状態で、だからこれは「現実態」と訳されます。

　そしてこの「エネルゲイア（現実態）」とは、ただ何かが現実にそこにおかれてあるということではなく、何かが生成し発現し、その結果として最終的にある形をとり、ある目的をもってそこにある、という含みをもっているのです。ある事柄が、生成する運動の行き着いた最終的な形としてそこに現前するのです。

　たとえば美しい花は、(a)ハイガから始まり生成し変成し、最終的な形としてそこにある花を咲かせている。こういうイメージを描けばよいかもしれません。そして、実は、この何かが生成し発現してある形をとるという運動をギリシャでは「自然（ピュシス）」という。

　だから「自然」とはギリシャ人にとっては、自ずと生成し変転してゆく運動なのです。おのずから発現してゆくことです。だから、ギリシャ人にとって、すべてのものは、何かよくわからない混沌から生成し発現してゆく運動、すなわち「自然」の帰結なのです。

　Ａ　、実は、アリストテレスの前にプラトンがいる。そして、プラトンは、この「ギリシャ的自然」とは少し異なった考え方をしていたようです。

　プラトンといえば「イデア論」が有名で、「イデア」とは、物事の　Ⅰ　的で超感覚的な本質であり、またその物事の本質を示す理念（形）といってよい。

　たとえば次のようなことを考えればよいでしょう。鎌倉時代の彫像家の運慶はすばらしい仏の像や菩薩像を彫り出しています。興福寺北円堂の無著(むちゃく)・世親(せしん)像など、よくもまあこのような像が彫れたものだといつも思います。

　その時、プラトンならこういうでしょう。目には見えない仏のイデアがまずあり、そのイデアを実現すべく、運慶は木材という素材に働きかけて彫像を制作した、と。ある物事の本質を示すイデアがまずあり、そのイデアを実現すべく物事が作り出される。

　ここで大事なことは、仏のイデアという抽象的で理念的でいってみれば超越的なイメージ（形）がまずあって、それに対して、彫像家が働きかける　Ⅱ　的な材料である木材が他方にある。この「材料」（これを「ヒュレー」といいます）に働きかけてそこに「イデア」を可視化する「形」（これを「エイドス」といいます）を実現する。かくてある物が存在することになる。銀皿は銀という素材に働きかけてそれをある形の皿へと実現するのです。そして、この考えからすると、この「材料」こそが「自然」なのです。

　この(ア)プラトン的思考と、先のアリストテレス的思考はだいぶ違っている。いや、そこからでてくるインプリケーションはまったく違っています。

　プラトンからすれば、大事なのは「イデア」と呼ばれる抽象的な本質であり、これは決して時代や場所とともに変化したり、消滅したり、人によって個体差がでてくるものではない。それは　Ⅲ　的

MEMO

大切なことはメモしておこうネ！

2021年度

解　答　と　解　説

《2021年度の配点は解答欄に掲載してあります。》

＜数学解答＞《学校からの正答の発表はありません。》

1 (1) $\frac{-x+y}{4}$ (2) 0 (3) $8-7\sqrt{2}$

2 (1) 6組 (2) $6-11\sqrt{2}$ (3) 64°

3 (1) $y=-\frac{3}{2}x-9$ (2) B(6, −18) (3) $C\left(-9, -\frac{81}{2}\right)$

4 (1) 24個 (2) 24個 (3) $\frac{2}{7}$

5 $x=20$

6 (1) 解説参照 (2) 2：1 (3) 4：1

○推定配点○

1～4 各6点×12　5 8点　6 (1) 8点　他 各6点×2　計100点

＜数学解説＞

1 (式の計算，平方根)

基本 (1) $\frac{3x-y}{12}-\frac{3x-2y}{6}=\frac{3x-y-2(3x-2y)}{12}=\frac{3x-y-6x+4y}{12}=\frac{-3x+3y}{12}=\frac{-x+y}{4}$

(2) $(-x^2y)^3\div 2xy^2\times 4x-16x^4y^3\times(xy^2)^2\div(-2y^2)^3=-\frac{x^6y^3\times 4x}{2xy^2}+\frac{16x^4y^3\times x^2y^4}{8y^6}=-2x^6y+2x^6y=0$

基本 (3) $(\sqrt{6}-\sqrt{3})^2-\frac{2}{\sqrt{12}}(\sqrt{6}+\sqrt{3})=6-2\times 3\sqrt{2}+3-\frac{2}{\sqrt{2}}-\frac{2}{\sqrt{4}}=6-6\sqrt{2}+3-\sqrt{2}-1=8-7\sqrt{2}$

2 (数の性質，式の値，角度)

重要 (1) $3x+5y=96$　$5y=96-3x$　$y=\frac{3(32-x)}{5}$　これを満たす自然数x，yの組は，$(x, y)=(2, 18)$，$(7, 15)$，$(12, 12)$，$(17, 9)$，$(22, 6)$，$(27, 3)$の6組。

重要 (2) $x=3-\sqrt{2}$　$x-3=-\sqrt{2}$　$(x-3)^2=(-\sqrt{2})^2$　$x^2-6x+7=0$　よって，$x^3-3x^2-6=x(x^2-6x+7)+3x^2-7x-6=x\times 0+3(x^2-6x+7)+11x-27=3\times 0+11(3-\sqrt{2})-27=6-11\sqrt{2}$

基本 (3) $\overset{\frown}{BC}$の円周角だから，∠BAC＝∠BDC＝aとする。三角形の内角と外角の性質より，∠ACD＝∠AEC＋∠EAC＝40°＋a　△CDFの内角の和は180°だから，$(40°+a)+a+92°=180°$　$2a=48°$　$a=24°$　よって，∠FAD＋∠ADF＝∠CFDより，∠FAD＋(52°−24°)＝92°　∠FAD＝92°−28°＝64°　したがって，∠CAD＝64°

3 (図形と関数・グラフの融合問題)

基本 (1) $y=-\frac{1}{2}x^2$に$x=-3$を代入して，$y=-\frac{1}{2}\times(-3)^2=-\frac{9}{2}$　よって，$A\left(-3, -\frac{9}{2}\right)$　直線ABの式を$y=-\frac{3}{2}x+b$とすると，点Aを通るから，$-\frac{9}{2}=-\frac{3}{2}\times(-3)+b$　$b=-9$　よって，$y=-\frac{3}{2}x-9$

基本 (2) $y=-\frac{1}{2}x^2$と$y=-\frac{3}{2}x-9$からyを消去して，$-\frac{1}{2}x^2=-\frac{3}{2}x-9$　$x^2-3x-18=0$　$(x+3)(x-6)=0$　$x=-3$，6　$y=-\frac{1}{2}x^2$に$x=6$を代入して，$y=-18$　したがって，B(6，−18)

重要 (3) OA//BCのとき，△OAB＝△OACとなる。直線OAの傾きは，$\left(-\frac{9}{2}-0\right)\div(-3-0)=\frac{3}{2}$
直線BCの式を$y=\frac{3}{2}x+c$とおくと，点Bを通るから，$-18=\frac{3}{2}\times6+c$　$c=-27$　よって，$y=\frac{3}{2}x-27$　$y=-\frac{1}{2}x^2$と$y=\frac{3}{2}x-27$からyを消去して，$-\frac{1}{2}x^2=\frac{3}{2}x-27$　$x^2+3x-54=0$　$(x+9)(x-6)=0$　$x=-9$，6　$y=-\frac{1}{2}x^2$に$x=-9$を代入して，$y=-\frac{81}{2}$　したがって，$C\left(-9,\ -\frac{81}{2}\right)$

4 （場合の数，確率）

基本 (1) △ABCと合同な二等辺三角形が8個，△ACGと合同な直角二等辺三角形が8個，△ADFと合同な二等辺三角形が8個の，計24個。

重要 (2) 直径に対する円周角は90°だから，たとえば，直径AEを斜辺とする直角三角形は残りの頂点がB，C，D，F，G，Hの6個できる。直径がBF，CG，DHのときも同様であるから，計6×4＝24(個)

重要 (3) 異なる8個の点から3個の点の選び方は，$\frac{8\times7\times6}{3\times2\times1}=56$(通り)　このうち，二等辺三角形か直角三角形であるものは，直角二等辺三角形の8個の重なりをひいて，24＋24−8＝40(通り)だから，求める確率は，$1-\frac{40}{56}=\frac{16}{56}=\frac{2}{7}$

5 （方程式の利用）

はじめに，xgの食塩水を取り出した後の食塩水中に残る食塩の量は，$(200-x)\times\frac{10}{100}=20-\frac{x}{10}$(g)
次に，2xgの食塩水を取り出した後の食塩水中に残る食塩の量は，$\left(20-\frac{x}{10}\right)\times\frac{200-2x}{200}=\left(20-\frac{x}{10}\right)\left(1-\frac{x}{100}\right)$(g)　よって，$\left(20-\frac{x}{10}\right)\left(1-\frac{x}{100}\right)=200\times\frac{7.2}{100}$　$20-\frac{x}{5}-\frac{x}{10}+\frac{x^2}{1000}=14.4$
$x^2-300x+5600=0$　$(x-20)(x-280)=0$　$x=20$，280　$2x<200$より，$x=20$

6 （平面図形―証明と計量）

基本 (1) △ACFと△AGFにおいて，共通だから，AF＝AF…①　仮定より，∠CAF＝∠GAF…②　∠CFA＝∠GFA＝90°…③　①，②，③より，1組の辺とその両端の角がそれぞれ等しいから，△ACF≡△AGF　よって，CF＝GF…④　△BCGにおいて，④および，CE＝BEから，中点連結定理より，GB//FE　したがって，AB//FE

重要 (2) △ACF≡△AGFより，AG＝AC＝4だから，BG＝6−4＝2　AB//FEより，△AGF：△GBE＝AG：BG＝4：2＝2：1

重要 (3) △FEC：△FEG＝CF：GF＝1：1　△BCGにおいて，中点連結定理より，$FE=\frac{1}{2}GB=\frac{1}{2}\times2=1$　AB//FEより，△AGF：△FEG＝AG：FE＝4：1　よって，△AGF：△FEC＝4：1

★ワンポイントアドバイス★

出題構成，難易度に大きな変化はない。基礎を固めたら，過去の出題例を研究しておこう。

＜英語解答＞ 《学校からの正答の発表はありません。》

[1] リスニング問題解答省略

[2] 問1 1 イ 2 エ 3 エ 4 イ 5 ウ 6 ア 7 ウ 8 エ 9 エ 10 イ 11 エ 12 エ 13 イ

問2 1 Fewer and fewer tourists come from (Europe.)

2 (She is) one of the most famous singers of all the musicians in (the country.)

3 You need to keep your room clean(.)

4 Could you tell me how many students there are in the library(?)

5 How much do you spend on clothes (in a month?)

[3] A 1 ア 2 エ 3 ウ B イ C イ D ア E イ F ④

[4] 問1 A イ B エ C オ D ア E ウ

問2 1 エ 2 ア 3 イ 4 ア 5 ウ 6 ウ 7 イ

問3 A natural B same C show her love of nature

[5] (例) (Ken's mother) worries about him because he is playing with his smartphone.

○推定配点○

[1]～[4] 各2点×47 [5] 6点 計100点

＜英語解説＞

[1] リスニング問題解説省略。

[2] 問1 (語句補充問題：副詞，接続詞，不定詞，動詞，動名詞，助動詞，慣用句，形容詞，前置詞，受動態)

1 「私は先週末パーティーに行き，小学校からの古い友達に会いました。私たちは一緒にとても楽しい時を過ごしました。」 古い友達と共に楽しい時を過ごしたので，「一緒に」が答え。

2 「私が最後にケンと会ってから長い時間がたちます。」 〈it is ～ since …〉で「…してから～になる」という意味を表すので，エが答え。

3 「私たちの先生は明日学校へ辞書を持ってくるように私たちに言いました。」 〈tell A to ～〉で「Aに～するように言う」という意味になるので，エが答え。

4 A「やあ，ジュン。調子はどうですか。」 B「いいです。私は英語を勉強するためにカナダへ行きました。」 アは to が余分なので，誤り。ウは現在完了の have がないので，誤り。エは単独では使えないので，誤り。

5 「蝶々が飛ぶのを見たので，赤ちゃんは泣くのを止めました。」 〈stop ～ ing〉で「～することを止める」という意味を表すので，ウが答え。

基本 6 A「リックとサッカーをしたいなら，まず宿題をしなさい！」 B「ああ，いやだ… 今それをしなければなりませんか。」 must は「～しなければならない」という意味を表すので，アが答え。

7 「新しい学校での最初の日でしたが，私はすでにジェニファーと友達になりました。」 〈make

friends with ～〉で「～と友達になる」という意味を表すので，ウが答え。

8 「あなたはブラジルから来た新しい生徒ですか。茶道部に入りませんか。日本の文化を学べます。」〈why don't you ～?〉は「～しませんか」という勧誘の意味を表すので，エが答え。

9 A「何か書くものを持っていますか。」 B「すみませんが，貸せるペンはありません。」「すみません」と言っているので，否定する意味のものを選ぶため，アは誤り。イは数えられないものに使うので，誤り。ウはpensとつながらないので，誤り。

10 「その小さな少年は私の腕をつかんで叫びました。」「～の腕をつかむ」という意味を表す時は〈hold ～ by the arm〉と表すので，イが答え。

11 「エジプトでは何語が話されているか知っていますか。」 受動態の形になるため〈be動詞＋過去分詞〉という形にするので，エが答え。

12 「仰向けに寝ている赤ちゃんはメーガンの息子です。」 自分で横たわることを表すときには lie を使い，分詞になって baby を修飾するので，エが答え。

13 「私の親友のパトリックは北海道へ引っ越してしまい，この週末の計画が何もありません。私はとても退屈です。」「人」が主語のとき「退屈な」という意味を表すのは bored なので，イが答え。

問2 （語句整序問題：慣用表現，比較，助動詞，SVOC，間接疑問文，疑問詞）

1 〈比較級＋ and ＋比較級〉は「だんだん～」という意味を表す。

2 〈one of ～〉で「～の中の1つ」という意味になる。

3 〈need to ～〉で「～する必要がある」という意味を表す。また，〈keep A B〉で「AをBのままにしておく」という意味になる。

4 間接疑問文は〈疑問詞＋主語＋動詞〉の形になる。この文は，How many students are there in the library? を使ったものなので，Could you tell me の後に how many students を置き，there are という肯定文の形にする。

3 （長文読解問題：内容吟味）

A 1 「海外から帰国するすべての人は14日間隔離されるべきです。彼らは旅行中に新型コロナウィルスに感染した可能性があり，到着後約2週間は彼らの家族や友人にとって危険です。」「隔離する」という意味を表すので，ア「他の人たちから遠ざけられる」が答え。イ「他の人たちと接触を持つ」，ウ「カゼをひいた」，エ「病気には関係がない」

2 「ケンは優柔不断です。去年の夏，彼は友達と一緒に出かけることを計画していました。カレンはビーチで泳ぎに行きたかったのですが，ケイトは山でハイキングに行きたいと思いました。ケンはそのうちの一つを選ぶように頼まれましたが，彼はできませんでした。それで旅行はキャンセルされました。」「優柔不断」という意味を表すので，エ「決定をすることができない」が答え。ア「いつも女の子たちに影響される」，イ「容易に気持ちを変える」，ウ「自信を持ってすばやく何かを決めることができる」

3 「私はコンサートのチケットの支払いをするつもりでしたが，そうするのを完全に忘れました。お金は先週の金曜日まででしたが，時すでに遅しでした。」「時すでに遅し」という意味を表すので，ウ「遅すぎた」が答え。ア「チケットを得るわずかなチャンスがある」，イ「十分な時間がない」，エ「待てない」

B

さあご来店ください！
ついにここに登場です！

ガドソン家具会社
ニューヨークの22番街で最新のアウトレットの誕生をお伝えします
ニューヨーク，シカゴ，そして ボストンのお客様が長い間認めているものを見つけに来てください：ガドソンは最も売れています。伝統的または現代的なデザイン，またはヨーロッパ，特にスウェーデンとノルウェーから輸入された商品から選ぶことができます。低コスト，低品質の製品に満足しないでください。代わりに，真の高品質が何を意味するのかを見に来てください。

開店時間
月曜日—金曜日　　午前9:00—午後7:00
土曜日／日曜日　　午前10:00—午後6:00

より詳しい情報は
3-512-555-9119まで電話してください

店の開店を知らせる案内なので，イ「新しい店について人々に知らせるため」が答え。ア「大型のセールを知らせるため」，ウ「新しい店員を得るため」，エ「店の客を調べるため」

C 「アーサー王は8歳のサガ・ヴァネセクにはかないません。サガはスウェーデンの家族の別荘の近くの湖で遊んでいたとき，ある棒が水中にあるのを見ました。彼女は1,500年前の剣を抜きました。それはさびで覆われていましたが，専門家はそれがどれほどよく保存されているかに驚いています。そして，彼女が湖から剣を抜いたので，人々はサガをスウェーデンの女王と呼び始めました。」 サガという女の子が1,500年前の剣を見つけたという内容なので，イ「8歳の女の子が古代の剣を見つけた。」が答え。ア「8歳の女の子がスウェーデンの女王になった。」，ウ「8歳の女の子がアーサー王の財宝を見つけた。」，エ「8歳の女の子がスウェーデンでの休日を楽しんだ。」

D　ジュリア：こんにちは，コウヘイ。ちょっと話せる？
コウヘイ：うん，もちろんだよ。
ジュリア：メグの誕生日パーティーを開くのよ。
コウヘイ：おお，すばらしいね！
ジュリア：彼女は魚は好きじゃないかな？
コウヘイ：好きだよ，でも聞いて。彼女の好きな食べ物はチキンなんだ。ローストチキンを買うべきだよ。
ジュリア：本当？　それを用意するよ。助けてくれてありがとう。
コウヘイ：いつでもどうぞ！

メグは魚が嫌いではないが，チキンのほうが好きだと言っているので，ア「メグは魚よりチキンが好きだ。」が答え。イ「メグは魚が好きではなく，チキンが好きだ。」，ウ「メグはチキンも魚も好きではない。」，エ「メグはチキンより魚が好きだ。」

E 「[　　　　　]それは世界中の人々の故郷です。LAの人々は多くの異なる言語を話します。彼らは異なる宗教を実践しています。街の食べ物は人々のようです。それはあらゆるところから来ます。アジア諸国からの食品は非常に一般的です。メキシコ料理とアメリカ料理もそうです。ファーマーズマーケットはLAで最も古いマーケットです。いろいろな種類の食べ物があります。毎日何千人もの人々がそこで買い物をし，食事をしています。」 LAは国際色が豊かであるという内容なので，イ「ロスアンゼルスは国際的な都市である。」が答え。ア「ロスアンゼルスは合衆国で2番目に大きい都市だ。」，ウ「ロサンゼルスは力強いビジネスセンターだ。」，エ「多くの有名な俳優がロサンゼルスで働き，暮らす。」

F (ア) これは，米国およびその他の選択された国ではサッカーとしても知られている，パラリンピックの5人制サッカーの試合中のプレーヤーの経験です。5人のプレーヤーからなる2つのチームは，すべて法的に視覚障害があり，公平さを証明するための目隠しを着用し，対決して，他のチームのゴールにボールを入れようとします。

(イ) サッカーをするのが大変だと思ったことはありますか。プロのプレーヤーはそれをとても簡単に見せますが，ボールをうまくコントロールするのを学ぶには何年もの練習が必要です。プロのプレーヤーは，ボールを好きな場所に正確に蹴ったり，ボールを曲げたりすることができますが，それは多くの練習の後でのみです。

(ウ) しかし，プレーヤーはどのようにしてボールを見つけますか。プレーヤーがフィールドでそれを見つけることができるように各ボールは特別な音をたてます。プレーヤーはゴールの後ろに座っているガイドによって指示を与えられますが，プレーヤーはまた，サイドラインにいる，目の見えるゴールキーパーとコーチによって導かれることができます。これらすべての相互の関係性によって，これはサッカーの最も興味深いバージョンの1つになっています。5人制サッカーへようこそ！

(エ) さて，誰かがあなたに目隠しを付けて，ゴールをするようにあなたに言っていると想像してください。普通のサッカーをするのは，今はそれほど難しくはないようですよね！

重要 (ア)の冒頭には「これは…5人制サッカーの試合中のプレーヤーの経験です」とあるので，(ア)の前には5人制サッカーのプレーヤーが体験することが書かれていることがわかる。それは(エ)に書かれているので，(エ)→(ア)となる。また，(エ)の最後には「普通のサッカーをするのは，今はそれほど難しくはないようですよね」とあるので，(エ)の前には普通のサッカーについて書かれていることがわかる。それは(イ)に書かれているので，結局(イ)→(エ)→(ア)となる。(ウ)の冒頭には「しかし，プレーヤーはどのようにしてボールを見つけますか」とあるので，(ウ)の前には5人制サッカーのプレーヤーの様子について書かれていることがわかる。それは(ア)に書かれているので，(ア)→(ウ)とつながり，答えは④になる。

4 (長文読解問題・説明文：内容吟味)

(大意) マザーグースが，イギリスの子供たちに読まれる最初の本である場合，ほとんどの場合ピーターラビットは彼らによって読まれる最初の本です。もちろん，多くの子供たちは自分で本を読み始めるずっと前から，ピーターラビットを暗記しています。彼らは母親にそれを読んでもらい，それを聞くのに飽きることなく再び読んでもらいます。それで，彼らが読み始めるとき，これは当然彼らの最初の本になります。また彼らはすでにそれを暗記していて，絵がページをめくる場所を教えてくれるので，読むことはまったく難しいとは感じません。

イギリスの子供たちの目にとってのピーターラビットの重要性はその絵の魅力です。

私の愛する弟であるジョンは，マクレガー氏の庭におけるピーターの冒険について，母親が午後に昼寝をしようとしているときに母親の口から聞くのが大好きでした。彼が物語全体を暗記するようになるまで，そう長くはかかりませんでした。そして，母が繰り返し読むことに飽きるまでも，そう長くはかかりませんでした。時々，読むのをできるだけ早く終わらせるために，彼女はある段落を省きました。しかし，彼はすぐにそれに気づき，彼女が省略した言葉を言いました。他の時には，彼は自分で本を読み，物語について何かを自分に言い，適切なタイミングでページをめくろうとしました。それで，彼が実際に言葉を読むことができるようになるまで，そう長くはかかりませんでした。

私の弟はこのような様子でしたが，彼が生まれたときには私はすでに15歳だったので，自分自身のときのことよりもよく覚えています。

かつて，私はその作者であるビアトリクス・ポターの家を，日本人学生のグループと共に訪問しました。家の中では，彼女の絵がガラスケースに並べられているのが見えました。すぐに生徒たちは言葉を超えて魅了されました。彼らは「かわいい」と言って興奮しながらケースからケースへと移動しました。そしてそれは最初にピーターラビットの物語を見せられたときのイギリスの子供たちの気持ちなのです。

これらの絵の最大の長所はそれらがすべて作者自身によって書かれたものであることです。

ここでは，音と感覚のように，言葉と絵の完璧な結合を見つけます。著者は，彼女の小さな読者のために彼女の物語を絵で説明することを，他のアーティストの技術に依存する必要がありません。しかし，彼女は言葉で物語を語るとき，彼女が最もよく合うと考えるように絵を描きます。絵が最初にできて，言葉がそれに続いたに違いないと感じる人さえいます：そしてそれが子供たちに物語を語るのにちょうどいい順序なのです。

物語自体は，絵の合間にただ語られます。もちろん，ピーターは普通のイギリスの子供と同じように，母親が彼に言うことを決してしないので，彼は困ることになります。彼女は彼(そして他の人たち)にマクレガーさんの庭に入らないように言いました。しかし，ピーターは聞いてはおらず，彼はマクレガーさんの庭に入ります。そこで彼はマクレガーさんに捕まりそうになり，マクレガー夫人による別のウサギのパイに入れられそうになります。ただ，これらの物語はマザーグースとは異なり，悲しい結末を持ってはなりません。それで，危険が何であれ，ピーターはどういうわけか逃げて家に帰ります。それで，彼は彼の行動のために叱られなければなりません。彼は青い上着と両方の靴を失いました，そしてさらに悪いことに，彼は体の調子が悪くて，夕食なしで寝なければなりません。ですから，小さな子供たちのための物語の教訓は，「あなたのお母さんのアドバイスに従ってください」ということです。

イギリスの子供たちを魅了するこの物語の別の特徴は，その簡潔さや絵以上に，それが動物に関するものであることです。

子供の頃私は動物のことは何でも楽しんでいましたが，人間の話は好きではなかったのをよく覚えています。さらに私は動物が人間のように話し，行動することを期待していました：私は「自然主義者」ではありませんでした。自分の小さなウサギに賢明なアドバイスの言葉を与えるために母ウサギがいなければなりませんでした。そして私は，主人公の名前が自分のものと同じであることがわかって当然喜んでいました。マクレガー氏のような男が現れた場合，彼は明らかに敵でした；彼があごひげを生やした老人として描かれているのは好都合だと思いました。

振り返ってみると，子供の頃のピーターラビットの本に対する私の見方は，現在の写真に対する見方と同じでした。

カメラの前では，人間は決して自然に見えないように思えます。私たちは気にしすぎです。私たちが見ていないとき撮影されねばなりません。しかし，動物は常に自然です；彼らは自分自身を気にしないという単純な理由によります。彼らはカメラのレンズを直視し，(おそらく)それが何か食べるものかどうか疑問に思います。そして，それはボタンを押して彼らの写真を撮るのに適切な瞬間です。

ピーターラビット以降ビアトリクス・ポターは，彼女の最初の物語ほど人気はありませんでしたが，同じ方法で他の多くの物語を書き続けました。しかし，それらはすべて子供のための一種の叙事詩を形成します；動物とイギリスの生活だけでなく，イギリスの田舎の叙事詩です。動物は主に野生動物であり，絵は家がすべて農家であり，庭が菜園である田舎の多くの光景を示しています。それは彼女の自然への愛情を示していました。彼女は自然が永遠に変わらないことを望んでいました。

問1　大意参照。

問2　1 「ピーターラビットがイギリスの子供たちに最初に読まれる本であるのはなぜか。」
ア 「彼らはピーターラビットを頻繁に聞くのにうんざりしている。」 うんざりするとは書かれていない。　イ 「彼らはまずピーターラビットを読むように両親から教えられる。」 両親から教えられるとは書かれていない。　ウ 「彼らは絵から全体の話を理解することができる。」 母親が読むのを聞いて理解するので，誤り。　エ 「彼らは絵で物語を覚えており，また彼らが理解するのを助けるために絵を使用する。」 第1段落の内容に合う。

2 「ジョンは言葉を読むことを学ぶ前に何をしたたか。」 ア 「彼は母親の間違いを指摘した。」 第2段落の内容に合う。　イ 「彼はいくつかの本の話を思い出した。」 文中に書かれていない。ウ 「彼はその話の全体を母親に話した。」 文中に書かれていない。　エ 「彼はストーリーをすばやく理解するためにすべてのページを調べた。」 文中に書かれていない。

3 「ピーターラビットの物語を最初に見たとき，イギリスの子供たちはどのように感じるか。」
ア 「彼らは美術館で出会った日本人学生に会いたいと思う。」 文中に書かれていない。
イ 「彼らはキャラクターに魅了される。」 第3段落に絵を見てかわいいと思うという内容が書かれている。　ウ 「彼らは物語をさらに読みたいと思う。」 文中に書かれていない。　エ 「彼らはウサギを描きたいと思う。」 文中に書かれていない。

4 「人々が子供たちに物語を語るときの正しい順序は何か。」 ア 「絵の後には言葉が続くべきである。」 第4段落の内容に合う。　イ 「言葉は絵よりも焦点を当てられるべきである。」 第4段落の内容に合わない。　ウ 「絵は言葉の後に来るべきである。」 第4段落の内容に合わない。エ 「言葉は絵真の前に現れるべきである。」 第4段落の内容に合わない。

5 「マザーグースとピーターラビットの違いは何か。」 ア 「マザーグースでは，子供たちは常に危険なことに興味を持つ。」 ピーターラビットに関わることなので，誤り。　イ 「マザーグースでは，子供たちは教訓を学ぶことができる。」 ピーターラビットに関わることなので，誤り。ウ 「ピーターラビットでは，子供たちは悲劇を経験しない。」 第5段落の内容に合う。　エ 「ピーターラビットでは，子供が主人公になることができる。」 動物が主人公なので，誤り。

6 「なぜ記事の著者は自然主義者ではないのか。」 ア 「著者の名前は自然に由来するものではない。」 文中に書かれていない。　イ 「著者は彼の感覚を通して動物と話す。」 文中に書かれていない。　ウ 「著者は，動物が人間のように振る舞うことを望む。」 第6段落の内容に合う。エ 「著者は老人と戦いたいと思っている。」 文中に書かれていない。

7 「写真を撮る上での動物と人間の違いは何か。」 ア 「人間は動物が近くにいるときに動物のことを気にする。」 文中に書かれていない。　イ 「人間はカメラでどのように見えるかを気にする。」 第7段落の内容に合う。　ウ 「動物は人間に襲われるかどうかを気にする。」 文中に書かれていない。　エ 「動物は写真家に写真を撮ってもらいたいと思う。」 文中に書かれていない。

問3　話についてどう思いますか。著者のピーター・ミルワードは，ピーター・ラビットの物語について説明し，作品が示唆していることについての彼の考えを表現しています。ピーターラビットと他のキャラクターは，話したり服を着たりするので，人間のようです。その意味で，ビアトリクス・ポターは彼女の動物のキャラクターを通して私たちの生活を示しています。しかしご存知のように，実際の動物は私たちとは異なります。彼らは話したり服を着たりしません。動物は何も気にしないように見えます。草を食べるだけです。彼らの生き方はただ[A]なので，作者は人間よりも動物を愛するようになります。

ちなみに，ポッターは湖水地方周辺の広い地域を購入し，ナショナル・トラストに提供しました。これらの地域は，イギリスの産業の中心地からそれほど遠くありません。ポター自身は，彼女の本からのお金で，この田舎がいつものように[B]になることを確実にしました。このように子供向けの本だけでなく，みんなへの寛大さによって，彼女は[C]するために多くのことをしてきました。

[A]　第7段落に「動物は常に自然です」とある。

[B]　文章の最後に「自然が永遠に変わらないことを望んでいました」とある。

重要　[C]　文章の最後に「自然への愛情を示していました」とある。

5　(英作文問題)

ケンがスマートフォンを見て遊んでいる隣で，母親は困った様子を見せている。この様子を英文で表現する。与えられた語群の中の言葉を必ず使うように注意する。

★ワンポイントアドバイス★

2問1の3には〈tell A to ～〉があるが，これは命令文を使って書き換えることができることを覚え，例文によって練習しておくとよい。この文を書き換えると，Our teacher said to us, "Bring a dictionary to school tomorrow." となる。

＜国語解答＞ 《学校からの正答の発表はありません。》

一　問一　(a)　胚芽　(b)　蓄積　(c)　けんお　(d)　肥料　(e)　強固
問二　(X)　4　(Y)　5　問三　Ⅰ　3　Ⅱ　1　Ⅲ　5　Ⅳ　2　Ⅴ　4
問四　A　3　B　1　C　4　D　5　E　2　問五　1　問六　1　問七　1
問八　2・4　問九　3　問十　1・4

二　問一　2　問二　3　問三　1・3・4　問四　(例)　評価とは，現在の限定的な側面を評価するものなので，未来の可能性を押し開くためにも，自分を評価しようとせず，敢えて未決定状態のなかに置き続ける(70字)(とする心構えが必要である。)

三　問一　(Ⅰ)　2　(Ⅱ)　4　問二　3　問三　1　問四　4　問五　4　問六　3

○推定配点○

一　問一～問四　各2点×17　他　各4点×6(問八・問十各完答)

二　問四　8点　他　各4点×3(問三完答)

三　問一・問六　各2点×3　他　各4点×4　計100点

＜国語解説＞

一　(論説文―大意・要旨，内容吟味，文脈把握，接続語，脱語補充，語句の意味，漢字の読み書き)

基本　問一　(a)は，植物の種子の内部で芽となって成長する部分。(b)は，たくわえていくこと，たくわえたもの。(c)は，憎みきらうこと，強い不快感を持つこと。(d)の「肥」の訓読みは「こ(える，やす，やし)」。(e)は，強くしっかりして，ゆるがないさま。

問二　二重傍線部(X)は，心の中にあるものや隠していたことがおもてに現れ出ることなので4が適当。二重傍線部(Y)の「軌」は車輪の跡のことで，車の通った跡を同じくするように立場や方向を同じくする，という意味なので5が適当。

問三　空欄Ⅰは，いくつかの事物に共通なものを抜き出し，それを一般化して考えるさまという意味の「抽象」が入る。空欄Ⅱは，直接に知覚され認識されうる形や内容を備えているという意味で「具体」が入る。空欄Ⅲは「不滅の物事の本質」であり，直後でも説明していることから，例外なくすべてのものにあてはまるという意味の「普遍」が入る。空欄Ⅳは，直前の段落で「無機質の素材の集合を実際上『自然』とみなす」と述べていることから，「無機」が入る。空欄Ⅴは，型通りに一つの方式で物事を処理するさまという意味で「機械」が入る。

問四　空欄Aは直前の内容とは相反する内容が続いているので「ところが」が入る。空欄Bは直前の内容を理由とした内容が続いているので「だから」が入る。空欄Cは直前の内容を別の表現で述べているので「言い換えれば」が入る。空欄Dは直前の内容と同様のことを直後で挙げて述べているので「また」が入る。空欄Eは，直前の内容の具体例が続いているので「たとえば」が入る。

問五　「プラトンからすれば……」から続く3段落で「プラトン的思考」の説明として，プラトンからすれば大事なのは「イデア」と呼ばれる抽象的で不滅の物事の本質であり，人がイデアを実現するために無機質の自然に働きかけてつくっていく，ということを述べている。また「しかしもともとの……」から続く3段落で「アリストテレス的思考」＝ギリシャの自然観の説明として，自然に働きかけるのではなく，混沌の中から自然に生成し発現してきたものであり，自然のなかに潜在している，ということを述べているので，1が適当。プラトン的思考＝目に見えないイデアという本質を実現するために物ができること，「アリストテレス的思考」＝何かよくわからない混沌の中から物事が成り立っていくこと，を説明していない他の選択肢は不適当。

重要　問六　「一流の仏師は……木を彫ることで，自ずと現生してゆく仏を取り出す手助けをし」，「日本の華道は……制作者の個性を殺すことで自ずと『花』が自らを作品として現れ出てくる，という面が強い」ように，「生成し流転してゆく運動，おのずから何かになり変成してゆくもの」が日本の自然であり，「人間が自らの都合に合わせて変形できる無機質のものではない」と述べており，こうした考え方が，混沌から生成し発現してゆく運動を自然とする「ギリシャ的思考」に近いため，傍線部(イ)のように述べているので，1が適当。日本の自然＝人間が働きかけて変形できる無機質のものではない「おのずからなるもの」であるとする，「ギリシャ的思考」＝混沌から自然に生成し発現する，を説明していない他の選択肢は不適当。

問七　傍線部(ウ)直後の3段落で，「挑発」は「人間にとって役立つという有用性の狭い領域」で「自然に即したものではなく……機械的なプロセスへと組み立て，有用性や効率性へと送りだす」ということを述べているので，1が適当。人間が自分たちの有用性のために自然を利用することを説明していない他の選択肢は不適当。

重要　問八　傍線部(エ)は「本来の『自然』が内蔵しているものの発現を手助けする」のではなく「自然に対峙し，それを支配し，それに挑戦する」ものなので，自然をそのまま利用していない2と4が適当。

問九　傍線部(オ)のある文は，人は近代技術の主人になることもなければ，自然を支配することもできないことに「近代技術の本質」がある，とハイデガーはいいます，という文脈なので，3が適当。(オ)の直前の「そこ」を説明していない他の選択肢は不適当。

やや難　問十　1は「近代技術は，物理学……」から続く4段落で述べている。2の「以前のような自然と人間が対立しない姿に戻ることも予見している」は述べていないので不適当。「人間は決して……」

から続く3段落で，人間が技術の奴隷になることもないのは，自然の力をまざまざと知り，思いを至すほかないからであることを述べているので，「原子力エネルギーの管理に成功している」ことを理由としている3も不適当。プラトンやアリストテレスの考え方を前提に，ハイデガーの主張を考察しながら論を進めているので，4は適当。最後の段落で「『現代テクノロジー』を『テクネー』へ戻すことはできません」と述べているので，「『テクノロジー』をギリシャ的な『テクネー』の段階まで戻すことが必要だ」とある5は不適当。

二 （論説文一大意・要旨，内容吟味，文脈把握）

問一　傍線部(ア)は「ひたすら後ろ向きのそんな自己評価」＝「他との比較のなかでしか自分を見られないよう」な自己評価，「自らの可能性をあらかじめ封印無化する」＝自分の可能性を押しとどめ，無いものとする，ということなので2が適当。「他との比較」を説明していない1，4，5は不適当。3の「客観的な基準を無視している」も不適当。

問二　傍線部(イ)を踏まえると，本来は老婆のために席を譲ることが目的だが，周りからの評価などを目的として席を譲るということになるので，「『この前席を譲ったので今日はいいだろう』」という判断で座り続けるとある3はふさわしくない。

重要　問三　1は「第三者による……」で始まる段落，3は「さらに，試験を……」で始まる段落，4は「客観的な基準を……」で始まる段落でそれぞれ述べている。2の「現在が未来を規定し，限定してしまう」は「限定的な〈現在の〉評価」の説明なので合致しない。5の「オーラ」は「限定的な〈現在の〉評価」の説明として用いられているが，「評価」は「ある一つの均一の断面で誰をも切り取ろうとする」ものであることを述べているので合致しない。「すべての評価は〈現在および近過去〉だけを評価するものであり……」と述べているので，「近過去と未来の事柄」とある6も合致しない。

やや難　問四　「評価」については「さらに，試験を……」で始まる段落，「評価」に対する「心構え」については最後2段落の内容を参考にして，「評価」＝現在の限定的な側面を評価するもの，「心構え」＝未来の可能性を押し開くためにも，自分を評価しようとせず，敢えて未決定状態のなかに置き続ける，というような内容で指定字数以内にまとめる。

三 （古文一大意・要旨，内容吟味，文脈把握，口語訳，文学史）

〈口語訳〉　これという用事もないのに人の所に行くのは，よくない事である。用があって行ったとしても，その用事が済んだら，速やかに帰るのがよい。長居するのは，たいへんわずらわしい。

人と向かい合えば，言葉は多くなり，体もくたびれ，心も落ち着かない。何事にも差しさわりが生じて時間を費やす。互いのために利益がない。(だからといって)不愉快そうに話すのもよくない。気の進まないことがある時は，かえってその事情を言ってしまうのがよい。(いつまでも自分と)同じ気持ちで向かい合っていたいと思う人が，退屈で，「もう少し(居てください)，今日はゆっくり落ち着いて(語り合いましょう)」などと言うのは，この限りではないだろう。阮籍の(気に入った人には)青い目(をして気に入らない人が来ると白い目をしたということ)は，誰にもあるに違いないことである。

これという用事もないのに人が訪ねて来て，のんびりと話をして帰るのは，たいそうよい。また，手紙でも，「長い間ご無沙汰しておりましたので」などとだけ言いよこしてくるのは，たいそう嬉しい。

問一　傍線部(Ⅰ)は，現代語では下に打消しの言葉を伴って「とうてい～できない」という意味で用いられるが，古語では「かえって，むしろ」という意味で用いることが多い。傍線部(Ⅱ)は「話をする，世間話や雑談をする」という意味。

重要　問二　傍線部(ア)は「久しく居たる」＝(用事が済んだら速やかに帰るのがよいのに)人の所で長居

することは，(ア)＝「たいへんわずらわしい」ということなので，3が適当。

問三　傍線部(イ)は，ゆっくり落ち着いて「語り合いましょう」という語が省略されているので，1が適当。

問四　傍線部(ウ)は，「長い間ご無沙汰しておりましたので」などとだけ手紙で言いよこしてくるのは，たいそう嬉しい，ということなので，4が適当。

やや難　問五　「人と向ひたれば……」で始まる段落で，同じ気持ちで向かい合っていたいと思う人が，退屈で，「もう少し(居てください)，今日はゆっくり落ち着いて(語り合いましょう)」などと言うのは，この限り＝速やかに帰るべき，ということにはあてはまらないだろう，と述べているので，「とくにもてなす必要はない」と話している花子さんは合致しない。

基本　問六　本文は兼好法師による『徒然草』である。他の作品の成立は，1は江戸時代，2，4，5は平安時代。

★ワンポイントアドバイス★

選択問題では，正解の選択肢だけでなく不正解の選択肢のどこが間違っているかも丁寧に確認しよう。

2020年度

★★★★★★★★★★★★★★★★★★★★★★★

入　試　問　題

2020年度

東京農業大学第一高等学校一般入試問題

【数　学】（50分）〈満点：100点〉

1 次の式を簡単にしなさい。

(1) $2020^2-2019\times2021$

(2) $(-ab^3)^2\div\left(-\frac{1}{2}ab\right)^3-b\{a-(4ab)^2\}\div2a^3$

(3) $(\sqrt{21}-\sqrt{15})(\sqrt{7}+\sqrt{5})\left(\frac{1}{\sqrt{15}}+\frac{1}{3}\right)\left(\frac{1}{\sqrt{3}}-\frac{1}{\sqrt{5}}\right)$

2 次の問いに答えなさい。

(1) $(a+b-1)^2+(a+b)-3$を因数分解しなさい。

(2) 等式$R=ab+bc+ca$をaについて解きなさい。

(3) 右の図のように，中心をO，直径をBEとする半円上に2点A，Dがある。ADの延長とBEの延長との交点をCとする。
$\overset{\frown}{AD}:\overset{\frown}{DE}=3:1$，$\angle ACB=30°$であるとき，$\angle x$の大きさを求めなさい。

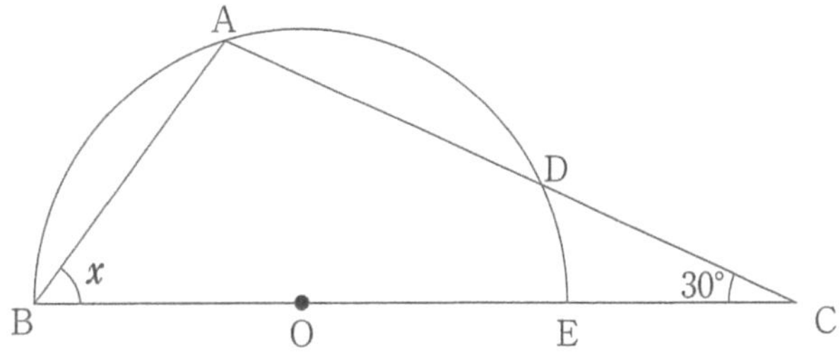

3 列車A，BがT駅に到着したとき，列車A，Bの乗客数の合計は2500人であった。T駅に到着して，列車Bから降りた乗客数は列車Aから降りた乗客数の2倍であり，出発までに列車Aには116人，列車Bには170人が乗った。その結果，T駅に到着したときに比べて，出発したときの乗客数は列車Aが6%，列車Bが5%増加した。T駅に到着したときの列車A，Bの乗客数をそれぞれ求めなさい。

4 2つのサイコロA，Bを同時に投げるとき，Aの目の数をm，Bの目の数をnとして，座標平面上に点C$(m,\ n)$をとる。このとき，点Cが次の条件を満たす確率を求めなさい。

(1) 直線$y=x$上にある

(2) 直線$y=x$より上にある

(3) 直線$y=\frac{1}{4}x+2$より下にある

5 図において，点A，B，C，Dは放物線$y=ax^2$上の点であり，点Aの座標は(4，8)，点C，Dのx座標はそれぞれ-3，2である。AB//DCのとき，次の問いに答えなさい。

(1) aの値を求めなさい。

(2) 点Bの座標を求めなさい。

(3) 点Dを通り，ACに平行な直線の式を求めなさい。

(4) 点Cを通り，四角形ABCDの面積を2等分する直線の式を求めなさい。

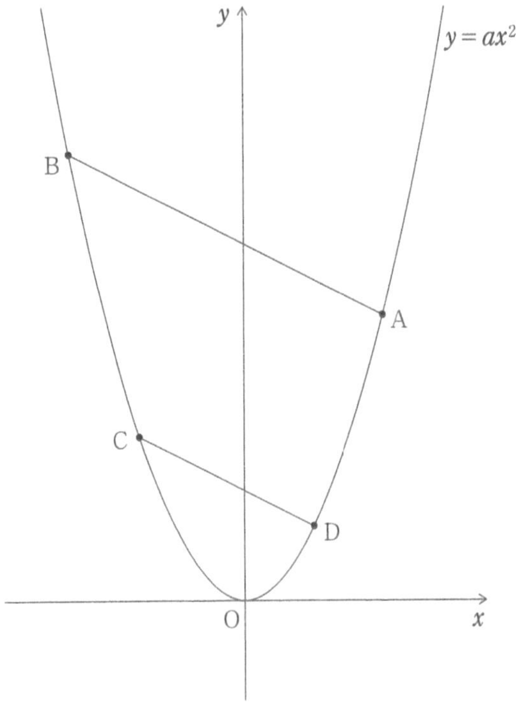

6 図のように，△ABCにおいて∠Aの二等分線と辺BCとの交点をDとする。点Cを通り辺ABに平行な直線とADの延長との交点をEとするとき，次の問いに答えなさい。

(1) AB：AC＝BD：CDが成り立つことを証明しなさい。

(2) AB＝5，BC＝6，CA＝3である。∠ACDの二等分線とADとの交点をFとするとき，FD：DEを最も簡単な整数で表しなさい。

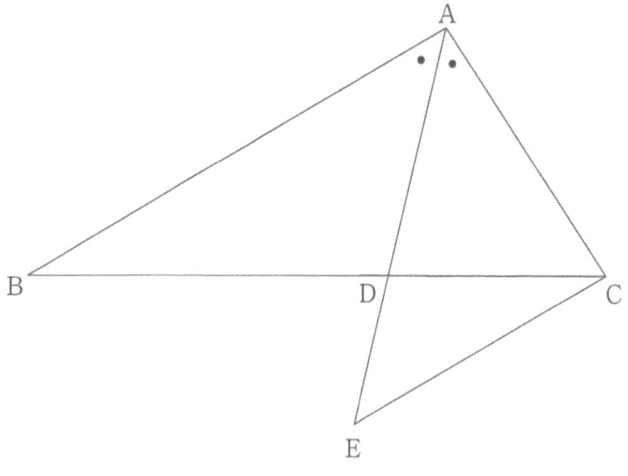

【英　語】（60分）〈満点：100点〉

1　次の設問（Part 1 ～ 3）に答えなさい。

Part 1

これから，会話文が2つ流れます。それぞれの会話文の後に，会話文に対する質問が流れます。質問に対する答えを最もよく表わしている絵を(A)から(D)の中から1つ選び，それぞれ記号で答えなさい。音声は1回しか流れませんので，注意して聞いてください。

Q1

(A)

(B)

(C)

(D)

Q2

(A)

(B)

(C)

(D)

Part 2

これから二人の会話文が2つ流れます。その会話文を聞いた後，印刷されている質問に対する最も適切な答えを(A)から(D)の中から1つ選び，それぞれ記号で答えなさい。音声は1回しか流れませんので，注意して聞いてください。

Q3

Question：Why was Bill asked to do an interview?

(A)　To know more about his father's job.

(B)　To learn how to interview someone.

(C)　To help him think about his future.

(D)　To understand the job of a magazine writer.

Q4

Question：What will Olivia study in the future?

(A)　She will study English.

(B)　She will study business.

(C)　She will study French.

(D)　She will study math.

Part3

これから2つの課題英文が2回流れます。その後で，内容に関する質問が2回流れます。答えとして最も適切なものを1つ選び，それぞれ記号で答えなさい。英文は2回流れますが，質問を聞いた後に，もう1度問題を聞くことはできませんので，注意して聞いてください。

Q5

(A)

(B)

(C)

(D)

Q6

(A)

(B)

(C)

(D)

これでリスニングテストは終わりです。

※リスニングテストの放送台本は非公表です。

2　次の設問(問1・2)に答えなさい。

問1　次の英文の(　　)に当てはまるものを1つ選び，それぞれ記号で答えなさい。

1．A：This CD shop is very big!

B：Yes, it has (　　) as the other one.

ア　three times as many CDs　　イ　as three times CDs many

ウ　three times CDs as many　　エ　as many CDs three times

2．A：Look at that cute cat!

B：That cat is (　　) Lucy.

ア　taken care by　　イ　taken care of by　　ウ　taken care of

3．A："Hi! Can you talk now? I have something important to tell you."

B："Sorry, but I'm on the train. I'll call you back as soon as I (　　) to the station."

ア　am getting　　イ　will get　　ウ　get　　エ　got

4．A：Oh, it (　　) since the day before yesterday.

B：Yes, I don't like this weather.

ア　rains　　イ　had rained　　ウ　has raining　　エ　has been raining

5．A：Tom has just come home from a long journey.

B：He (　　) be tired.

ア　won't　　イ　must　　ウ　had to　　エ　can't

6．A：(　　) the letter.

B：I'll do it on my way to school.

ア　Forget posting　　イ　Forget to post
ウ　Remember posting　　エ　Remember to post

7．A：We'll have an exchange student. Do you know anything about her?
B：No, I have (　　　) information.
ア　little　　イ　much　　ウ　few　　エ　a few

8．A：John's speech (　　　).
B：Yes, he is a good speaker.
ア　was to be excited　　イ　was excited　　ウ　was exciting　　エ　excited

9．A：Emily says she wants to take a piano lesson.
B：Actually, not only Emily but I (　　　) also interested in playing the piano.
ア　are　　イ　is　　ウ　be　　エ　am

10．A：I will carry your baggage for you.
B：Thank you. It is very kind (　　　) you to help me.
ア　of　　イ　for　　ウ　about　　エ　at

問2　次の英文の(　　)内の語(句)を並べかえて，日本文の意味を表す英文を完成しなさい。ただし，文頭に来る語も小文字にしてある。

1．彼がカナダで見た景色は，どれも素晴らしかった。
(every scene / he / in Canada / saw / was / wonderful).

2．彼女がオリンピックで活躍したので，彼女の家族は喜んだ。
(family / happy / her / her / in / made / success / the Olympics).

3．彼女はロシア語で書かれた本を読んでいる。
She (a book / in / is / reading / Russian / written).

4．私は旅先で使えるよう，スマートフォンを修理してもらった。
(had / I / in / my smartphone / order / repaired / to) use it during the trip.

3　次の設問(A ～ G)に答えなさい。

A　次の会話文の内容を表しているものをア～エの中から1つ選び，記号で答えなさい。

Dad　：Hey, Mandy. How's your school? You changed school, and it started yesterday, right?
Mandy：It's fantastic. It's so close to our house that I can walk there.
Dad　：That must be good! You don't have to take the bus every morning like you used to.
Mandy：Yeah, it was always so hot and crowded!
Dad　：How long does it take you to get to school?
Mandy：Only 10 minutes, but classes start quite early, so I have to get up at 7 o'clock.

ア　Early beginning of the school
イ　New School
ウ　School year
エ　Starting school

B　次の英文の空所[　　　　　]に入る最もふさわしい文を，ア～エの中から1つ選び，記号で答えなさい。

Diary
[　　　　　], and I'm really excited. I'm ready to go now, but Mom is still making me lunch. She always makes great lunches. I really like her sandwiches. Right now, Dad is sitting at the table. He's reading the newspaper. He usually goes to work at 7:00, but this morning he's waiting for me. He wants to drive me to school today.

ア　Dad likes to drive a car
イ　I am waiting for my mother's lunch
ウ　I usually get up at 6 o'clock
エ　Today is the first day of school this year

C　次の英文が表している内容をア～エから1つ選び，記号で答えなさい。
＊印は注があることを示します。

New Yorkers never insist that New York City is the greatest, the most beautiful, or the richest city in history. Their *claim is that their city is full of energy. It is not, many believe, an *exaggerated claim. The first thing a visitor often notices is that New York City actually *pulsates with life and energy. Is it any wonder that when New Yorkers talk about their city, they regard it almost as a living person?

注
claim　主張　　exaggerated　誇張された　　pulsate　脈打つ，鼓動する

ア　New York is not as active as any city in the world.
イ　New York is a peaceful and quiet city.
ウ　New Yorkers feel that their city is very lively.
エ　New Yorkers feel their city isn't as beautiful as other cities.

D　次の英文の空所（　1　）～（　4　）に入る語(句)をア～カの中から1つ選び，それぞれ記号で答えなさい。ただし，文の先頭に来る語(句)の場合でも，小文字で記載されている。

There are mainly three good points of weight training for athletes. (　1　) good point is that they see a growth in their *strength which helps improve their performance in their chosen sport. (　2　) important good point is that athletes who train with weights develop bodies which burn calories more quickly, and this can help the athletes keep their weight down. (　3　), weight training (　4　) helps athletes escape injuries. If athletes' *muscles are strong, this will help protect their bodies from injuries.

注　strength　力強さ　　muscle　筋力

ア　also　　イ　another　　ウ　finally　　エ　for example
オ　one　　カ　on the other hand

E　次の英文の空所［　1　］～［　3　］に入る英文をア～ウの中から1つ選び，それぞれ記号で答えなさい。

Nick　: Hi, Elena! Would you like to go to the library with me after school? We can work on that history homework.
Elena : [　1　]
Nick　: That's OK. Maybe tomorrow then?

Elena：[2]

Nick ：Sometimes I think we spend too much time at school.

Elena：Maybe, but it's nice to be able to see our friends every day, and I like most of my teachers. I think being able to see my friends every day is what I like best about school.

Nick ：That's true, and I have a great time doing the after-school activities. I just wish we didn't have to get up so early!

Elena：[3]

ア Oh, I can't do tomorrow either. I've got volleyball practice.

イ True, but getting up early and doing things helps keep us healthy.

ウ Yes I would, but I can't. I've got a club meeting at 3 o'clock. Sorry.

F 次の(ア)～(ウ)の英文を文意が通るように並べかえるとき，どのように並べたらよいか，①～⑤の中から選び，その番号を答えなさい。

＊印は注があることを示します。

(ア) Here are some other things to do in a *thunderstorm. Never swim or stay on a boat during a thunderstorm. *Lightning goes easily through water and can find you. Stay off of metal things. Metal things bring lightning to them. Get off of and away from motorcycles and bicycles when they are out in the open. If there is no time to get to a safe place, get down in a low spot. Stay there until the storm is over. It is better to get wet than to let lightning hit you.

(イ) Scientists know what lightning is. It is a big *spark of electricity that goes from the sky down to the earth. Lightning storms happen most often in the spring and summer. Mostly, it is during these times that lightning hits people. Lightning happens in thunderstorms. Thunder makes the noise. Lightning makes the light.

(ウ) Scientists can't always save people from lightning. However, they can tell us what to do. Here are some things to do so lightning won't hit you. When a thunderstorm starts, get inside a house, a large building, or a car. Never get under a tree that is standing alone in an open place. Tall things that stand up from the earth bring lightning to them.

注 thunderstorm 雷雨　lightning 稲妻　spark 閃光(せんこう)

① (ア)→(ウ)→(イ)　② (ア)→(イ)→(ウ)　③ (イ)→(ウ)→(ア)

④ (イ)→(ア)→(ウ)　⑤ (ウ)→(イ)→(ア)

G 次の英文中に使われているtipの意味は何か。ア～エの中から1つ選び，記号で答えなさい。

It can be very important for travelers to know if they should tip or not, when they visit a country. Tipping is a common social custom in many countries in which a customer will give a little extra money to someone who has performed a service for them. However, there are differences in the way people tip according to which country they come from.

Let us compare tipping in Australia and America. Tipping is not common in Australia, although in recent times it has become more common in restaurants and hotels, particularly in larger cities.

On the other hand, tipping is much more common in America. In America, tipping is common in any situation in which a customer is given a personal serviCe.

ア ほめる　イ 賞を与える　ウ お礼を言う　エ 心付けを与える

4 次の英文を読んで，後の設問(問1 ～ 3)に答えなさい。
＊印は注があることを示します。

I called my eighty-nine-year-old mother early one Friday morning in October to invite her to lunch. Before accepting the invitation, she had to check her calendar to see what activities the *retirement home was offering that day. She didn't like to miss anything. She said yes, she would be free from 1:00 to 2:30, but she would like to be home before 2:30. I told her I would pick her up at 1:00 and would have her back by 2:30.

Since my husband and I were leaving the next morning for a week of relaxation in San Diego, I needed to buy a few last-minute items for the trip, so before picking up my mother, I headed to the *mall.

I was *irritated with myself, knowing I was already feeling hurried. There was just too much to do. Maybe I shouldn't have made the lunch plans. Taking the time out for lunch would only *interfere with my shopping. Now I would only have one hour to shop before picking up my mother. I knew though, that if I had not called her, I would have felt *guilty about leaving for a week in California without seeing her.

As I was walking through the department store, I noticed they were having a sale on shoes that I had been looking at for several weeks. I took a chair, and quickly tried them on.

"Those look nice on you. Are they comfortable?"

I looked down the chairs, and in the very last one sat a lady about seventy years old. She was just sitting there, looking pretty in her pink *blouse, *floral skirt, *pearl necklace and very sweet smile. She didn't try on shoes and it was clear she was not an employee.

I answered, "Yes, and they are very comfortable."

"Do you think they would be too winter-looking for California?"

"It's funny you should say that," I replied in a surprised tone of voice, "because I'm leaving for California tomorrow morning."

"You are?" she said. "Well, I'm leaving for California on Monday morning to live in San Diego, even though I've never been to California before."

In a sad voice she told me that her husband passed away earlier that year. She was from Cincinnati and she lived in the same house since she married. They had one son, and he and his family lived in San Diego. With his encouragement and help, she sold her house, and her most important things were being sent to the retirement home in San Diego that her son had chosen. "Oh, that's nice," I said. "You'll live closer to your son and you can see more of him."

Her voice broke as she said, "But I'm afraid. I've never lived anywhere but Cincinnati, and not only am I giving up my home, but I'm leaving my friends, too." She rose from her chair and moved closer to me. We sat down side by side, and I put my shoe box and bag down on the floor.

After listening for a few moments I said, "You know, my eighty-nine-year-old mother lives in a retirement home and she, too, was very scared about making such a big move four years ago." I then told her that my mother and father were married fifty-five years before he passed away. My mother was a homemaker and mother of nine children. There was not much time for social activities.

Her life was her family, so when the time came for her to make the decision, she was afraid, too.

When she decided on a retirement home, my sisters and I searched for the one closest to us. Of course, we were worried whether she would like that lifestyle. Well, she enjoyed it from the day she moved in! She became more social than she ever was. I laughed as I told the lady how my mother took part in so much and pushed me into her busy schedule for a lunch date.

This stranger and I talked as if we were friends who had known each other for a long time. After a few minutes we stood up to say good-bye. She thanked me and said she felt much better. I turned to her and said, "I believe that God puts certain people in our lives, even if it is for a *brief encounter like this, to help us through a difficult time. I don't think this is just a *coincidental meeting. I believe it's his way of saying'It's B okay, I'm with you.'

"And I believe he sent us to each other today. You see, I was feeling irritated with having so much to do today. This sharing with you has helped me to see how happy and content my mother is with her new lifestyle, and it makes me more *aware of how lucky I am to still have her with me."

"Oh," she said, "your mother is so happy to have you for a daughter. I can see that you love her."

"Yes, and your son loves you so much that he wants you to be closer to him. I'm sure he has chosen a very nice retirement home, and you won't have any trouble fitting in. Besides, San Diego is a beautiful city and you will love the weather."

We stood up and facing each other, held each other's hands. "Can I give you a hug for good luck?" I asked. She smiled and nodded. There was a special gentleness in the hug, as if we had known each other for a long time. I said, "I'm certainly buying these shoes today, and every time I put them on, I will think of you." I was at that moment touched by her beautiful and warm heart.

I *bent down to pick up my shoe box and bag. When I stood up, she was gone. How could she disappear so quickly? I looked all around and even walked through the store, hoping to catch one more look at her. But she was nowhere in sight. I had this feeling that I had been talking with an *angel.

I looked at my watch and noticed it was already time to pick up my mother. As I was driving toward my mother's home, I passed a nursing home with a sign in the ground that read, "The way to feel better about yourself is to make someone else feel better."

I pulled into the guest parking spot at my mother's home. I just knew that I was going to have a most enjoyable afternoon.

注 retirement home 高齢者保護施設
mall ショッピングモール
be irritated イライラする
interfere 妨害する
guilty 罪の意識
blouse ブラウス
floral skirt 花柄のスカート
pearl necklace 真珠のネックレス
brief encounter つかの間の出会い
coincidental 偶然の
aware of 気が付く
bend 身をかがめる
angel 天使

問1 次の問い(1～5)に対する最も適切な答えを，ア～エの中から1つ選び，記号で答えなさい。

1. Why did the writer call her mother in the early morning in October?
   ア She wanted to have lunch with her mother.
   イ She wanted to know if her mother had something to do on that day.
   ウ She wanted to talk with her mother.
   エ She wanted to tell her that she would leave Cincinnati the next day.
2. How did the writer feel when she arrived at the mall?
   ア She felt guilty.　　イ She felt much better.
   ウ She was afraid.　　エ She was irritated.
3. What happened when the writer tried to buy the shoes that she had wanted?
   ア She found that the shoes which she had been looking for were not there.
   イ She happened to meet an old lady that she knew.
   ウ She noticed that a shoe store which she did not know had a special sale.
   エ She was spoken to by a stranger.
4. What did the old lady tell her?
   She had to move to California the next day, and
   ア she was afraid because she didn't have any friends there.
   イ she was angry because she had to live in another place.
   ウ she was glad to live with her son.
   エ she was not scared to move because she had lived outside of Cincinnati.
5. How did the writer make the lady feel much better?
   ア She talked about her mother's case.
   イ She talked about how she loved her mother.
   ウ She told her that this meeting had been planned by God.
   エ She was told by her son that he would care for his mother.

問2　次の問いの答えとして，ふさわしくないものを1つ選び，記号で答えなさい。

1. Why did the writer feel better after she talked with the lady?
   ア She bought the shoes that she had wanted.
   イ She felt that she was touched by the lady's beautiful and warm heart by talking with her.
   ウ Talking with the lady made her relax, and realize that she was fortunate.
   エ Telling her own story to the lady made her remember that she had already been happy.
2. What did the writer learn when she saw the sign in the yard of a nursing home?
   ア She learned that it was quite natural for her to believe that this encounter was not coincidence but a message sent from God.
   イ She learned that the encounter with the lady was meaningful.
   ウ She learned that what she did at the mall made the writer and the lady happy.
   エ She learned that the lady would not move to San Diego to live with her son.

問3　次の英文の空所[　A　]には適切な英文を入れて英文を完成させなさい。また，[　B　]には最もふさわしい英単語を書きなさい。

What do you think about this story? As you may know, [　A　]. The point is, of course, the disappearance of the lady. Is it possible to walk away so quickly? Even though we understand that this ls a story, we think it is unnatural. Then, the readers would think the lady did not exist in this world. She came to this world just to *deliver a message from God. Therefore, the readers might regard the lady as an [　B　].

注　deliver　伝える

5　以下の絵の場面を説明する英文を，与えられた書き出しに続いて完成させなさい。ただし，接続詞を用いて１文で答えること。

【書き出し】

At the airport a woman＿＿＿＿＿＿＿＿＿＿＿＿＿＿＿＿＿＿＿＿＿＿＿＿＿＿

＿＿＿＿＿＿＿＿＿＿＿＿＿＿＿＿＿＿＿＿＿＿＿＿＿＿＿＿＿＿＿＿＿＿＿＿＿＿

＿＿＿＿＿＿＿＿＿＿＿＿＿＿＿＿＿＿＿＿＿＿＿＿＿＿＿＿＿＿＿＿＿＿＿＿＿.

1　妹から仏教の罪に当たることをしているという指摘を受け、それに対して答えに窮したことが恥ずかしくいたたまれなくなったので、妹を叱ってごまかそうとしたから。

2　いくら仏教の道理を説いても息子を亡くした妹の悲しさを慰めることができず、かえってくってかかるような仕打ちを受けたため、妹のしたいようにさせるしかないと思ったから。

3　知らないうちに自分も仏教の罪に当たる貪瞋痴の三毒である煩悩の中の一つにとらわれていたことを知り、妹に説教したことが恥ずかしくなり、早く帰って修行をしなければならないと思ったから。

4　仏教上の罪に知らぬ間に陥っていたことを妹の指摘で知り、いかに自分が妹や修行者たちに意地の悪い態度で接していたかをさとり、心を改めたことで恥ずかしさが増したから。

5　あまりにも妹が無知であることを知り、身内一人でさえ教え導くことができない自分の力量のなさを恥ずかしく思い、その場にいて妹の様子をみることさえしたくないと思ったから。

問六　本文の主旨として、最も適当なものを次の1～5の中から一つ選びなさい。

1　物の道理をわきまえている者でも、肉親がかかわることになると普段とは違い、冷静な判断ができなくなり、おかしな行動をするものだ。

2　物の道理を本当に理解することと、知っているように装うことは別のことであり、何事も実践することこそが難しいのだ。

3　知ったかぶりして過ごすような者は、思わぬ場面でメッキがはがれ、慕ってくれる者の信用を一気に無くすことがある。

4　自分の性格をコントロールすることができないような者は、仏教の真理にたどり着くことはできず、世間の笑いものになる。

5　人情の機微を知ることもできない者は、いくら人情味のある態度で人に接しているつもりでも性格の悪さがにじみ出るものだ。

問七　本文の出典は鎌倉時代に成立した『沙石集』であるが、同様に鎌倉時代に成立した作品を次の1～5の中から**二つ**選びなさい。

1　今昔物語集　　2　平家物語　　3　枕草子
4　竹取物語　　5　徒然草

も適当なものを次の1～5の中から一つ選びなさい。
1　人に意地悪するよこしまな上人。
2　短気で怒りっぽい上人。
3　胃腸が弱く食の細い上人。
4　人目を気にする神経質な上人。
5　外面と内面が違う上人。

問二　傍線部（イ）「常には心よからねども、よき学生なりければ、忍びてぞ学問しける」とあるが、どういうことか、最も適当なものを次の1～5の中から一つ選びなさい。
1　上人の健康状態は良くなかったが、修行者たちはよい学生だったので、学問の苦しさを我慢してこの上人に仕えていたということ。
2　修行者たちはいつか仕返しをしようと、うわべはよい生徒のふりをして上人の厳しい修行に耐えその機会をうかがっていたということ。
3　修行者たちは上人の態度を不愉快に思っていたが、学問的には優れた上人だったので、我慢してその教えをうけていたということ。
4　いつも悪い心を持っている上人だったけれども、学問的に優れていたので、修行者たちは我慢して共に学問をしていたということ。
5　上人はいつも人に対して傲慢であったが、学問的に優れた師匠だったので、修行者たちは念仏を唱えて我慢していたということ。

問三　傍線部（ウ）「行きてつめて来む」とあるが、上人は、なぜこのようにしようと思ったのか、その理由として最も適当なものを次の1～5の中から一つ選びなさい。
1　学問をする忙しさが自分の身内ならばわかるはずなのに、自分の弟子たちに恨み言を言っているのを知り、懲らしめてやろうと思ったから。
2　仏教を深く学んだ自分が人の死を悲しまないはずがないのに、お悔やみに来ないといって修行者の前で恥をかかされ腹立たしく思ったから。
3　息子の死を悲しむ妹が、兄である自分がお悔やみに来ないことを恨んでいると知り、仏教の教えを理解しないどうしようもない身内だと思ったから。
4　法師の妹は普通の人とは違うと感じ、もう一度仏教の教えを詳しく語り、妹に息子の死の悲しみにしっかり向き合ってもらおうと思ったから。
5　妹が息子の死を嘆き悲しんで前後不覚になっていると知り、一刻も早く妹のところに出向いてお悔やみを述べてこようと思ったから。

問四　傍線部（エ）「この理」を端的に表した部分を、本文中から七字で抜き出して答えなさい。

問五　傍線部（オ）「「よしさらば、いかもに思ふさまに歎き給へ」と言ひて、叱りて出でにけり」とあるが、上人がこのような行動をとってしまったのはなぜか、最も適当なものを次の1～5の中から一つ選びなさい。

三　次の文章を読んで、後の問いに答えなさい。

中ごろ、甲斐国に厳融房とか申しける学生、※明匠の聞こえありければ、修行者なんど集まりて給仕し、学問しけり。あまりに（ア）腹あしき上人なりけり。修行者ども、※時、非時なんどさばくりて、荷用しけるに、湯のぬるきをも熱きをも叱りけり。遅く持ちて来るをも腹立ちて、疾く来たれば、「法師に物食はせじとするか」とて、食ひさして叱りけり。そのあはひを窺はんとて障子の隙より窺へば、「あれは何を見るぞ」とて殊に叱りければ、（イ）常には心よからねども、よき学生なりければ、忍びてぞ学問しける。

妹の女房ありけり。最愛の子息に遅れて、人の親の習ひと言ひながら、あながちに歎き悲しみけり。あたりの人も訪ひ哀れみけるに、この上人とはざりければ、女性の癖にて、「あらうたてや。これほどの歎きを上人のとはせぬよ。よその人だに情けをかけて訪ふ事までこそあれ」と言ひけるを、弟子の僧聞きて、「女房の恨み申し給ふなるに、御訪ひ候へかし」と言へば、例の腹立ちて「無下の女房かな。法師が妹なんどいはん物は、普通の在家人に似るべからず。生老病死の国にありながら、愛別離苦の憂へなかるべしと思ふか。あら不覚や。言ふかひなき女房かな。いでいで、（ウ）行きてつめて来む」とて、※かさかさとして行きて、「まことにや、女房は、子息に遅れたるを法師が訪はぬとて、恨み給ふなるは」と言ふに、「あまりの歎きに心もあられぬままにや、さる事も申して候ひけん」と言へば、「無下の人かな。さすがにこの法師が親しきしるしには、生ある者は必ず滅す。会ふ者は定めて別る。※南浮は老少不定なり。前後の相違、母子の別れ、世に無き事かは。始めて歎き驚くべからず。返す返す言ふかひなし」と叱りければ、「（エ）形の如くこの理は承り知りたれども、身を分けて出て、なつけて侍るゆゑに、かつはこころざしもかひがひしく候ひつれば、何の道理も覚えず、ただ別れのみ悲しく覚えて」とて、泣きければ、「あら愚痴や。道理を知りながらなほ嘆くべきか」とて、いとどあららかにぞ責めふせける。

とばかりありて、この女房、涙を押しのごひて、「そもそも、人の腹のあしきは苦しからぬ事か、とがある事にや」と言ふ。答へければ「※貪瞋痴の三毒とて、むねとの煩悩の中の一つなれば、※子細にや及ぶ。恐ろしきとがなり」と言へば、「などさらば、それ程知り給へるに、御腹はあまりにあしきぞ」と言へば、はたとつまりて、言ひやりたる事はなくして、（オ）「よしさらば、いかもに思ふさまに歎き給へ」と言ひて、叱りて出でにけり。まことにつまりてぞ聞こえける。

物の理を知ると、知るが如くなすとは、道異なり。されば、「知る事の難きには非ず。よくする事の難きなり」とこそ書にも見えたれ。

（『沙石集』による）

（注）

※明匠……すぐれた学者

※時、非時なんどさばくりて、荷用しける……食事の準備、給仕をする

※かさかさ……あわただしく　せわしなく

※南浮……人間の住む世界

※貪瞋痴の三毒……仏教における三つの大きな煩悩。欲、怒り、愚痴のこと。

※子細……疑問、異議

問一　傍線部（ア）「腹あしき上人」とあるが、どのような上人か、最

など、どうでもいいという考え方もある。私自身、そういう考え方にも共感する。

だが、哲学の問題にせよ、それ以外の哲学的な問いにせよ、現実の生活に関する疑問から出発すれば、そこで問い、考えたこと、そこで得られた洞察は、ふたたび現実のコンテクストに戻しやすく、その人の生活にとって、大きな意味をもちうる。だから、いわゆる哲学の問題を考えることよりも、自分自身の問いをもつことのほうが重要なのである。

（梶谷真司『考えるとはどういうことか　0歳から100歳までの哲学入門』による）

問一　傍線部（ア）「哲学の問いは、自分の問いにはなりにくい」のはなぜか、本文中の語句を用いて八十字以内で説明しなさい。

問二　傍線部（イ）「〝哲学の問題〟があるというよりも、物事の〝哲学的な問い方〟があるだけなのだ」とはどういうことか、最も適当なものを次の1～5の中から一つ選びなさい。

1　専門家だけが哲学的な問いを考えるのではなく、一般の人々も日々の生活の中で哲学的な問いについて考えるべきだということ。

2　哲学の問題であっても必ずしもその内容が哲学的であるのではなく、問い方によってその問題が哲学的かどうか決まるということ。

3　哲学の問題の対象となる事柄ではなく、実際にいろいろな問題について考える人間の側に哲学的問題が存在するということ。

4　現実世界の問題を哲学的なものと判断することは難しく、判断する者が便宜的に哲学的問題を規定しているだけだということ。

5　誰がどんなことを言ったのかを問題とするのではなく、なぜそのようなことを言ったのかという問い方が重要だということ。

問三　傍線部（ウ）「現実の文脈」とはどのようなものか、最も適当なものを次の1～5の中から一つ選びなさい。

1　抽象的な問題の解決を目指す個々人の現実生活

2　現実の生活に役立てることを目的とした哲学研究

3　さまざまな問題が複雑に絡み合った実生活

4　思想上の問題からはかけ離れた現実世界

5　哲学的問題を考える哲学者自身の日常生活

問四　本文の内容に合致するものを次の1～6の中から**すべて**選びなさい。

1　実生活の中で問題になることを突き詰めると哲学の問題につながることもある。

2　どんな問いであっても哲学的な問いへと進んでいくことができる。

3　伝統的に哲学の中で論じられてきた問いについて改めて考えることが求められている。

4　日常生活の中で直面した問いについて考えることが大きな意味を持つ。

5　さまざまな思想上の問題を明らかにすることを哲学研究の目的とすべきではない。

6　哲学の問題は個人で考えるよりも他の人と議論する方がより重要である。

である。

「他者なるもの」という一般的で抽象的な存在と出会うわけではない。そのつど具体的な何者かと特定の空間と時間を共有する。週末に自宅で家族とのんびり過ごす。一人暮らしの部屋で、テレビの中の他人を見ながらお菓子をほおばる。学校の教室で、隣のクラスメートが内職をしているのを横目に見て、睡魔と闘いながら退屈な授業を受ける。会社で同僚と打ち合わせをして、得意先にメールを送り、資料の整理など、いろんな仕事に忙殺され、夜遅く満員電車に揺られて疲れ果てて帰宅する。

そうやって私たちは家族や友人のことを気づかい、目の前のことに一喜一憂し、過去のことを振り返って後悔し、将来のことを心配する。今やるべきことは何か、時間をどう使うか、どこに行くべきか、何が正しく、何が間違っているか、といったことを考える。

こうした問題を突き詰めていくと、部分的には他者のみならず、知覚、空間、時間、善悪や正義といったいわゆる哲学の問題につながっていく。だが、全体としては、いろんな問題が複雑に絡み合い、哲学の問題として考えられることをはるかに超えている。

その中にはもちろん哲学的でない問題も含まれている。たとえば、今日は何を食べるのか？　食事の材料をどこで買うか？　テレビは何を見るか？　どの授業が退屈か？　誰にメールを送るか？　等々。

だが、そこで立ち止まらずに、哲学的な次元へ入っていくこともできる――なぜ私たちは何かを食べるのか？　なぜただ食べるだけではなく、おいしいものを食べるのか？　食事は人間の生活の中でどのような意味をもつのか？　テレビで見ることと直接目で見るのは何が違うのか？　映像はどのような意味で現実か？　なぜ授業を受けるのか？　授業を受けることと学ぶことはどのように関係しているのか？　等々。

これらの問いは、通常「哲学の問題」と言われるものではないが、じゅうぶん哲学的であろう。逆に、哲学の問いだから、それを考えることがつねに哲学的というわけではない。哲学の問題といえども、たとえば誰がどんなことを言ったのかという事典的・哲学史的な事柄や、どこにどんなことが書いてあるかというような文献学的なことは、かならずしも哲学的とは言えない。哲学全体がそうであるように、内容的に哲学だったら、問いや議論が哲学的なわけではないのだ。

思うに、元来は(イ)〝哲学の問題〟があるというよりも、物事の〝哲学的な問い方〟があるだけなのだ。私たちはそれぞれ、自分の現実生活の中でさまざまな問いと出会う。自分から疑問に思うこともあれば、他の人から問いかけられることもある。どんな問いであれ、自分にとって身近な問い、自分が直面した問いから出発しても、哲学的な問いへと進んでいくことができる。

哲学の問題が、(ウ)現実の文脈から切り離され、個別のテーマに分かれていることは、学問として純粋で専門的に高度であるためには必要だろう。けれども、他方でそのことは、個々のテーマに関して、仮に何か重要な結論や洞察が歴史上の哲学者によって提示されていたとしても、個々人の現実生活には大きく影響しない、ということにもつながる。

もちろん、哲学研究の目的はそんなことではなく、思想上のさまざまな問題を明らかにすることであり、現実の生活に生かせるかどうか

2　グローバル企業が国境を越えて力を発揮すると、生産量・供給力が共にアップするが、デフレーションが引き起こされ、その国の人々の所得が下がり、失業率が上がる。

3　リーマンショックの原因は、グローバル資本主義の必然的帰結と言ってもよく、ある国で経済的危機が発生すると、他国にもすぐにその危機が輸出入されてしまうからである。

4　ドイツにおける全体主義は、共同体崩壊、不安、俗情などが原因となり出来上がったものだが、自らの思考停止や選民思想により全体主義が姿を消した。

5　ヨーロッパの国々が帝国主義に走り、他国を侵略した動機には、グローバル資本主義において発生した供給過剰の解消も含まれる。

二　次の文章を読んで、後の問いに答えなさい。

哲学には哲学の問いというのがある。伝統的に哲学の中で論じられてきた問いである――真理、存在、認識、善悪、正義、美、他者、空間、時間、等々。一般的に言って、(ア)哲学の問いは、自分の問いにはなりにくい。

もっとも世の中には、哲学の問いを自分の問いにできる人がいる。何かのきっかけで哲学書を読んで、その種の問いに目覚める人もいれば、もともとそういう疑問をもっていて、あれこれ悩んでいるうちに、どうやらこれは哲学というものらしいと気づくパターンもあるようだ。その種の人は、いわゆる哲学好きになり、場合によっては大学で哲学の研究を志すに至る。

けれども、普通の人が、いきなりこういう疑問を抱くことはまれである。専門家ですら、こうした問いを明けても暮れてもずっと考えているわけではない。誰しも、物事を突き詰めていったり、深く悩んだり傷ついたりすると、いわゆる哲学の問いにぶつかることはあるが、私たちは普段、そんなに深く考えたり悩んだりしない。どこかでそんなことをうっすら考えていても、面倒くさいか、恐ろしいかで、問わないままにしている。それが私たちの日常だ。

いわゆる専門的な哲学の問題は、結局のところ、誰にとってもほとんどの場合、実生活には関係がないのである。哲学じたいが浮世離れしているからというより、哲学の問題が現実の具体的な文脈から隔たっているのである。

これは哲学の特徴ではなく、専門化された知識によくあることだ。医学が細分化したために、患者の体や生活の全体を見られなくなるのと似ている。体や生活と同様、現実には哲学の問いのような区分はない。

実生活の問いは、もっと具体的で複合的で錯綜しており、いくつもの問いが絡み合っている。哲学であれば、他者、空間、時間、認識、善悪、美は、時に相互に関連づけられることはあっても、たいていは別々の問題として論じられる。哲学者自身も、一般には何か特定の問題の専門家である。

ところが実生活の中では、たとえば「他者」とは友だちであり、親であり、夫であり妻であり、会社の同僚であり上司であり、得意先の人であり、あるいは、たまたま道で行き合って言葉を交わした人、ただすれ違うだけの人、目の前にさえいない赤の他人、不特定多数の人が、デフレ状態が続くこと。

5　企業間や企業の内部、国家間の格差が広がり、その固定化も進行していくこと。

6　製品や作物などの輸出入が制御されるが、情報の拡散が簡単にされてしまうこと。

問七　傍線部（エ）「『全体主義』というコンセプト」について、五人の生徒たちが話し合っている。適当でない説明をしている生徒の名前を後の選択肢1～5の中から一つ選びなさい。

農太くん　「全体主義」というものをわかりやすくたとえるならば、ナチスドイツの軍隊が一斉に「ハイル・ヒトラー」と唱える、あのファシズム的な運動を挙げるのがわかりやすいと思います。

一子さん　「全体主義」を、農太くんはファシズムに象徴される政治体制のように受け取っているけれど、私は、政治面だけでなく、人間の内部の思想までもが同一化してしまうとても恐ろしい運動だと思うわ。

東一くん　僕も、政治哲学者のハンナ・アレントが言っているように、思想に基づいて起こる運動や社会現象も含めて「全体主義」と言えると思うな。

桜さん　「全体主義」という人々共通の確固たる思想が基準にあって、そこから派生した社会的な俗情、たとえば嫉妬や恐怖心などの心持ちが、個々の結束を強くしてイズムにつながっているのだと思います。

花子さん　私は、桜さんの言う「俗情」によってつくられた「全体主義」という本音の部分は隠されなければならないものなので、建前の理論が「全体主義」のイズムとなったのだと思うわ。

（選択肢）　1　農太くん　2　一子さん　3　東一くん
　4　桜さん　5　花子さん

問八　傍線部（オ）「全体主義をつくった社会的な俗情」とあるが、それに相当しないものを次の1～5の中から一つ選びなさい。

1　帝国主義に走り、植民地を広げて他国を侵略しようとする欲望。

2　供給過剰を解消し、大量の失業生産者を救済したいという願望。

3　自分が属する共同体が崩壊し、もう生きてゆけないという不安。

4　社会的優位な立場にいる人々に対する恨みや嘆きの心。

5　自分たちは選ばれし民族なのだという自尊心。

問九　本文中より次の一文が抜けている。入るべき箇所として正しいものを本文中の【A】～【E】の中から一つ選びなさい。

「思考停止」、アレントの全体主義論の中では、この概念が極めて重要になります。

問十　本文の内容に合致しないものを次の1～5の中からすべて選びなさい。

1　資本主義の現実として、国境の意識が低いと、金融経済におけるグローバルマネーの移動が頻繁に行われず、結果としてバブル崩壊が起こる。

（X）暫定的
1 前もっていだいている観念
2 しだいに進んでいくこと
3 それとなくほのめかすこと
4 確定するまでの間、仮に定めること
5 不十分な部分を繕い補うこと

（Y）敷衍
1 おし広げること
2 まとめあげること
3 高いところから見下ろすこと
4 全体の情勢を見渡すこと
5 続けてきたことをやめること

問三 空欄 Ⅰ ～ Ⅴ に入る語句の組み合わせとして、最も適当なものを次の1～5の中から一つ選びなさい。
1 Ⅰ・固定 Ⅱ・低俗 Ⅲ・脆弱 Ⅳ・不安定 Ⅴ・短期
2 Ⅰ・短期 Ⅱ・低俗 Ⅲ・固定 Ⅳ・不安定 Ⅴ・脆弱
3 Ⅰ・短期 Ⅱ・脆弱 Ⅲ・不安定 Ⅳ・固定 Ⅴ・低俗
4 Ⅰ・固定 Ⅱ・不安定 Ⅲ・脆弱 Ⅳ・低俗 Ⅴ・短期
5 Ⅰ・短期 Ⅱ・脆弱 Ⅲ・低俗 Ⅳ・不安定 Ⅴ・固定

問四 傍線部（ア）「両者は、一見似ているように思われることがありますが、まったく異なる概念なのです」とあるが、どのような点が異なるのか、最も適当なものを次の1～5の中から一つ選びなさい。
1 両者は、共に国境というものが存在しないという前提に立っている点で似ているように思われるが、国家の資本を第一と考えるかどうかという点では異なっている。
2 物やサービスが国境を越える、国家同士の交流という点で両者は似ているように思われるが、金融経済の流れを人間が主体的に操作したり制限したりする点では異なっている。
3 両者は、どちらも国境を越えて展開している国家交流という点で似ているように思われるが、国境という存在を前提とするのか、無視するのかという点では異なっている。
4 需要と供給の差を意識した資本主義の展開という点で、どちらも似ているように思われるが、国境の意義を低下させるのか、無視するのかという点では異なっている。
5 両者は、国境の存在を強く意識している点で似ているように思われるが、物やサービスを売り買いする企業が国境を越えることを制限しているか否かという点では異なっている。

問五 傍線部（イ）「カネがものを言う世界」とほぼ同じ意味で使われている部分を本文中から十八字で抜き出し、最初の五文字を答えなさい。（句読点は含まない）

問六 傍線部（ウ）「大きなデメリット」とあるが、これに相当するものを次の1～6の中から二つ選びなさい。
1 金融経済において、急激なマネーの流れがある程度制限されてしまうこと。
2 グローバル企業の内部では、資本家と労働者の賃金格差が反転してしまうこと。
3 中小企業が倒産し、失業率が上がるというように、経済が不安定化すること。
4 需要と供給の差が大きくなることで一人当たりの所得は増える

いずれにしても、デフレを解消するために他国を侵略するのは「貪欲」の現れです。これが全体主義をつくった社会的な俗情の一つです。【E】

二つ目に「虚栄」があります。端的にいえばヒトラーの虚栄心をはじめとするナチス党員の名誉欲です。

三つ目は「恐怖」で、※ゲシュタポに捕まるのが恐い、反ナチズムと見なされて出世できなくなるのが恐いという心理です。

そして四つ目が「存在論的不安」です。要するに※オルテガの大衆社会論と同じようなことを※彼女は論じたのです。

もともと人間は、家族、地域社会、職場といったさまざまな共同体に埋め込まれて生きています。ところが、近代になって資本主義がはびこると、そのような中間的な共同体がどんどん崩れ出し、人々は不安に陥ります。（中略）

この「貪欲」、「虚栄」、「恐怖」、「存在論的不安」に加え、「ルサンチマン」という俗情もあります。これは、自分は劣等ではないかという不安を常に抱えつつ、たとえば金銭上、圧倒的に優位な立場にいるユダヤ人に対して抱く怨嗟（えんさ）のような感情です。いずれにしても、こうした、精神の奥底からウジ虫が湧くような、ドロドロした腐りきった欲望。それらがすべて結託したものが、(オ)「全体主義をつくった社会的な俗情」です。

その俗情を正当化するのにナチスが活用したのが選民思想でした。アーリア人の(e)末裔のゲルマン民族が最も立派な民族であるという、科学的根拠の全くない、いい加減な理屈です。これを熱狂的に信じたのは誰かというと、ナチスを支持した一般の人々、そして、思考停止し、粛々と命令に従う真面目な官僚たち、※アイヒマンのような人たちです。

一方で、彼らに圧殺されたのはユダヤ人と反ナチスの人でした。そしてこうした全体主義によってもたらされた破滅的な帰結は言わずもがなです。欧州における大量の死者、数々の街と風土の破壊、そして祖国ドイツそのものの自滅、東西分断という結末です。

（藤井聡ほか『グローバリズムが世界を滅ぼす』による）

（注）

※キャピタリズム……資本主義。

※底辺への競争……国家が外国企業の誘致や産業育成のため、減税、労働基準・環境基準の緩和などを競うことで、労働環境や自然環境、社会福祉などが最低水準へと向かうこと。自由貿易やグローバリゼーションの問題点として指摘されている。

※リーマンショック……国際的な金融危機の引き金となったリーマンブラザーズ（米国の投資銀行）の経営破綻と、その後の株価暴落のこと。

※ゲシュタポ……ナチス・ドイツの国家秘密警察。

※オルテガ……スペインの哲学者。

※彼女……ハンナ・アレントのこと。

※アイヒマン……ナチス・ドイツの親衛隊中佐。

問一　波線部（a）～（e）について、（a）から（d）のカタカナを漢字に直し、（e）の漢字の読みをひらがなで答えなさい。

問二　二重傍線部（X）「暫定的」、（Y）「敷衍」それぞれの意味として、最も適当なものを次の1～5の中から一つずつ選びなさい。

が余すところなく同じ思想であればよいのです。そして、同じ体制のもと、同じ方向の運動が展開される。したがって、全体主義が広まれば広まるほど、政治体制のみならず人々の頭の中の思想までもが必然的に同一化していくという恐ろしい結果になるのです。

このような全体主義を、社会科学者たちは非常に興味深い政治社会現象として扱いました。たとえばエミール・レーデラーの『大衆の国家』（一九四〇年）、シグマンド・ノイマンの『大衆国家と独裁』（一九四二年）、そしてハンナ・アレントの『全体主義の起源』（一九五一年）などが、相次いで書かれたのです。

以上が全体主義と呼ばれるものの一般的な定義ですが、では、ハンナ・アレントが論じた全体主義の特徴はどのようなものでしょうか。

一つ目は、繰り返しになりますが、単なる思想ではなく、それに基づく運動・体制・社会現象を(d)ガンイするということです。

二つ目の特徴は極めて重要です。これもすでに述べましたが、思想の内容は何でもいいということです。どうでも構わない。どんなものでも任意に選ばれる。ただ、任意であるとはいいながら、実はそこには基準があります。それは何かといえば、嫉妬、貪欲、恐怖心などという、いわば「社会的な俗情」です。理論的な、宗教的な、あるいは思想哲学的な観点からは任意ですが、この俗情の観点からは任意ではないのです。

「俗情」という日本語、これは英語ではどう言うのだろうと思って探したのですが、「vulgar motivation」あるいは「vulgar passion」といったあたりでしょうか。【A】

しかし、そのような vulgar な心持ちで政治体制をつくったとしても、そんなことは恥ずかしくて表立っては言えません。「僕たちは嫉妬に基づいて政治体制をつくりました」と告白するわけにはいかないのです。したがって、本音の俗情を隠して、建前の論理をつくりたいという欲望が出てくるわけです。（中略）

さて、そのような不条理なものを信じようと頭を働かせ続けていると、そのうちに気が変になってしまいます。そんななかで、さらに声高に「こうだろ！」と理不尽に叫び続けようとすれば、必然的に思考が止まってしまいます。一貫性のない無茶苦茶な議論を信じつづけるには、思考を止めるほかないわけです。【B】

では、思考を停止するのはどんな人間でしょうか。それは「凡庸な人間」です。凡庸な人とは、心の力がもともと弱い人、あるいは心なき人ですので、すぐに思考停止をしてしまう。逆に凡庸でない人とは、思考停止をしたくてもできない人のことです。ついついものを考えてしまう人、心でものを考えてしまう人です。【C】

ところが、凡庸な人の中には非常に頭のいい人がいます。この連中がものすごくさまざまな工夫を重ねながら、真面目に粛々と、より効率的に全体主義を(Y)敷衍していくのです。これをアレントは「悪の凡庸さ」と呼びました。（中略）

そもそもヨーロッパの国々が帝国主義に走り、植民地を広げていった背景には、デフレーションがありました。デフレとは何かというと、供給過剰です。限られたマーケットの中で供給が過剰になると、失業が発生する。そこで、失業した生産者を外国に出したいというモチベーションをヨーロッパの国々はもちました。そのように『全体主義の起原』第二部には書かれています。【D】

キャピタリズムの必然の帰結であるといえるわけです。

経済が不安定化し格差が拡大するとともに、危機そのものもグローバル化します。

グローバル資本主義のもとでは、世界各国がいろいろなリンクでつながるので、ある国で作ったものが別の国にすぐ輸出でき、情報もすぐに共有できる。これは要するに、危機が発生すれば、それもたやすく他の国に輸出されるということです。逆にいえば、危機が外国で起こると簡単に輸入されてしまう。したがって、※リーマンショックが起こったとき、世界中が共倒れになったわけです。

さらに、グローバルな資本主義化、自由主義化の帰結を、地域的な領域ではなく分野的な領域で考えてみましょう。自由化をとことん進めると、(イ)「カネがものを言う世界」がグローバルワイドに広がります。お金で片を付ける(b)フウチョウが蔓延（まんえん）し、お金に換算できないものは見捨てられていく。

たとえばセキュリティは、お金ではなかなか十分には取引できない。極端な例で言えば、「戦争」はマーケットでは扱えない。資本主義がどんどん膨らんでいくと、(c)安全ホショウはだんだん無視されていく。また、マーケットは［ Ⅰ ］的な情報は織り込みますが、長期的な合理性については軽視され、最終的に無視される。長期的な合理性が低下すると、社会そのものが［ Ⅱ ］化します。わずかな危機、たとえば一つの企業の倒産で、社会が大きなダメージを受けてしまうのです。

そして、お金で何もかも片を付けようとする社会では、民主主義の力が弱まります。国家の価値、家族の価値が溶けていき、文化や伝統、美徳や倫理が蒸発していくのです。結果として文明の［ Ⅲ ］化が進んでいくのは物の道理です。

このように、グローバル資本主義が世界中で進めば進むほど、経済は［ Ⅳ ］化し、格差は拡大し、貧困は［ Ⅴ ］化し、危機はグローバル化し、民主主義が脅かされ、そして金銭以外のさまざまな価値があらかた洗い流されていく。

と考えると、人類の福祉に対し、メリットもあるかもしれませんが、同時に極めて(ウ)大きなデメリットをもたらす、それがグローバル資本主義であるといえるでしょう。

では、なぜかくも悪い帰結をもたらすグローバル資本主義がこれほどまで進展してきたのか。このことを考えるにあたり、(エ)「全体主義」というコンセプトがとても便利です。（中略）

まず、全体主義（Totalitarianism）とは何でしょうか。事典（『改訂新版　世界大百科事典』）にはこう書かれています。「個に対する全体の優位を徹底的に追求しようとする思想・運動・体制」であると。イメージとして一番わかりやすいのはナチスドイツの「ハイル・ヒトラー！」と叫ぶような、あの運動体です。あるいはイタリアのファシズム、そしてソビエトのスターリニズムも、さまざまな論者によって全体主義の脈絡で解釈されています。

普通、イズムとは「こうあるべきだ」という考え方を指すものです。いわゆる「べき論」です。しかし全体主義のイズムは、もっと広い意味で、政治体制のあり方から社会現象の傾向までも含みます。これが全体主義のイズムの特殊なところです。

全体主義は、その中身のイデオロギーは問いません。とにかく全体

【国　語】（五〇分）〈満点：一〇〇点〉

一　**次の文章を読んで、後の問いに答えなさい。（本文には途中、省略された部分があります）**

「グローバル資本主義を超えて」。このようにいう場合、超える対象であるグローバル資本主義がどんなものか、しっかり理解することが必要なのは論を俟ちません。

それはいったい何なのか。ここでは(X)暫定的に、「国境の意義を低下させた上で展開する資本主義」と捉えておきます。グローバル資本主義は世界でグローバルワイドに展開するのですが、そのときに国境を無視する傾向が強いのです。

なお、予め重要な概念の区別をしておくと、グローバリズムは国境を前提にしないものであって、国境が存在することを前提とした上で、異なる国家同士の交流を図ろうとするインターナショナリズム（国際主義）とは真逆の概念です。(ア)両者は、一見似ているように思われることがありますが、まったく異なる概念なのです。

まず、グローバル資本主義が展開するとどんな世界になっていくのか、簡単に述べます。

一点目として、経済が不安定化します。金融経済において急激なマネーの集中と(a)サンイツが起こるのです。国境の壁があれば、お金の流れは一定程度、制限され、あまり動きませんが、国境が低くなるとあちこちに行ったり来たりします。グローバルマネーが暴れ出すと、「おいしい投資先」に世界中からお金が集まり、バブルが膨らんでいくのです。

ところが、そこで何か問題が起こったり、よそに「おいしい投資先」が出てきたりすると、お金はすぐに移動します。どこかに飛んでいってバブルが崩壊するわけです。たとえばアジア通貨危機は、そのようなグローバル※キャピタリズムの一つの必然的帰結です。また、現在（二〇一三年一二月）、日本国内で株価が上がっていますが、その大きな理由はグローバルマネーが集中した結果だと言うこともできます。

さらに、グローバル資本主義の進展は実体経済にも大きな影響を及ぼします。物やサービスを売り買いする企業が国境を越えて行き来すれば、大企業が勝ち残って中小企業が潰れていく傾向が生まれます。グローバル企業がどんどん強くなるわけです。そうなると、生産量が増え、供給力が上がっていきます。

一方で、人間は一日に三食、せいぜい四食しか食べられません。需要は一定程度しか増えないのです。ところが供給は一〇食、二〇食と増えていく。このようにグローバル資本主義が展開していくと、需要と供給の差が大きくなり、慢性的なデフレになります。デフレになるということは、所得が下がり、雇用が失われ、失業率が上がるということです。しばしば「※底辺への競争」といわれますが、そのような意味でも経済は不安定化するのです。

二点目として、格差が固定化します。グローバル経済の進展につれ、大企業と中小企業の格差、グローバル企業と地域企業の格差が拡大します。グローバル企業の内部でも、資本家と労働者の格差がどんどん広がっていく。

国家間の格差も拡大し、固定化が進みます。たとえばアフリカの貧困が深まり、さらに世界中に貧困が広がっていく。これはグローバル

MEMO

2020年度

解　答　と　解　説

《2020年度の配点は解答欄に掲載してあります。》

＜数学解答＞ 《学校からの正答の発表はありません。》

1 (1) 1　(2) $-\dfrac{b}{2a^2}$　(3) $\dfrac{4}{15}$

2 (1) $(a+b-2)(a+b+1)$　(2) $a=\dfrac{\mathrm{R}-bc}{b+c}$　(3) $\angle x=48°$

3 列車A　1100人　列車B　1400人

4 (1) $\dfrac{1}{6}$　(2) $\dfrac{5}{12}$　(3) $\dfrac{7}{18}$

5 (1) $a=\dfrac{1}{2}$　(2) $\mathrm{B}\left(-5,\ \dfrac{25}{2}\right)$　(3) $y=\dfrac{1}{2}x+1$　(4) $y=\dfrac{9}{10}x+\dfrac{36}{5}$

6 (1) 解説参照　(2) FD：DE＝5：7

○推定配点○

1 各6点×3　2 各6点×3　3 10点　4 各6点×3　5 各5点×4
6 (1) 10点　(2) 6点　計100点

＜数学解説＞

1 (計算の工夫，式の計算，平方根)

(1) $2020^2-2019\times2021=2020^2-(2020-1)(2020+1)=2020^2-(2020^2-1^2)=1$

(2) $(-ab^3)^2\div\left(-\dfrac{1}{2}ab\right)^3-b\{a-(4ab)^2\}\div2a^3=a^2b^6\times\left(-\dfrac{8}{a^3b^3}\right)-\dfrac{ab}{2a^3}+\dfrac{16a^2b^3}{2a^3}=-\dfrac{8b^3}{a}-\dfrac{b}{2a^2}+\dfrac{8b^3}{a}=-\dfrac{b}{2a^2}$

(3) $(\sqrt{21}-\sqrt{15})(\sqrt{7}+\sqrt{5})\left(\dfrac{1}{\sqrt{15}}+\dfrac{1}{3}\right)\left(\dfrac{1}{\sqrt{3}}-\dfrac{1}{\sqrt{5}}\right)=\sqrt{3}(\sqrt{7}-\sqrt{5})(\sqrt{7}+\sqrt{5})\left(\dfrac{1}{\sqrt{15}}+\dfrac{1}{3}\right)\left(\dfrac{1}{\sqrt{3}}-\dfrac{1}{\sqrt{5}}\right)=(7-5)\left(\dfrac{1}{\sqrt{5}}+\dfrac{\sqrt{3}}{3}\right)\left(\dfrac{\sqrt{3}}{3}-\dfrac{1}{\sqrt{5}}\right)=2\times\left(\dfrac{1}{3}-\dfrac{1}{5}\right)=\dfrac{4}{15}$

2 (因数分解，等式の変形，角度)

基本 (1) $(a+b-1)^2+(a+b)-3=(a+b)^2-2(a+b)+1+(a+b)-3=(a+b)^2-(a+b)-2=(a+b-2)(a+b+1)$

基本 (2) $\mathrm{R}=ab+bc+ca$　$ab+bc+ca=\mathrm{R}$　$a(b+c)=\mathrm{R}-bc$　$a=\dfrac{\mathrm{R}-bc}{b+c}$

重要 (3) OとA，OとDをそれぞれ結ぶ。三角形の内角と外角の性質より，$\angle\mathrm{AOE}=\angle\mathrm{OBA}+\angle\mathrm{OAB}=2x$　$\angle\mathrm{AOD}:\angle\mathrm{DOE}=\overset{\frown}{\mathrm{AD}}:\overset{\frown}{\mathrm{DE}}=3:1$より，$\angle\mathrm{DOE}=\dfrac{1}{3+1}\angle\mathrm{AOE}=\dfrac{1}{4}\times2x=\dfrac{1}{2}x$　$\angle\mathrm{OAD}=\angle\mathrm{ODA}=\angle\mathrm{DOE}+\angle\mathrm{DCE}=\dfrac{1}{2}x+30°$　△ABCの内角の和は180°だから，$\left(x+\dfrac{1}{2}x+30°\right)+x+30°=180°$　$\dfrac{5}{2}x=120°$　$x=120°\times\dfrac{2}{5}=48°$

3 （方程式の利用）

T駅に到着したときの列車Aの乗客数をx人，列車Bの乗客数をy人，列車Aから降りた乗客数をz人とする。$x+y=2500$…①　$x-z+116=1.06x$より，$0.06x+z=116$…②　$y-2z+170=1.05y$より，$0.05y+2z=170$…③　②×2－③より，$0.12x-0.05y=62$…④　①×5＋④×100より，$17x=18700$　$x=1100$　これを①に代入して，$y=1400$

4 （関数と確率）

基本 (1) さいころの目の出方の総数は，$6\times6=36$(通り)　このうち，題意を満たすのは，$(m, n)=(1, 1), (2, 2), (3, 3), (4, 4), (5, 5), (6, 6)$の6通りだから，求める確率は，$\frac{6}{36}=\frac{1}{6}$

(2) 題意を満たすのは，$(m, n)=(1, 2), (1, 3), (1, 4), (1, 5), (1, 6), (2, 3), (2, 4), (2, 5), (2, 6), (3, 4), (3, 5), (3, 6), (4, 5), (4, 6), (5, 6)$の15通りだから，求める確率は，$\frac{15}{36}=\frac{5}{12}$

(3) 題意を満たすのは，$(m, n)=(1, 1), (1, 2), (2, 1), (2, 2), (3, 1), (3, 2), (4, 1), (4, 2), (5, 1), (5, 2), (5, 3), (6, 1), (6, 2), (6, 3)$の14通りだから，求める確率は，$\frac{14}{36}=\frac{7}{18}$

5 （図形と関数・グラフの融合問題）

基本 (1) A$(4, 8)$は$y=ax^2$上の点だから，$8=a\times4^2$　$a=\frac{1}{2}$

重要 (2) $y=\frac{1}{2}x^2$に$x=-3$，2をそれぞれ代入して，$y=\frac{9}{2}$，2　よって，C$\left(-3, \frac{9}{2}\right)$，D$(2, 2)$

直線DCの傾きは，$\left(2-\frac{9}{2}\right)\div(2+3)=-\frac{1}{2}$　AB//DCより，直線ABの式を$y=-\frac{1}{2}x+b$とおくと，点Aを通るから，$8=-\frac{1}{2}\times4+b$　$b=10$　よって，$y=-\frac{1}{2}x+10$　$y=\frac{1}{2}x^2$と$y=-\frac{1}{2}x+10$からyを消去して，$\frac{1}{2}x^2=-\frac{1}{2}x+10$　$x^2+x-20=0$　$(x+5)(x-4)=0$　$x=-5$, 4　$y=\frac{1}{2}x^2$に$x=-5$を代入して，$y=\frac{25}{2}$　したがって，B$\left(-5, \frac{25}{2}\right)$

(3) 直線ACの傾きは，$\left(8-\frac{9}{2}\right)\div(4+3)=\frac{1}{2}$　求める直線の式を$y=\frac{1}{2}x+c$とおくと，点Dを通るから，$2=\frac{1}{2}\times2+c$　$c=1$　よって，$y=\frac{1}{2}x+1$

重要 (4) AB：DC＝$\{4-(-5)\}:\{2-(-3)\}=9:5$　求める直線と線分ABとの交点をEとすると，AE：EB＝2：7のとき，△BCE：四角形CDAE＝BE：(EA＋CD)＝7：(2＋5)＝1：1となり，題意を満たす。点Eのx座標は，$-5+\frac{7}{9}\times9=2$　$y=-\frac{1}{2}x+10$に$x=2$を代入して，$y=-\frac{1}{2}\times2+10=9$　よって，E$(2, 9)$　求める直線の式を$y=mx+n$とおくと，2点C，Eを通るから，$\frac{9}{2}=-3m+n$，$9=2m+n$　この連立方程式を解いて，$m=\frac{9}{10}$，$n=\frac{36}{5}$　よって，$y=\frac{9}{10}x+\frac{36}{5}$

6 （平面図形－証明と計量）

基本 (1) △ABDと△ECDにおいて，AB//CEから，平行線の錯角は等しいので，∠BAD＝∠CED…①　対頂角は等しいから，∠ADB＝∠EDC…②　①，②より，2組の角がそれぞれ等しいから，△ABD∽△ECD　よって，AB：EC＝BD：CD…③　仮定より，∠BAD＝∠CAD…④　①，

④より，∠CEA＝∠CAE　よって，CE＝CA…⑤　③，⑤より，AB：AC＝BD：CDが成り立つ。

重要 (2)　△ABD∽△ECDより，AD：ED＝BD：CD＝AB：AC＝5：3　$CD=\frac{3}{5+3}BC=\frac{3}{8}\times6=\frac{9}{4}$

△CADにおいて，AF：FD＝CA：CD＝$3:\frac{9}{4}=4:3$　よって，$FD:DE=\frac{3}{4+3}AD:\frac{3}{5}AD=\frac{3}{7}:\frac{3}{5}=5:7$

★ワンポイントアドバイス★

計算がやや複雑だが，特別な難問はなく，標準レベルの出題である。できるところから解いていこう。

＜英語解答＞《学校からの正答の発表はありません。》

[1] リスニング問題解答省略

[2] 問1　1 ア　2 イ　3 ウ　4 エ　5 イ　6 エ　7 ア　8 ウ　9 エ　10 ア

問2　1 Every scene he saw in Canada was wonderful(.)

2 Her success in the Olympics made her family happy(.)

3 (She) is reading a book written in Russia(.)

4 I had my smartphone repaired in order to (use it during the trip.)

[3] A イ　B エ　C ウ　D (1) オ　(2) イ　(3) カ　(4) ア　E [1] ウ　[2] ア　[3] イ　F ③　G エ

[4] 問1　1 ア　2 エ　3 エ　4 ア　5 ア　問2　1 エ　2 イ

問3 [A] (例) there is one thing unnatural　[B] angel

[5] (例) (At the airport a woman) couldn't get on a plane, because the road was crowded.

○推定配点○

[1] 各1点×6　[2] 各2点×14　[3] 各3点×12　[4] 各3点×9　[5] 3点　計100点

＜英語解説＞

[1] リスニング問題解説省略。

[2] 問1 (会話文問題：語句補充)

1 〈X times as ~ as …〉で「…のX倍～」という意味になる。

A：このCDショップはとても大きいです！

B：はい，他のショップの3倍のCDがあります。

2 〈take care of ~〉で「～の世話をする」という意味を表す。受動態の文なので〈be動詞＋過去分詞〉という形にする。

A：あのかわいいネコを見て！

B：あのネコはルーシーによって世話されています。

3 〈get to ～〉で「～に到着する」という意味を表す。主節が未来を表す文の場合，if や when などで導かれる従属節は現在時制で表す。

A：「やあ！ 今話せますか。あなたに言うべき大切なことがあります。」

B：「すみませんが，今は電車に乗っています。駅に着いたらすぐにかけ直します。」

4 現在完了の進行形は〈have ＋ been ＋ ～ing〉という形で表す。

A：ああ，一昨日からずっと雨が降っていますね。

B：ええ，私はこんな天候は好きではありません。

重要 5 must は「～にちがいない」という意味を表す。

A：トムは長い旅行から帰宅したばかりです。

B：彼は疲れているに違いありません。

6 動詞が remember や forget の場合，後に続く語が不定詞の場合にはこれから行うことを表し，動名詞の場合にはすでに行ったことを表す。

A：手紙を出すのを忘れないで。

B：学校に行く途中に出します。

7 information は数えられない名詞なので，little や much を使う。little は「ほとんど～ない」という否定の意味を表す語。

A：交換留学生が来ます。彼女について何か知っていますか。

B：いいえ，ほとんど情報はありません。

8 exciting は「興奮させる」という意味を表す形容詞である。

A：ジョンのスピーチはエキサイティングでした。

B：はい，彼はいい話し手です。

9 〈not only A but (also) B〉で「AだけではなくBも」という意味になる。動詞はBに合わせる。

A：エミリーは，ピアノのレッスンを受けたいと言っています。

B：実は，エミリーだけでなく私もピアノを演奏することに興味があります。

10 不定詞の意味上の主語を表す時はふつう〈for ＋主語〉で表すが，形容詞が人物の性格や性質を表す時には，for ではなく of を用いる。

A：私はあなたのためにあなたの荷物を運びましょう。

B：ありがとう。私を助けてくれてあなたはとても親切です。

問2 （語句整序問題：関係代名詞，SVOC，分詞，使役構文）

1 he saw in Canada が scene を修飾するので目的格の関係代名詞が使われているが，省略されている。

2 〈make A B〉で「AをBにする」という意味になる。

3 「ロシア語で書かれた」が「本」を修飾するので，過去分詞が使われている。

4 〈have ＋O＋過去分詞〉で「～を…してもらう」という意味を表す。

3 （会話文問題，長文読解問題：語句補充）

A 父　　：ねえ，マンディ。学校はどう？ 君は学校を変えて，昨日から始まったんだよね。

マンディ：すばらしいよ。家からとても近いので，歩いていけるのよ。

父　　：それはいいよね！ 以前のように毎朝バスに乗らなくていいんだ。

マンディ：そう，いつも暑くて，混んでいたわね。

父　　：学校へ行くのにどれくれいかかるの？

マンディ：10分だけだけど，授業がとても早く始まるので，7時には起きないとね。

二人はマンディが通い始めた新しい学校について話しているので，イが答え。ア「学校が早く始まること」，イ「新しい学校」，ウ「学年」，エ「学校に行き始めること」

B　日記　今日は今年の学校の最初の日で，私はとてもわくわくしています。私はもう行く準備ができていますが，ママはまだ私のランチを作っています。彼女はいつもすばらしいランチを作ります。私は彼女のサンドイッチが本当に好きです。ちょうど今，パパがテーブルに座っています。彼は新聞を読んでいます。彼はふつう7時に仕事に行くのですが，今朝彼は私を待っています。彼は今日は私を学校まで車で送りたいのです。

直後に「とてもわくわくしている」とあるので，エが答え。ア「パパは車を運転するのが好きだ。」，イ「私は母親の昼食を待っている。」，ウ「私はふつう6時に起きる。」，エ「今日は今年の学校の最初の日だ。」

C　ニューヨーカーは，ニューヨーク市が歴史上最も偉大で，最も美しい，または最も豊かな都市であると主張することはありません。彼らの主張は，彼らの都市はエネルギーに満ちているということです。多くの人が信じるように，それは誇張された主張ではありません。訪問者がしばしば気づく最初のことは，ニューヨーク市が実際に生命とエネルギーで脈動していることです。ニューヨーカーが自分の都市について話すとき，彼らはそれをほとんど生きている人と見なしているのは不思議でしょうか。

ニューヨーカーは，ニューヨークは活気に満ちた都市だと思っていることを書いているので，ウが答え。ア「ニューヨークは世界のどの都市ほど活発ではない。」，イ「ニューヨークは落ち着いた静かな都市だ。」，ウ「ニューヨーカーは，彼らの都市は非常に活気があると感じている。」，エ「ニューヨーカーは，自分たちの都市は他の都市ほど美しくないと感じている。」

D　アスリートのためのウエイトトレーニングの主に3つの良い点があります。(1)1つの良い点は，彼らが選択したスポーツにおいて，彼らのパフォーマンスを向上させるのに役立つ，彼らの力強さの成長を見ることです。(2)もう一つの重要な良い点は，体重で訓練する選手が，より迅速にカロリーを燃焼する体を発育させることで，これは選手が体重を抑えるのに役立つことです。(3)一方，ウエイトトレーニングは(4)また選手が怪我から免れるのにも役立ちます。アスリートの筋力が強い場合，これは怪我から自分の体を守るのに役立ちます。

(1)は一つ目であることから，(2)は二つ目であることから考える。また，(3)と(4)はさらに別の内容が始まることから考える。

E　ニック：やあ，エレナ！　放課後ぼくといっしょに図書館へ行かない？　歴史の宿題ができるよ。

エレナ：(1)行きたいけど，だめなの。3時にクラブのミーティングがあるから。ごめんね。

ニック：大丈夫だよ。じゃあ明日は？

エレナ：(2)明日も行けないの。バレーボールの練習があるから。

ニック：ぼくは時々思うんだけど，ぼくたちは学校で時間を過ごしすぎだよね。

エレナ：そうね，でも，毎日友達に会えるのはいいし，先生のほとんども好きよ。毎日友達に会えるのが，私が学校で一番好きな点ね。

ニック：そうだけど，放課後の活動でぼくはとても楽しんでいるよ。こんなに早く起きる必要がなければいいんだけど！

エレナ：(3)そうね，でも早く起きて何かをするのは私たちを健康にしてくれるよ。

(1)は直後で「明日は」と聞き直していることから，(2)は「明日も」と言っていることから考える。(3)は早く起きることについて言っていることから考える。

F　(ア)　雷雨の中でやるべきことは他にもあります。雷雨の間，泳いだりボートに乗ったりしないでください。稲妻は水を簡単に通過し，あなたを見つけることができます。金属のものから離れてください。金属のものはそれらに稲妻をもたらします。オートバイや自転車が外にあるときには，それらから離れてください。安全な場所に行く時間がない場合は，低い場所に下りてください。嵐が終わるまでそこにいてください。雷が当たるよりも濡れた方が良いです。

（イ） 科学者は稲妻が何であるかを知っています。空から地球まで届く電気の大きな閃光です。雷雨は春と夏に最も頻繁に発生します。ほとんどの場合，稲妻が人々に当たるのは，これらの時間の間です。稲妻は雷雨の中で起こります。稲妻は騒音を起こします。稲妻は光を作ります。

（ウ） 科学者は常に稲妻から人々を救うことはできません。しかし，彼らは私たちに何をすべきかを教えてくれます。稲妻があなたに当たらないようにするためにやるべきことがいくつかあります。雷雨が始まったら，家，大きな建物，または車の中に入ってください。決して，一本で立っている木の下に入らないように。地上から立ち上がる背の高いものは，それらに稲妻をもたらします。

（イ）は稲妻に関する一般的な説明なので，これから始まるとわかる。（ア）の冒頭には「やるべきことは他にもある」とあるので，（ウ）→（ア）の順になるとわかる。よって，③が答え。

基本 G 旅行者が国を訪れたときにチップを渡すべきかどうかを知ることが非常に重要です。チップは，顧客が彼らのためにサービスを実行した人に少し余分なお金を与えるという，多くの国で一般的な社会的習慣です。しかし，どの国から来たかによって人々がチップを払う方法には違いがあります。

オーストラリアとアメリカのチップを比較してみましょう。オーストラリアではチップは一般的ではありませんが，最近ではレストランやホテル，特に大都市で一般的になっています。

一方，アメリカではチップははるかに一般的です。アメリカでは，チップは顧客が個人的なサービスを受けるどんな状況でもよく見られます。

この文章は外国におけるチップについて説明したものなので，エが答え。

4 （長文読解問題・物語文：内容吟味，語句補充）

（大意） 私は10月のある金曜日の朝早く，89歳の母親に電話して昼食に招待しました。招待を受け入れる前に，彼女は高齢者保護施設がその日にどのような活動を提供しているかを確認するためカレンダーをチェックしなければなりませんでした。彼女は何でも見逃すのが好きではなかったのです。彼女は1:00から2:30まで自由になると言いましたが，2:30前には家にいたいと思いました。私は彼女に1:00に迎えに行き，2:30までに彼女を戻すと言いました。

夫と私はサンディエゴで1週間の休暇のために翌朝出発する予定でしたので，私は旅行のためにいくつかの最後の物を買う必要があり，母を迎えに行く前にショッピングモールに向かいました。

私はすでに焦っているのを感じ，自分自身にイライラしていました。やるべきことが多すぎました。たぶん，私は昼食の計画を立てるべきではなかったのです。昼食に時間を取ることは私の買い物を妨げるだけでしょう。今，母を迎えに行く前に買い物をするのに1時間しかありませんでした。しかし，もし電話していなかったら，彼女に会わずにカリフォルニアに1週間出発することに罪の意識を感じていただろうということを私は知っていました。

デパートを歩いていると，数週間見ていた靴を売っているのに気がつきました。私は椅子に座って，すぐにそれを試してみました。

「あなたによくお似合いです。快適ですか？」

私が椅子を見ると，最後の1つに約70歳の女性が座っていました。彼女はそこに座って，ピンクのブラウス，花柄のスカート，真珠のネックレス，そして非常に甘い笑顔できれいに見えました。彼女は靴を試していませんでしたし，従業員ではないことは明らかでした。

私は答えました，「はい，とても快適です。」

「カリフォルニアにしては冬っぽく見えすぎると思いますか。」

「そうおっしゃるのはおかしいですね，」私は驚いた声で答えました。「私は明日の朝カリフォルニアに向かうので。」

「そうですか。」と彼女は言いました。「ええと，私は月曜日の朝，カリフォルニアに行ったことがないのに，サンディエゴに住むためにカリフォルニアに向けて出発します。」

悲しい声で，彼女は夫がその年の初めに亡くなったと私に言いました。彼女はシンシナティ出身で，結婚して以来同じ家に住んでいました。彼らは一人の息子を持ち，彼と彼の家族はサンディエゴに住んでいました。彼の励ましと助けを借りて，彼女は彼女の家を売却し，彼女の一番大切な物は，息子が選んだサンディエゴの高齢者保護施設に送られました。「ああ，それはいいですね。」と私は言いました。「あなたは息子さんの近くに住んで，もっとよく会えるようになるでしょう。」

彼女は声を落として，「でも，私は恐いんです。シンシナティ以外の場所に住んだことがないし，家を捨てるだけでなく，友達を置き去りにするんです。」と言いました。彼女は椅子から立ち上がり，私の近くに移動しました。私たちは並んで座り，靴箱とバッグを床に置きました。しばらく聞いた後，「私の89歳の母親は高齢者保護施設に住んでいて，彼女も4年前にこのような大きな引っ越しをすることをとても怖がっていました。」と言いました。それから私は，母と父は父が亡くなる55年前に結婚したと彼女に話しました。私の母は主婦で，9人の子供の母親でした。社会活動をする時間はありませんでした。家族が彼女の人生だったので，決断を下す時が来たとき彼女も恐れていました。

彼女が高齢者保護施設について決心したとき，私の姉妹と私は私たちに最も近いものを探しました。もちろん，私たちは彼女がそのライフスタイルを望むかどうか心配していました。でも，彼女は引っ越した日からそれを楽しんだのです！　彼女は今まで以上に社交的になりました。私は母がいかに多くのことに関係しており，昼食のために彼女の忙しいスケジュールに私を押し込んだかを話して，笑いました。

この見知らぬ人と私は，私たちが長い間お互いを知っていた友人であるかのように話しました。数分後，私たちは別れを言うために立ち上がりました。彼女は私に感謝し，ずっと楽になったと言いました。私は彼女に目を向け，「神は，たとえこのようなつかの間の出会いであっても，困難な時を通して私たちを助けるために，特定の人々を私たちの人生に与えると信じています。私はこれが単なる偶然の出会いではないと思います。『大丈夫，私はあなたと一緒です。』と言うのが彼の言い方だと思います。」と言いました。

「そして，私は彼が私たちを今日お互いに送ったのだと信じています。私は今日はやるべきことがたくさんあることにいらいらしていました。あなたといたことは，私の母が彼女の新しいライフスタイルにどれほど幸せで満足しているかを理解することに役立ち，私がまだ彼女といられることがどれほど幸運であるかを私に気付かせました。」

「ああ，」と彼女は言いました。「あなたのお母さんはあなたを娘に持ってとても幸せです。私はあなたが彼女を愛していることがわかります。」

「はい，あなたの息子さんはあなたをとても愛していて，彼はあなたが彼の近くにいることを望んでいます。私は彼が非常に素敵な高齢者保護施設を選択したと確信しています。そして，あなたは馴染むのに何の問題もないでしょう。また，サンディエゴは美しい街で，気候が気に入るでしょう。」

私たちは立ち上がって向き合い，お互いの手を握り合いました。「幸運のために抱きしめてもらえますか。」と私は尋ねました。彼女は微笑んでうなずきました。あたかも長い間知り合っていたかのように，抱擁には特別な優しさがありました。私は言いました，「私は確かに今日，これらの靴を買うと思いますが，私はそれらを履くたびに，あなたのことを考えるでしょう。」その瞬間，私は彼女の美しく温かい心に感動しました。

私は靴箱とバッグを拾うために身をかがめました。私が立ち上がったとき，彼女はいませんでした。どうして彼女はこんなに早く姿を消すことができたのでしょうか。私は周りを見回し，彼女をもう一度見たいと思って店を歩きました。しかし，彼女はどこにも見えませんでした。私は天使と話していたのだという感覚を得ました。

私は時計を見て，すでに私の母を迎えに行く時間だと気づきました。母の家に向かって車を運転している間，私は「自分の気持ちを良くする方法は，他の人の気分を良くすることだ」と書かれた看板を掲げた高齢者保護施設を通り過ぎました。

私は母の家の客用駐車場に入りました。私は自分が最も楽しい午後を過ごすところであることを知りました。

問1　1「著者はなぜ10月の早朝に母親に電話したのか。」「昼食に招待した」とあるので，アが答え。　ア「彼女は母親と昼食を食べたかった。」　イ「彼女は母親がその日に何かすることがあるかどうかを知りたかった。」　ウ「彼女は母親と話したかった。」　エ「彼女は次の日にシンシナティを去ることを彼女に伝えたかった。」

2「著者がショッピングモールに到着したとき，どのように感じたか。」「自分自身にイライラしていました」とあるので，エが答え。　ア「彼女は罪悪感を感じた。」　イ「彼女はずっと気分が良くなった。」　ウ「彼女は恐れていた。」　エ「彼女はイライラしていた。」

3「著者が欲しかった靴を買おうとしたときに何が起こったか。」　老婦人を「見知らぬ人」と言っているので，エが答え。　ア「彼女は，探していた靴がそこになかったことを知った。」　イ「彼女はたまたま知り合いの老婦人に会った。」　ウ「彼女は知らない靴屋が特別なセールを行っていることに気づいた。」　エ「彼女は見知らない人に話しかけられた。」

4「老婦人は彼女に何を話したか。彼女は翌日カリフォルニアに引っ越さなければならず，______。」「私は恐いんです…友達を置き去りにするんです」と言っているので，アが答え。　ア「彼女はそこに友達がいなかったので恐れていた。」　イ「彼女は別の場所に住まなければならなかったので，怒っていた。」　ウ「彼女は息子といっしょに暮らせてうれしかった。」　エ「彼女はシンシナティの外で住んだことがあったので，恐れていなかった。」

5「著者はどのようにして婦人の気分を良くしたか。」　著者が自分の母親のことについて話すと，夫人は「ずっと楽になった」と言っているので，アが答え。　ア「彼女は自分の母親の場合について話した。」　イ「彼女は自分がどれほど母親を愛しているかについて話した。」　ウ「彼女は，この出会いは神によって計画されたのだと彼女に言った。」　エ「彼女は息子から母親の世話をすると言われた。」

問2　1「なぜ著者は婦人と話した後，気分が良くなったのか。」　著者は自分自身については話していないので，エが答え。　ア「彼女は欲しかった靴を買った。」　イ「彼女は話すことによって，婦人の美しく暖かい心に感動したと感じた。」　ウ「婦人と話すことで彼女はくつろぎ，自分が幸運だと自覚した。」　エ「自分の物語を婦人に話すことで彼女はすでに幸せであることを思い出させた。」

重要　2「高齢者保護施設の庭の看板を見て，著者は何を学んだか。」「自分の気持ちを良くする方法は，他の人の気分を良くすることだ」という看板によって，出会いが幸福な出来事であったことを知ったので，イが答え。　ア「彼女は，この出会いは偶然ではなく，神から送られたメッセージであると信じるのは非常に自然であることを学んだ。」　イ「彼女はその女性との出会いが有意義であることを知った。」　ウ「彼女はモールでやったことが著者と婦人を幸せにしたことを知った。」 エ 「彼女は，婦人が息子と一緒に住むためにサンディエゴに引っ越さないことを知った。」

問3 この話についてどう思いますか。おわかりのように，[A]不自然なことが一つあります。そのポイントは，もちろん，婦人がいなくなったことです。そんなに早く立ち去ることは可能でしょうか。私たちはこれが物語であることを理解しているにもかかわらず，私たちはそれは不自然だと考えます。そして，読者は婦人がこの世界に存在しないと思うでしょう。彼女は神からのメッセージを伝えるためにこの世に来ました。したがって，読者は婦人を[B]天使とみなすかもしれません。

5 （英作文問題）

飛行機に乗り遅れた絵と，道が車で混んでいる絵が用意されているので，この二つを関連づけて答えるとよい。「(飛行機に)乗る」は get on を使う。また，「道が混んでいた」は the road was crowded とする。

★ワンポイントアドバイス★

2の問2の4には〈have ＋O＋過去分詞〉があるが，使役を行う相手が人間である場合には〈have ＋O＋動詞の原形〉となることを覚えておこう。(例) I had my friend call me.(私は友達に私に電話をかけさせた。)

＜国語解答＞ 《学校からの正答の発表はありません。》

一 問一 (a) 散逸 (b) 風潮 (c) 保障 (d) 含意 (e) まつえい
問二 (X) 4 (Y) 1 問三 5 問四 3 問五 お金で何も 問六 3・5
問七 4 問八 2 問九 B 問十 1・4

二 問一 (例) 実生活の問いは具体的で複合的で錯綜しており，いくつもの問いが絡み合っているが，専門的な哲学では別々の問題として論じられており，現実の文脈からは隔たっているから。(80字) 問二 3 問三 3 問四 1・2・4

三 問一 2 問二 3 問三 3 問四 南浮は老少不定 問五 1 問六 2
問七 2・5

○推定配点○

一 問一 各2点×5 問二・問九 各3点×3 他 各4点×8(問六・問十各完答)
二 問一 10点 他 各5点×3(問四完答)
三 問一・問七 各2点×2(問七完答) 他 各4点×5 計100点

＜国語解説＞

一 （論説文一漢字の読み書き，語句の意味，脱文・脱語補充，文脈把握，内容吟味，要旨）

問一 (a) 「散逸」は，まとまっていた物がちらばってなくなること。「散」を使った熟語はほかに「散在」「散髪」など。訓読みは「ち(らかす)」「ち(らかる)」「ち(らす)」「ち(る)」。「逸」の訓読みは「そ(らす)」。 (b) 「風潮」は，その時代によって移り変わっていく世の中の一般的な傾向。「風」を使った熟語はほかに「風景」「風習」など。訓読みは「かぜ」「かざ」。「潮」の訓読みは「しお」「うしお」。 (c) 「保障」は，危ないことから守る，という意味。同音の「保証」「補償」と区別する。「保」を使った熟語はほかに「保護」「保養」など。訓読みは「たも(つ)」。「障」の訓読みは「さわ(る)」。 (d) 「含意」は，意味をふくむこと，またはふくまれた意味。「含」を使った熟語はほかに「含蓄」「含有」など。訓読みは「ふく(む)」「ふく(める)」。(e) 「末裔」は，ずっと後の子孫，という意味。「末」を使った熟語はほかに「末端」「末筆」など。訓読みは「すえ」。

問二 (X) 「暫定的(ざんていてき)」は，一時，仮に決めたこと，という意味。 (Y) 「敷衍(ふえん)」は，おし広げて，他のものにも適用すること。

問三 I 直後に「長期的な合理性については軽視され」とあるので，「長期」と対になる「短期」が入る。 Ⅱ 直後の「わずかな危機，……で，社会は大きなダメージを受けてしまう」につながる語として，もろくて弱い，という意味の「脆弱」が入る。 Ⅲ 直前の「文化や伝統，美徳や倫理が蒸発していく」という状況にあてはまる語として「低俗」が入る。 Ⅳ 直前に「経済は」とあり，後に「危機はグローバル化し，民主主義は脅かされ……」とあるので，この状況にあてはまる語として「不安定」アが入る。 Ⅴ 直前の「格差は拡大し」につながる内容として，「(貧困は)固定(化し)」とするのが適切。

問四 「両者」とは，「グローバリズム」と「インターナショナリズム」を指し，「グローバリズムは国境を前提としないものであって，国境が存在すること前提とした上で，異なる国家同士の交流を図ろうとするインターナショナリズム(国際主義)とは真逆の概念です」と説明されているので，「国境という存在を前提とするか無視するのか」とある3が適切。

問五 「カネがものを言う世界」と同様のことは，「そして……」で始まる段落に「お金で何もかも片を付けようとする社会(18字)」と表現されている。

問六 「デメリット」については，前に「格差は拡大」「危機はグローバル化」「民主主義が脅かされ」とあるので，「経済が不安定化」とある3，「格差が広がり，その固定化も進行」とある5があてはまる。

問七 「全体主義」については，直後の段落に「『個に対する全体の優位を徹底的に追究しようとする思想・運動・体制』」とあり，続いて，「全体主義のイズムは，もっと広い意味で，政治体制のあり方から社会現象の傾向までも含みます」「全体主義は，その中身のイデオロギーは問いません。とにかく全体が余すところなく同じ思想であればよいのです」と説明されているので，「確固たる思想が基準にあって」と述べている「桜さん」はあてはまらない。

問八 直前に「精神の奥底からウジ虫が湧くような，ドロドロした腐りきった欲望。それらすべてが結託したもの」とあり，「欲望」については，「貪欲」「虚栄」「恐怖」「存在論的不安」「ルサンチマン」と説明されているので，「救済したいという願望」とある2はあてはまらない。

問九 【B】の直前に「一貫性のない無茶苦茶な議論を信じ続けるには，思考を止めるほかないわけです」と，「思考停止」について説明されているので，【B】に入れるのが適切。

問十 1は，「一点目として……」で始まる段落に「グローバルマネーが暴れだすと……バブルが膨らんでいくのです」とあることと合致しない。2は，「さらに……」で始まる段落に「グローバル企業がどんどん強くなるわけです。そうなると，生産力が増え，供給力が上がっていきます」とあり，続いて，「グローバル資本主義が展開していくと，……慢性的なデフレになります。デフレになるということは，所得が下がり，雇用が失われ，失業率が上がるということです」とあることと合致する。3は，「グローバル資本主義のもとでは……」で始まる段落に「グローバル資本主義のもとでは，世界各国がいろいろなリンクでつながるので，……危機が外国で起こると簡単に輸入されてしまう。したがって，リーマンショックが起こったとき，世界中が共倒れになったわけです」とあることと合致する。4は，「全体主義」について，「さて……」で始まる段落に「一貫性のない無茶苦茶な議論を信じ続けるには，思考を止めるほかないわけです」とあることと合致しない。5は，「そもそも……」で始まる段落に「ヨーロッパの国々が帝国主義に走り，植民地を広げていった背景には，デフレーションがありました。……そこで失業した生産者を外国に出したいというモチベーションをヨーロッパの国々はもちました」とあることと合致する。

二 （論説文―文脈把握，内容吟味，要旨）

やや難 問一　後に「いわゆる専門的な哲学の問題は……実生活には関係がないのである。……哲学の問題が現実の具体的な文脈から隔たっているのである」とあり，「実生活の……」で始まる段落には「実生活の問いは，もっと具体的で複合的で錯綜しており，いくつもの問いが絡み合っている。哲学であれば，……たいていは別々の問題として論じられる」と説明されているので，専門的な哲学は問題を別々に論じるものなので，複合的で錯綜している実生活の文脈とは隔たっている，というポイントをおさえてまとめればよい。

問二　前に「なぜ私たちは何かを食べるのか？……授業を受けることと学ぶことはどのように関係しているのか？」とあり，「これらの問いは，通常『哲学の問題』と言われるものではないが，じゅうぶんに哲学的であろう。逆に哲学の問いだから，それを考えることがつねに哲学的というわけではない。……」と説明されているので，3が適切。

問三　「現実の文脈」については，「実生活の……」で始まる段落に「実生活の問いは，もっと具体的で，複合的で錯綜しており，いくつもの問いが絡み合っている」と説明されているので，3の「さまざまな問題が複雑に絡み合った実生活」が適切。

問四　1は，「なぜ私たちは……」と具体例が示された後，「通常『哲学の問題』と言われるものではないが，じゅうぶん哲学的であろう」とあることと合致する。2は，「どんな問いであれ，……哲学的な問いへと進んでいくことができる」とあることと合致する。3は，本文最後に「いわゆる哲学の問題を考えることよりも，自分自身の問いをもつことのほうが重要なのである」と述べられていることと合致しない。4は，最終段落に述べられている内容と合致する。5は，「思想上の問題」については本文に述べられていないので合致しない。6は，「他の人と議論する方がより重要」という内容は本文にないので合致しない。

三 （古文―文脈把握，内容吟味，指示語，大意，主題，文学史）

〈口語訳〉　そう遠くない昔，甲斐国に厳融房とかいう学者がいた。すぐれた学者だと評判が高かったので，修行者などが集まって仕え，学問をしていた。（しかし）あまりにも怒りっぽい上人であった。修行者たちは，食事の準備，給仕をするが，湯がぬるくても熱くても叱った。持って来るのが遅いと腹を立てたので，すぐに持って行くと「法師にものを食べさせないつもりか」と言って，食べるのをやめて叱った。その様子をこっそり見ようとして障子の隙間から中をのぞき見ていると，「あれは何を見ているのか」と言って殊更に叱ったので，（修行者たちは上人の態度を）不愉快に思っているが学問的にはすぐれた人だったので，我慢してその教えを受けていた。

（上人の）妹である女房がいた。最愛の息子に先立たれて，人の親の習性とはいえ，ひどく嘆き悲しんだ。近所の人も弔い同情したが，この上人は訪問せず，女性の習性として，「ああ情けない。これほどの悲しみにも（兄の）上人はやって来ない，他人でも情けをかけて訪ねて来るというのに」と言ったのを，（上人の）弟子の僧が聞いて，「女房殿が嘆きなさっているので，ご訪問されては」と言うと，例のごとく腹を立てて，「ひどい女房（妹）であるよ。法師の妹などという者は，普通の人と同じではない。生老病死の国にいながら，愛別離苦がないと思うのか。ああ愚かなことだ。取るに足りない女房であるよ。どれどれ，行って話して来よう」と言って，あわただしく（妹のところへ）行き，「本当なのか，女房殿は，息子に先立たれたのに（兄の）法師が来ないと言って恨んでいるというのは」と言うと，「あまりの悲しさに分別もなくなり，そのようなことも申し上げたのでしょう」と言うと「論外の人であるよ。そうはいうものの，この法師の縁者であるのは確かなのだから，生ある者は必ず死ぬ。出会う者は必ず別れる。人間の住む世界は老少不定である。死ぬ順番の違い，母子の別れは，この世によくあることである。いまさら悲しみ動揺してはいけない。なんとまあ，言いようのない(情けない)ことだ」と叱ると，「そのように，この道理は存じ上げていますが，(亡くした息子は)身を分けて(この世に)出て，馴れ親しんでいましたから，そして愛情も深かったので，どのような道理も考えられず，ただ別れだけが悲しくて思われて」と言って泣くと，「ああ愚かなことだ。道理を知りながら，それでもやはり嘆くというのか」と言って，いっそう荒々しく説き伏せた。

すると，少しして，この女房は，涙をふいて，「そもそも，あなたが怒りっぽいのは，不都合ではないのか，罪あることではないのか」と言う。(上人は)答えて，「仏教における三つの大きな煩悩といって，欲，怒り，愚痴は心の煩悩の一つだから，異議はない。恐ろしい罪である」と言うと，「では，そうであるならば，それほど分かっていらっしゃるのに，あなたは，あまりにも怒りっぽいですよ」と言うと，(上人は)はたと返答に詰まって，言い返すことができなくて，「よし，では，どのようにも思う存分悲しみなさい」と言って，とがめ立てて出て行った。本当に困っていたようである。

物の道理を知ることと，そのように行動することとは，違うのである。だから，「知ることは難しくない。よくすることが難しい」と，書物にも書かれている。

問一　後に「湯のぬるきをも熱きをも叱りけり」「……食ひさして叱りけり」「……とて殊に叱りければ」とあるので，2が適切。「腹悪し」には，おこりっぽい，という意味がある。

問二　上人に叱られていたが学問に励んでいた，という文脈なので，主語は「修行者たち」。「心よからぬ」は「不快」，「忍びて」は「我慢して」という意味なので，3が適切。

やや難　問三　上人の心情は，直前に「『無下の女房かな。……あら不覚や。言ふかいなき女房かな』とあるので，3が適切。「仏教の教え」を語ろうという意思は表現されていないので4は不適。

問四　直前の「生ある者は必ず滅す。会ふ者は定めて別る。南浮は老少不定なり。……始めて歎き驚くべからず」という内容を指すので，「南浮は老少不定(7字)」を抜き出す。

やや難　問五　直前に「はたとつまりて，言ひやりたる事はなくして」とあるので，1が適切。妹の指摘はもっともなことで，言い返すことができず，困ってその場を取り繕ったのである。

問六　2は，最後に「知る事の難きには非ず。よくする事の難きなり」とあることと合致する。

問七　『今昔物語集』は，平安時代末期に成立した説話。『平家物語』は鎌倉時代に成立した軍記物語。『枕草子』は平安時代中期に成立した清少納言による随筆。『竹取物語』は平安時代前期に成立した作り物語。『徒然草』は鎌倉時代後期に成立した兼好法師による随筆。

★ワンポイントアドバイス★

論説文は，数多くの文章にあたり，やや難しい内容にも慣れておこう！
古文は，注釈を参照して口語訳できる力，長めの文章を読みこなす力をつけておこう！

2019年度

★★★★★★★★★★★★★★★★★★★★★★★

入　試　問　題

2019年度

東京農業大学第一高等学校入試問題

【数　学】（50分）〈満点：100点〉

1 次の式を簡単にしなさい。

(1) $\left\{-\frac{1}{4}-\left(\frac{8}{7}-\frac{4}{5}\right)\right\}-\left\{\frac{6}{7}-\left(\frac{1}{5}+\frac{5}{4}\right)\right\}$

(2) $(-x^3y^2)^3 \div \left(\frac{1}{2}x^4y^3\right)+y\{-6(x^3y)^2+x^2\}\div(-3x)$

(3) $a-\frac{3}{4}b-\left(\frac{5a-3b}{2}-\frac{4a-b}{3}\right)$

2 次の問いに答えなさい。

(1) $(a-1)x^3+(1-a)x$ を因数分解しなさい。

(2) $x=\frac{\sqrt{2}}{\sqrt{3}-\sqrt{2}}$，$y=\frac{\sqrt{2}}{\sqrt{3}+\sqrt{2}}$ のとき，xy，x^2-xy+y^2 の値をそれぞれ求めなさい。

(3) 24 と m の最小公倍数が 360 である 100 以下の自然数 m をすべて求めなさい。

(4) 1 辺 2cm の正方形がある。各辺を半径として右図のように正方形の内部に各頂点を中心とする 4 つの四分円の弧を描いたときにできる斜線部分の面積を求めなさい。ただし，円周率は π とする。

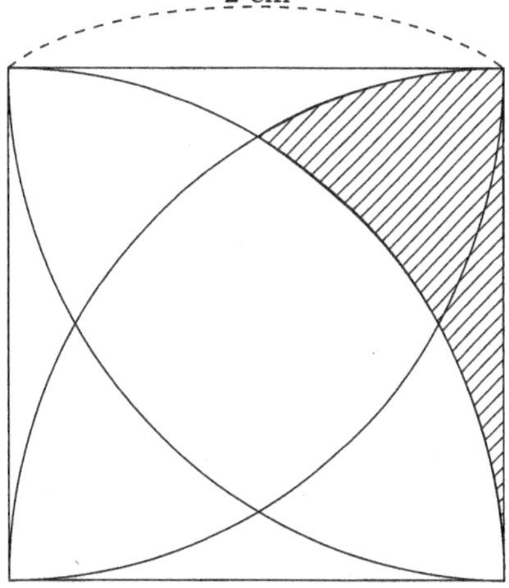

3 x の 2 次方程式 $x^2+2x+k-48=0$……① に対して，次の問いに答えなさい。

(1) $k=40$ のとき，①の解を求めなさい。

(2) k が正の整数であるとき，①の解は $2m$ と $-2n$ であった。
ただし，m と n は正の整数である。

(ア) $m-n$ の値を求めなさい。

(イ) k を n を用いた式で表しなさい。

(ウ) k のとりうる値をすべて求めなさい。

4 原点をOとする座標平面上に点A(6, 0)がある。大小2つのさいころを同時に投げるとき，大，小のさいころの出た目の数をそれぞれx座標，y座標の値として点B$(x,\ y)$を座標平面上にとる。このとき，次の問いに答えなさい。ただし，大小2つのさいころはともに，どの目が出ることも同様に確からしいものとする。

(1) ∠OABが直角になるとき，目の出方は全部で何通りありますか。

(2) △OABが直角三角形となる確率を求めなさい。

(3) △OABが鈍角三角形となる確率を求めなさい。

5 図のように，放物線 $y=x^2$ 上に点A$(-1,\ 1)$がある。点Aを通り，傾きが2の直線をℓ_1，傾きがmの直線をℓ_2とする。また，ℓ_1，ℓ_2と放物線との交点のうち，Aでない点をそれぞれB，Cとする。

このとき，次の問いに答えなさい。ただし，$m > -1$ とする。

(1) 直線ℓ_1の方程式を求めなさい。

(2) △OABの面積を求めなさい。

(3) 直線ℓ_2とy軸との交点のy座標をmを用いて表しなさい。

(4) △OACの面積が△OABの面積の6倍になるとき，mの値を求めなさい。

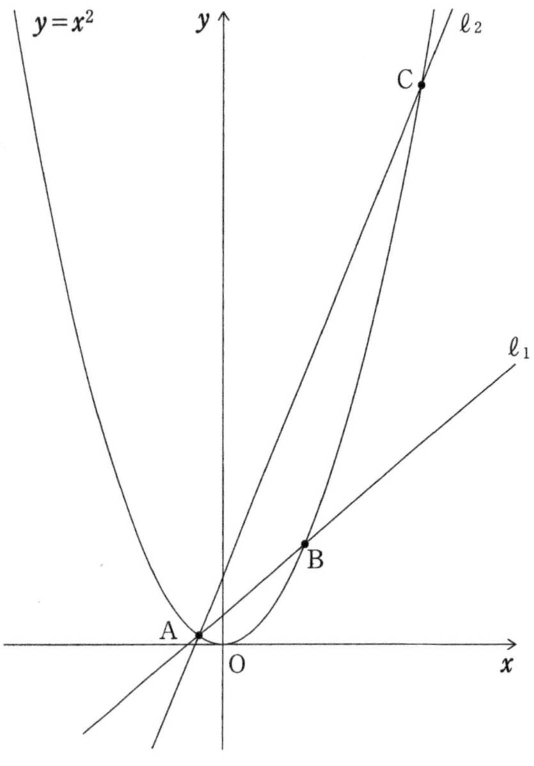

6 右図のように，6 つの合同なひし形で作られる六面体 ABCD－EFGH の容器がある。1 辺の長さが 20cm，∠BAE＝60° とし，面 ABCD が底面になるように容器を置き，面 EFGH 側から容器のちょうど半分水を入れてから漏れないように蓋を閉めて密封した。線分 AG を地面と直交するように点 G で六面体をつるすとき，次の問いに答えなさい。ただし，容器の厚さは考えないものとする。

(1) 水面の作る図形はどのような図形であるか。

(2) 点 G から水面までの高さは何 cm か。

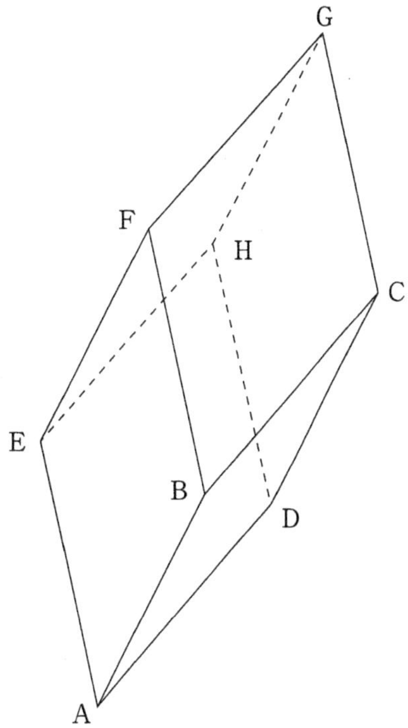

7 右の図で，四角形 ABCD は正方形で，△BCE は正三角形である。辺 BE と対角線 AC の交点を F，辺 CD と線分 AE の延長との交点を G とする。このとき，△ABF∽△CAG であることを証明しなさい。

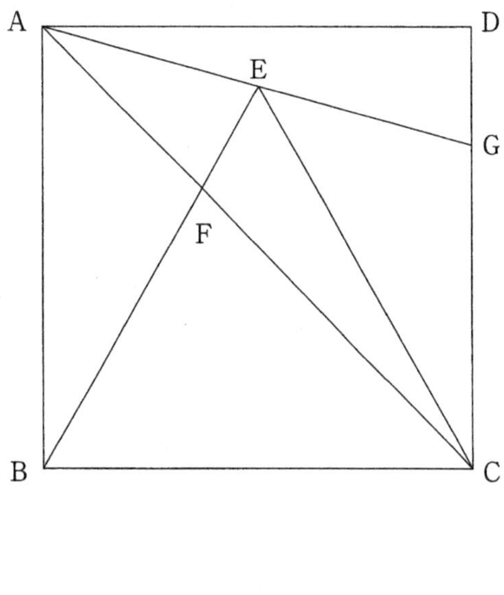

【英　語】（60分）〈満点：100点〉

1　**次の設問 Part 1～3 に答えなさい。**

Part 1　これから，会話文が 2 つ流れます。それぞれの会話文の後に，会話文に対する質問が流れます。質問に対する答えを最もよく表している絵を(A)から(D)の中からひとつ選び，その記号を解答用紙に書きなさい。音声は 1 回しか流れませんので，注意して聞いてください。

Q1

(A)

(B)

(C)

(D)

Q2

(A)
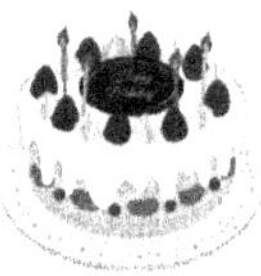

(B)

(C)
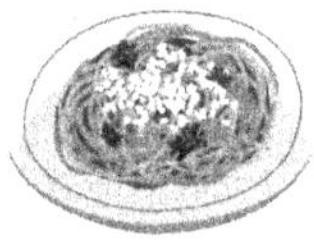

(D)

Part 2　これから二人のやや長めの会話文が 2 つ流れます。その会話文を聞いた後，印刷されている質問に対する最も適切な答えを(A)から(D)の中から 1 つ選び，その記号を解答用紙に書きなさい。音声は 1 回しか流れませんので，注意して聞いてください。

Q3

Question: What will Ken’s mother probably do next?

(A) She will call and cancel Ken’s presentation.
(B) She will ask for the dentist’s schedule.
(C) She will let her son go to the dentist right now.
(D) She will change the date of Ken’s visit to the dentist.

Q4

Question: How will they probably get to school tomorrow?

(A) They will go there by bike.
(B) They will go there by bus.
(C) They will go there by car.
(D) They will go there by train.

Part 3　これから2つの課題英文が2回流れます。その後で，内容に関する質問が2回流れます。答えとして最も適切なものをひとつ選び，その記号を解答用紙に書きなさい。英文は2回流れますが，質問を聞いた後に，もう1度問題を聞くことはできません。注意して聞いてください。

これでリスニングテストは終わりです。

※リスニングテストの放送台本は非公表です。

2　次の設問（問1・2）に答えなさい。

問1　次の英文の（　　）に当てはまるものをア～エから1つ選び，それぞれ記号で答えなさい。

1. A : Steve, can I use your car next Sunday? I want to go shopping in town.
   B : Sorry, it's broken now, but maybe you can use my wife's. I'll ask her when she (　　) home tonight.
   ア　come　　イ　comes
   ウ　came　　エ　will come
2. A : Hi, Kenta. Long time no see. Why didn't you contact me? How have you been?
   B : Fine. I (　　) busy since Monday. That's why I couldn't call you.
   ア　am　　イ　am doing
   ウ　was　　エ　have been
3. A : Bye, Mom. I'm going to play soccer with my friends.
   B : Wait a minute! You (　　) do your homework first.
   ア　have to　　イ　don't need to
   ウ　would like to　　エ　will be able to
4. A : Yuta, what is your hobby?
   B : Well, I (　　) reading very much.
   ア　find　　イ　like
   ウ　prefer　　エ　would like
5. A : It is likely to rain today.
   B : Don't forget (　　) your umbrella when you go out.
   ア　bring　　イ　bringing
   ウ　taking　　エ　to take
6. A : How often does the bus run?
   B : (　　).
   ア　Every ten minutes　　イ　In ten minutes
   ウ　Ten minutes later　　エ　Until ten
7. A : Sorry, I'm late.
   B : It's OK. The party has just started.
   A : Good. Well, now I feel very hungry.
   B : (　　).
   ア　Have yourself　　イ　Help yourself
   ウ　Make yourself　　エ　Take yourself

8. A : How do we get to the stadium? It's too far to walk all the way.
   B : (　　　) Here comes one now.
   ア How about taking a taxi?　　イ I don't think so.
   ウ We can get a ticket here.　　エ We must get off there.
9. A : I've visited Spain once.
   B : Oh, (　　　)?
   ア are you　　イ did you
   ウ don't you　　エ have you
10. A : Yesterday I saw a famous actress.
   B : I beg your pardon. Do you want to say that you saw an actress (　　　) name is well known?
   ア who　　イ whose
   ウ whom　　エ which

問2 次の英文の(　　)内の語(句)を並べかえて，意味の通る英文を完成させなさい。ただし，文頭に来る語も小文字にしてある。
1. その若い女性は親切にも私に席を譲ってくれた。
   (enough / kind / me / offer / the / to / was / woman / young) her seat.
2. 彼は人前で大声で話しかけられるのが好きではないようだ。
   (being / doesn't / he / like / seem / spoken / to / to) in a loud voice in public.
3. あなたは黄色のＴシャツを着ているあの走っている少年を知っていますか。
   (a / boy / do / know / running / T-shirt / that / wears / yellow / you / who)?
4. 家にひとりで残された少年はとても寂しく思った。
   (alone / boy / felt / in / left / the house / the / very) lonely.
5. なぜあなたはそう思うのですか。（1語不要）
   (makes / think / so / what / you / why)?

3 次の設問(A～E)に答えなさい。

A 次の各英文の下線部の意味として適切なものをア～エから1つ選び，それぞれ記号で答えなさい。
1. You should stop using <u>jargon</u> when you make a speech or write a paper. It makes your ideas difficult to understand. If your family, your neighbor living next door, or your friends cannot understand what you are talking about, you should explain it in another way.
   ア a low voice which nobody can hear
   イ bad handwriting which people cannot read
   ウ special tools, such as phones or tablets
   エ technical words used in a special group
2. At first, my father was glad that his father gave him the old apartment. However, he couldn't find anyone to rent it, and soon realized that it was <u>a real white elephant</u>.

ア　a thing which is very popular among people
イ　a wonderful present someone has long wanted
ウ　an animal that has a long nose and large ears
エ　a thing which isn't useful

B　次の英文が読者に一番言いたいことを，ア～エから１つ選び，その記号を書きなさい。

Tea has a long and interesting history. The story began over four and a half thousand years ago. According to legend, tea was accidentally discovered in China in 2737 B.C. by the emperor, Shen Nung. The story goes that the emperor was sitting under a tree while his servant boiled water. Some leaves from the tree dropped into the water, and Shen Nung decided to try the new drink. He liked the taste, and a new beverage was born. The custom of drinking tea spread to Japan around A.D. 600. In the 1500s, tea arrived in Portugal when the Portuguese established trade relations with China. It was then shipped to the Dutch, who in turn sent it to France and the Baltic countries. In 1650, Peter Stuyvesant brought tea to the American colonists in New Amsterdam, later called New York. Today, tea is still one of the world's most popular drinks.

ア　A Chinese Emperor drank tea.
イ　Tea is the world's most popular drink.
ウ　Tea was discovered by the Dutch.
エ　The history of tea is long and interesting.

C　次の英文の空所(1)～(4)に当てはまる語(句)をア～エから１つ選び，それぞれ記号で答えなさい。
＊印は注があることを示します。

In the market, it is sometimes difficult to create a *balance between *supply and demand. Let's look at an example. The price of an air conditioner is related to the number of products the companies make. (　1　), the price of an air conditioner was high last month, so the makers made more products, hoping to make more *profit. (　2　), the *consumers did not buy more because of the high prices. (　3　), the companies reduced the prices of the product so that the consumers could buy more. This *ultimately led to the companies reducing production because the price went down, though the companies got smaller profit than they had hoped. (　4　), we can find that there is a strong link between supply and demand, and that the balance between them is difficult to *achieve.

注　balance　バランス　　supply and demand　需要と供給　　profit　利益　　consumer　消費者
　　ultimately　最後に，ついに，結局　　achieve　達成する

ア　as a result　　イ　in fact　　ウ　in this way　　エ　on the other hand

D　次の英文のパラグラフ(段落)には，まとまりをよくするために取り除いたほうがよい文が１つあります。取り除く文として適切なものを下線部①～⑤から１つ選び，番号で答えなさい。

A full stop (known as a period in the United States) marks the end of an idea. ①<u>Then, it tells the reader to stop and prepare for the next sentence</u>. ②<u>Also, it is wrong to begin</u>

sentences with *And* or *But*. ③The same is true for written English and the full stop. ④When you are reading in a loud voice, the full stop marks the point in the sentence where you can draw a breath before moving on. ⑤It is clear that the silence is as important as the sound, since music without rests would have no rhythm.

E　次の文章の空所[1]～[4]に当てはまる英文をア～カから1つ選び，それぞれ記号で答えなさい。＊印は注があることを示します。また，ア～カの英文は，全て小文字で始まっています。

Have you ever heard the famous phrase, "She sells sea shells by the *seashore?" Perhaps you may think this phrase is a "*tongue twister", but [1] The woman's name was Mary Anning.

In the early 19th century, life in England was tough. Very few children survived and became adults. Mary Anning was born in those days.

After her father died, the life of her family became very hard. So, she helped her family in a unique way. [2]

When Mary was 12 years old, she did a great thing in history. [3] Before her discovery people did not know what it was. They could understand that it was a *fossil of an animal, but people didn't know the name of the animal. By her discovery, it turned out to be a dinosaur's fossil. And [4]

Today, Anning is known as one of the great early fossil hunters and a *pioneering woman of science.

注　seashore　海岸　　tongue twister　早口言葉　　fossil　化石　　pioneering　先駆的な，さきがけの

ア　do you know that this phrase is based on a true story of a real woman?

イ　have you heard that Charles Dickens wrote a story about a woman who sold sea shells?

ウ　she had learned that the value of some kinds of sea shells was high so she looked for them.

エ　she looked for strange sea shells on the sea shore, painted them and sold them at the market.

オ　she searched for fossils and sold them to get money.

カ　the discovery was an important key to understanding why dinosaurs died out.

4　次の英文を読んで，後の設問(問1～6)に答えなさい。＊印は注があることを示します。

Being the youngest of four girls, I usually took care of Grandma Lou's needs at family gatherings. Lucinda Mae Hamish — Grandma Lou for short — was a tall woman, with long gray hair and was sharp looking. She was the perfect *Master Gardener in our family, for she had come of age in *the Depression, where she learned to use every old thing twice. And when it was worn out, she'd use it again — in her garden.

When Grandma Lou visited, she brought some of her own seeds, put into envelopes on which she wrote some instructions. Her handwriting was clear. She gave each of us a particular plant; usually tomatoes and carrots and *marigolds for my sisters — seeds that are easy to raise, because my sisters were *impatient and not good at raising plants. For me, she saved the more difficult varieties.

At the time of my second oldest sister's *wedding, Grandma Lou was eighty-four and living alone, still caring for her large garden by herself. She gave Jenny *a Mason jar layered with seeds from her garden as she had done for my older sisters' wedding parties.

Round and round the colorful seeds were put in the big-mouthed jar. Heavy beans in rich, deep brown colors fit in the jar perfectly. Next came corn, in a thin cloth, and they shone like gold. Seeds of cucumber, pumpkin and watermelon filled up the sides also with the marigolds. At the very top, separated with thin cloth, were the small *herb seeds of *mint and basil. The jar was closed by a bright cover and a cheerful *ribbon. There was a lifetime *supply of seeds put into the jar; a whole garden's worth of food for the new couple.

Two years later, Grandma Lou suffered a *stroke, which forced her into *an assisted-living apartment. Though she was unable to attend my own wedding that year, I was delighted to see a Mason jar among the brightly wrapped gifts at my wedding.

However, unlike my sisters' jars, my jar held no beautiful layers of seeds. Instead, it was as if all the seeds had been dropped into a pillowcase and then poured into the jar. Even the cover seemed like a recycled one, for it was dirty and well used. Still, thinking about Grandma Lou's health, I felt delighted that she remembered the tradition at all.

My husband, Mark, found work in the city, and we moved into a small apartment. A garden was almost impossible, so I excused myself by placing the seed jar in our living room. There it stood as a promise to return to the garden.

Grandma Lou died the year our twins were born. By the time our sons could walk, I had moved the seed jar to the top of the refrigerator, where their little hands couldn't touch my treasure.

Some years later we moved to a house, but there still wasn't enough sun in our yard to plant a garden. There were a lot of grass in the little spaces between the *dandelions, and it was all I could do to keep them out and the flowers watered.

The boys grew up overnight, much like the grass that I pulled out. Soon they were out on their own, and Mark was looking forward to retirement. We spent our quiet evenings planning for a little place in the country, where Mark could fish and I could have a garden.

A year later, Mark was hit by a drunk driver, which *paralyzed him from the neck down. Our savings went to *physical therapy, and Mark gained some weak movement in his arms and hands. For doing simple day-to-day things though, he still needed a nurse.

Between the hospital visits and the money worries, I was tired. Soon Mark would be back at home, and I knew I wouldn't even be able to lift him into our bed because of his size. I didn't know what I would do. We didn't have enough money for a day nurse, and assisted-care apartments were far too expensive.

Left to myself, I was so tired I wouldn't even want to eat; But Jenny, my sister who lived nearby, visited me daily, and forced me to eat something. One night she arrived with a *lasagna, and she talked cheerfully as we set our plates. When she asked about Mark, I broke down in tears, explaining how he'd be home soon and how hard up on money we were. She offered her own savings — even offered to move in and help take care of him — but I knew Mark's pride wouldn't allow it.

I looked down at my plate, not eating any more. In the quiet that fell between us, despair came to dinner as usual. Finally I pulled myself together and asked her to help me with the dishes. Jenny nodded and rose to put the leftover lasagna away. As the refrigerator door was closed, the seed jar on top *rattled against the wall. Jenny turned at the sound. "What's this?" she asked, and reached for the jar.

Looking up from the *sink, I said, "Oh, that's just Grandma Lou's seed jar. We each got one for a wedding present, remember?" Jenny looked at me, and then studied the jar.

"You mean you never opened it?" she asked.

"We have never had a good garden for planting them."

Jenny held the jar in one arm and took my hand in her other. "Come on!" she said excitedly.

Half pulling me, she went back to the dinner table. It took three tries, but she finally got the cover loose and opened the jar on the table. Seeds went out everywhere! "What are you doing?" I cried, catching them. Below some faded brown seeds appeared the top of an old, yellow envelope. Jenny pulled out the envelope and handed it to me.

"Open it," she said, with a smile. Inside I found five *stock certificates, each for one hundred *shares. Reading the company names, our eyes widened in surprise. "Do you have any idea what these are worth by now?" she asked.

I gathered a handful of seeds to my lips and said a silent prayer of (A) to Grandma Lou. She had been providing seeds for a garden for me all these years and had put a lifetime supply of love into that old Mason Jar.

注 Master Gardener 庭師　the Depression 世界恐慌　marigold マリーゴールド
impatient がまん強くない　wedding 結婚式
a Mason jar layered with seeds 種が層のように積み重ねてあるガラスの瓶のこと　herb ハーブ
mint and basil ミントとバジル　ribbon リボン　supply 供給　stroke 脳卒中
an assisted-living apartment 介護付きの施設　dandelion タンポポ　paralyze 麻痺させる
physical therapy 理学療法(リハビリテーション)　lasagna ラザニア
rattle ガタガタ音を立てる　sink 流し台　stock certificate 株式証券　share 株

問1 次のア～オの出来事を物語の中で起こった順に並べかえ，記号で答えなさい。

ア Grandma Lou gave my sisters a beautiful Mason jar at their weddings.

イ I didn't have a chance to plant the seeds my grandma gave.

ウ We were saved by what my grandma had done for me.

エ When I got married, Grandma Lou kept our family tradition, and I kept her present in my living room.

オ　With my husband's accident, we were having problems in our family with our limited money.

問2　次の図は Grandma Lou が Jenny に贈った Mason jar の略図です。A と D に入るものをア～キの中からそれぞれ 1 つ選び，その記号を書きなさい。

ア　Corn
イ　Cucumber
ウ　Heavy Bean
エ　Herb
オ　Marigold
カ　Pumpkin
キ　Watermelon

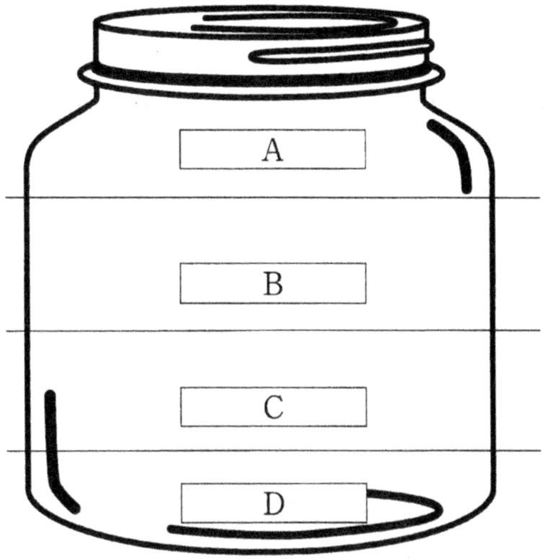

問3　次の質問に対する答えとして適切なものをア～エから 1 つ選び，それぞれ記号で答えなさい。

1. Why didn't Grandma like spending her money?
   ア　Because she wanted to save her money and give it to her daughters.
   イ　Because she was a gardener, she could get all the food she needed from her garden.
   ウ　Because she was a person whose hobby was using everything twice.
   エ　Because she went through the age of the worst economic situation around the world and she got to know the importance of saving.
2. What was the main problem that I had after my husband's car accident?
   ア　A drunk driver hit my husband.
   イ　I couldn't lift Mark into our bed, so I needed a person to take care of him.
   ウ　Not being able to pay for the apartment with assisted-care.
   エ　I needed the money for my husband's therapy and recovery.
3. Why did my sister force me to open the jar when she found it on the refrigerator?
   ア　Because she knew what was in the bottle.
   イ　Because she wanted to encourage me.
   ウ　Because she wanted to open it.
   エ　Because she wanted to sell the seeds, which were expensive.
4. What was in my grandma's jar?
   ア　There was a lot of paper.
   イ　There were many valuable seeds.
   ウ　There were old shares and they were not worth using now.
   エ　There were some special papers that could turn into huge money.

問4　次のそれぞれの英文は物語の中で主人公に起きた出来事と，その場面での主人公の感情を表現しているものです。それぞれの空所に入る感情を表す英語をア～オから１つ選び，記号で答えなさい。

(1)　When I got married, I was given a Mason jar from my grandma.
I was a little (　　　), but soon my feelings changed.

(2)　After the car accident, I realized that we did not have enough money in our family and it was so hard to take care of my husband.
It was too (　　　) for me to keep on living.

(3)　My sister Jenny asked me to open my grandma's jar and we opened it.
I found something.
I was so (　　　) and I realized my grandma's love for me.

ア　angry　　イ　boring　　ウ　disappointed　　エ　glad　　オ　hard

問5　本文中の空所(A)に入るふさわしい英単語を書きなさい。

問6　A　次の英文はこの話を読んだ後，生徒とアメリカ人の Nathan 先生が会話をしているものです。空所(1)～(5)に入る適切な英語をア～クから１つ選び，それぞれ記号で答えなさい。

Student : When I read this story, some questions came to mind.

Nathan : Oh, what were they?

Student : The first question is why the lady's grandma gave the stocks to her. I mean stocks are not (1). It depends upon the situation of the economy.

Nathan : Right; But did you remember the sentence which explained the company names of the stocks?

Student : Yes. It said that while reading the company names, the sisters' eyes widened.

Nathan : That's right. Grandma Lou knew that some stocks were not (1). So she gave the most (2) company stocks to her granddaughters. She knew that was the best.

Student : OK, next one. In the story there is a phrase. "As the refrigerator door closed, the seed jar on top rattled against the wall." This phrase suggests that Grandma Lou wanted her granddaughters to (3) her Mason Jar.

Nathan : Ah. I imagine most Japanese people think the same as you.
However, [　　A　　].

Student : Oh, how?

Nathan : Usually Japanese people think that dead people are always watching or caring for family members or friends even though they are not here. That's why you think the rattling is a (4) of grandma's suggestion. However, many Americans think that it is God's (5). We believe that God directs our thoughts in many situations. So, this story is regarded as a story about the Christian way of living. This is one of the cultural differences between Japan and America.

Student : I didn't know that. It is very interesting.

ア dangerous　イ look　ウ find　エ interesting

オ safe　カ sign　キ will　ク famous

問6 B 会話文中の空所 A にふさわしい英文(1文)を書きなさい。
ただし，文として成立していること。

5 以下の絵の場面を説明する英文を，与えられた書き出しに続いて完成させなさい。ただし，語群から必ず1つは用いること。

【語群】 [because / so / but]

【書き出し】

Takeshi ____

____

3　天智天皇と野守の逸話とは別に、徐君の鏡のことを指して野守の鏡と呼称する話があり、その鏡が魔力を持っているために悪者はだれもがその鏡をほしがった。

4　徐君は自分の所有していた鏡を皆がほしがっていたので、自分では所有しきれないと考えて塚の下に埋めてしまったとも言われている。

5　野守の鏡を皆がほしがったのは、天皇に褒められるからか、普通ではわからないことを知ることができるからなのか、どちらが本当の理由かはよくわかっていない。

問七　この作品『俊頼髄脳』は和歌について論じた書物であるが、次の勅撰和歌集の中で最も古いものはどれか、次の1～5の中から一つ選びなさい。

1　拾遺和歌集　　2　千載和歌集

3　古今和歌集　　4　後撰和歌集

5　金葉和歌集

※しばのうへにたまれる水……野のくぼみにたまる水
※徐君……中国の徐国の君主

問一　傍線部（ア）「得てしがな」といわれている鏡はどのような鏡か、最も適当なものを次の1～5の中から一つ選びなさい。

1　人の心の中を照らし出し、知ることができるすばらしい鏡
2　人柄の良し悪しを映し出し、人が信用できるかを知ることができる鏡
3　野守のおきなの伝説になぞらえて後の世の中で作られた鏡
4　野守のおきなが実際にのぞいていた地面にできた水たまりのような鏡
5　野守のおきなが天智天皇の人柄の素晴らしさをのぞき見た鏡

問二　傍線部（イ）「御鷹は、かの岡の松のほつえに、南にむきて、しか侍る」と野守がわかったのはなぜか、その理由として、最も適当な部分を六字で抜き出して答えなさい。

問三　傍線部（ウ）「地にむかひて、かうべを地につけて、ほかを見る事なし」とあるが野守がこのようにした理由として、最も適当なものを次の1～5の中から一つ選びなさい。

1　天智天皇に鷹がいなくなったので探せという無理難題を持ちかけられたので怒っており、天智天皇の姿を目にしたくなかったから。
2　自分のような身分の低い者が天智天皇の顔を見ることは失礼に当たると考えて、絶対に顔を上げないようにしていたから。
3　返事をしただけでも天皇から失礼だと言って脅されるので、顔を上げて天智天皇の顔を見たら、どんな罪に落とされるかわからないと思ったから。
4　窪みにたまった水の中に天智天皇の姿が映っており、天智天皇の人柄まで手に取るように知れたので、顔を上げる必要が無かったから。
5　老人なので鷹を探して疲れ果て、つかまって天智天皇の前に連れ出された時には顔を上げる気力も無くなってしまったから。

問四　傍線部（エ）「かしらの雪」とは何か、最も適当なものを次の1～5の中から一つ選びなさい。

1　季節を知らせる富士山に積もった雪
2　年老いた野守の髪の毛の様子
3　気品を感じさせる天智天皇の冠の輝き
4　雪が降るかどうかという空模様
5　地面の水で占いができるという頭のひらめき

問五　空欄Aには「徐君の鏡である」という意味になる語が入る。当てはまる語として、最も適当なものを次の1～5の中から一つ選びなさい。

1　は　2　を　3　に　4　が　5　と

問六　本文の内容と合致するものを次の1～5の中から選びなさい。ただし、解答が複数になる場合は複数答えなさい。

1　むかし、天智天皇という方が、野原に出て鷹狩をなさったが、鷹が風に流されていなくなったので、天皇は大勢の家来に命じて鷹を探させた。
2　野守が、野の窪みにたまった水を占いに使って、見事に鷹が木にとまっているのを言い当てた事から、野原の水たまりのことを野守の鏡と言うようになった。

がある」とはどういうことか、百字以内で説明しなさい。

問三　傍線部（ウ）「自由主義への重大な挑戦」についての具体的な説明として、最も適当なものを次の1～5の中から一つ選びなさい。

1　個人の自由に基づく自由主義的な経済活動により、国民全体で利益を生み出すことを目指す政策。
2　個人よりも社会全体の利益を優先することで政府の財源を確保しようとする全体主義的な政策。
3　大多数の国民の意思決定によって個人の自由な経済活動を抑制するといった私的領域を侵す政策。
4　民衆を為政者が支配することによって個人の自由を最大限認めようとする民主主義的な政策。
5　個人の自由を尊重する個人主義は君主制の崩壊を招く危険な思想だと批判する議会主義的な政策。

問四　本文の内容に合致するものを次の1～6の中からすべて選びなさい。

1　民主主義に批判的だった福沢諭吉は日本に自由民主主義が入ってくることを防ごうとした。
2　民主主義において多数派に従うかどうかは個人の自由意思によって決めることはできない。
3　個人の自由が認められる政治体制は自由主義だけである。
4　"democracy" はある特別な理念をもった政治体制という意味の言葉である。
5　自由主義と全体主義は根本的なところで対立している。
6　日本人は民主主義を本来の意味とは異なる意味で理解してしまっている。

三　次の文章を読んで、後の問いに答えなさい。

※はし鷹の野守の鏡（ア）得てしがな　※思ひおもはずよそながらみむ

むかし、天智天皇と申すみかどの、野にいでて鷹狩せさせ給ひけるに、御鷹、風に流れて失せにけり。むかしは、※野を守る者ありけるに、召して、「御鷹失せにたり、たしかに求めよ」と仰せられければ、かしこまりて、（イ）「御鷹は、かの岡の松の※ほつえに、南にむきて、しか侍る」と申しければ、おどろかせ給ひにけり。「そもそもなんぢ、（ウ）地にむかひて、かうべを地につけて、ほかを見る事なし。いかにして、こずゑにゐたる鷹のあり所を知る」と問はせ給ひければ、野守のおきな「民は、公主におもてをまじふる事なし。※しばのうへにたまれる水を、鏡として、（エ）かしらの雪をもさとり、おもてのしわをも数ふるものなれば、その鏡をまぼりて、御鷹の木居を知れり」と申しければ、そののち、野の中にたまれりける水を、野守の鏡とは言ふなり、とぞ言ひつたへたるを、野守の鏡とは※徐君［　A　］鏡なり。その鏡は、人の心のうちを照らせる鏡にて、いみじき鏡なれば、よの人、こぞりてほしがりけり。これに、さらに我持ちとげじと思ひて、塚の下にうづみてけりとぞ、またひと申しける。いづれかまことならむ。

（『俊頼髄脳』による）

（注）※はし鷹……鷹狩に用いた鷲鷹目の鳥
※思ひおもはず……相手が自分に好意を持っているか持っていないか
※野を守る者……主として皇室所有の狩猟地に置かれた管理者
※ほつえ……上の枝

小を支持すれば、この全体主義的な決定がまかり通ることになります。

実際、民主党の大統領候補として善戦し、「民主社会主義者」を自称したバーニー・サンダースが大統領になっていたら、実施したかもしれない政策です。これは(ウ)自由主義への重大な挑戦です。言い換えれば、まったく個人の自由に基づく自由主義的な経済と、所得の平等化を唱える民主主義的な方向は対立する可能性が高いのです。

われわれは、民主主義と自由主義を同一のカテゴリーに入れて、その両者に対立するのが全体主義だと考えている。もちろん、自由主義と全体主義は、根本的に対立しています。全体主義のもとでは、自由な言論をはじめ、個人の私的自由は基本的に認められません。ところが、民主主義は個人の自由を認めることもあれば、その自由を制限する決定を市民に強いることもある、どっちつかずの危うい存在なのです。

もともと、民主主義とは "democracy" です。直訳すると、「民衆支配」です。ところが、日本語では "democracy" を民主主義と訳している。そこに含まれた「主義」とは、何でしょうか。「主義」とは、ある理念に現実を近づけようとする運動です。社会主義もそうですし、自由主義、平等主義も、無抵抗主義も、理想とすべき理念に近づこうという意思があります。しかし、英語の "democracy" は、必ずしも「主義」の意味を含んでいません。単純に、ある政治体制を表現する言葉です。

"democracy" の "demos" は、古代ギリシャの一つの行政区画の単位であり、転じて、政治に参加する権利のあるギリシャの市民を意味するようになる。それと、支配を意味する "kratia" で構成される単語です。日本語では民主主義とされますが、実際は民主政治や民衆政治とでもしておくべきでした。自由民主主義を日本に紹介したとされる福沢諭吉は決して民主主義者ではなく、君主制のもとでの議会主義者であり、中江兆民も「民主の政」には警戒的で、「君民共治」を唱えたのです。二人とも、いわゆる「民主主義」には批判的だったのです。

繰り返して言いますが、やはり "democracy" は意思決定の一つのルールであるというにとどめるべき概念であり、何か特別な理念を込める必要はないのです。その「誤訳」、あるいは意図的な「曲訳（曲解に基づく訳）」も、日本の民主主義観を歪め、目指すべき理想的な政治であるかのような幻想を生み出した原因ではないでしょうか。

（佐伯啓思『さらば、民主主義』による）

（注）※冒頭にあげた……本文より前にアメリカの大統領に関する記述がある。

問一　傍線部（ア）「自由主義と民主主義の結合を当然のものとして信じて疑わない」のはなぜか、最も適当なものを次の1～5の中から一つ選びなさい。

1　われわれは自由主義と民主主義について、互いに補完しあうことによって成り立つものだと勘違いしているから。

2　われわれは自由主義と民主主義について、全世界に共通する政治体制であると早合点しているから。

3　われわれは自由主義と民主主義について、アメリカと日本を結びつけるものだという誤解をしているから。

4　われわれは自由主義と民主主義について、私たちの権利を守るために最適なルールであると妄信しているから。

5　われわれは自由主義と民主主義について、どちらも個人の自由を尊重するものだと思い込んでいるから。

問二　傍線部（イ）「民主主義は、本来的に自由主義の精神に反する面

二　次の文章を読んで、後の問いに答えなさい。

日本にせよ、アメリカにせよ、ヨーロッパ諸国にせよ、たいていの先進国の政治体制は自由・民主主義でできている、とわれわれはいいます。(ア)自由主義と民主主義の結合を当然のものとして信じて疑わないわけです。

この両者が結合する、あるいは補完的であるという面はもちろんあります。自分の意見を自由に表明できる「自由な個人」がなければ民主主義は成り立ちません。政治参加が無理やりに制限されたり、表現の自由が奪われては民主主義にはなりません。その意味では、この両者は深く結びつきあっているといってよい。

しかし、決定的に異なっている面もある。それは、自由主義の方があくまで「個人」が単位なのに、「民主主義」の方は、常に「全体」へ向かうからです。

民主主義の意思決定の仕組みは、本質的に全体主義的なものを含んでいる。なぜなら、いちど民主的に決まった事項は、どんなにいやであろうと、全員が守らなければならないからです。ここにはもう個人の自由は認められない。

もちろん、民主主義が成り立つには、多数派に従うという約束に合意していることが前提になるのですが、そもそも、その約束に合意するかどうかは自由ではないのです。善かれあしかれ、われわれは、生まれながらにして、民主主義という意思決定のやり方のなかに投げ込まれている。そんな約束をしたおぼえはない、といっても意味はありません。民主主義へと参加を強制されているともいえます。

こうして(イ)民主主義は、本来的に自由主義の精神に反する面がある。自由主義のもとでは、自分の意思に反する決定事項を遵守する必要はありません。個人の意思を尊重することが、自由主義の基本的な立場なのです。

しかし、民主主義では、全体の決定が個人の私的領域を侵すことになったとしても、それを止めることができません。たとえば、税金を一定額以上納めていない者は選挙権をはく奪する、などという法案が出され、議会を経て成立したとします。これは民主的な決定なのですが、貧困層の人の自由を奪います。空港を作るからといって個人の土地を徴用されることもあるでしょう。

もっと深刻な事例ですが、次のようなことが実際にフランスで起きました。宗教的な意味を暗示する表徴を身につけて公立学校へ入ってはならない、というような法律です。フランスの原則である教育と宗教の分離（ライシテ）からすれば、イスラム教徒がスカーフをつけて学校へくると、教育の権利を奪われることになる。

もっと別のケースを考えることもできます。

たとえば、※冒頭にあげたトランプをアメリカの大統領に押し上げたひとつの要因は、アメリカでの所得格差でした。同じ企業内においても、経営トップと平社員の間には、へたをすれば数百倍の賃金格差が存在します。仮に、そのような賃金格差を5倍以内に必ず縮めなければいけないという法律が制定されたらどうなるでしょうか。

民主主義国にいる者は、民主的に定められた法に従わなければなりません。その結果、自由な経済活動が制限されることもありうる。資本家側からすれば、堂々と自由経済の原則にのっとって稼いだ資産を巻き上げられることは納得がいきません。しかし、多数の国民が賃金格差の縮多くの人々によって改良・整理されているという点。

4　一流の学者の「知の体系化」が、限られた人々によってのみなされるのに対し、ネット上のそれは、自由に集まる無数のプログラマーによって出来上がるという点。

5　一流の学者によって書かれる教科書が、後進のための「知の体系化」であったのに対し、ネット上では、「知」は体系化されず、むしろ日用品化されてしまうという点。

問八　傍線部（エ）「若い世代には、私たちの世代とは比較にならぬほどの可能性が広がっているのだ」とあるが、どのような「可能性」か。その説明として最も適当なものを、次の1～5の中から二つ選びなさい。

1　「高速道路」が次々と敷かれても、ITに対する世の中のニーズがそれに比例して増えるとは限らないので、IT関連のすべてを切り捨てることもできるという可能性。

2　「高速道路」が整備され敷かれていることは、すべての情報が体系化されつつあることを意味するので、そこで意識して体系化を極めていくという可能性。

3　自分の進もうとしている世界は、「高速道路」が敷かれていない古典的な分野であることを自覚し、新しい世界の存在を模索してその道を突き進むという可能性。

4　インターネットやITを用いて、「高速道路」が未だに敷かれていない新しい分野を探し出し、その世界で戦略的に誰もがやっていないことに取り組むという可能性。

5　新しい世界の存在を目指すために、これまで整備されてきた「高速道路」の成果を戦略的に切り捨て、ITやインターネットなどを用いずに頂点に立つという可能性。

問九　本文中には、次の一文が抜けている。入れるのに最も適当な箇所を、本文中の（Ⅰ）～（Ⅴ）の中から一カ所選んで記号で答えなさい。

この「高速道路の整備と大渋滞」は、ネットの普及に伴い、将棋以外のありとあらゆる世界で起きつつある現象である。

問十　本文の内容として最も適当なものを、次の1～5の中から一つ選びなさい。

1　将棋の羽生善治さんは、物事の本質を言語化する能力に長けているが、ITやネットが進化することで棋士の立場が脅かされることをも言及している。

2　将棋の世界では、四段からがプロ棋士として扱われているため、奨励会の二段というレベルはアマチュアの中でも弱い方の実力といえる。

3　コンピュータ将棋は人間を超える実力を備えているが、人間の聴覚や触覚などの感覚を総動員すれば、何とかコンピュータに勝つことができる。

4　ネットの普及により、たくさんの情報が日々追加・整理され、言語化された情報はネット上で誰もが共有できるものとなっている。

5　コンピュータのプログラムがネットに出ることは、企業秘密である門外不出の知を世間に暴露する行為であり、誰もが意識して行わなければいけない事柄である。

のことか。最も適当なものを、次の1～5の中から一つ選びなさい。
1　三六五日、二四時間開きっぱなしの将棋道場
2　プロ棋士の一歩手前レベル
3　人間の能力の深淵
4　前の世代の並のプロたちを抜き去る瞬間
5　過去から蓄積された情報に新しい意味が更新付加される時

問六　傍線部（イ）「将棋が強くなるための高速道路が一気に敷かれた」ことにより、将棋の世界にどのような変化が生じたかを、五人の生徒たちが話し合っている。最も適当な説明をしている生徒の名前を後の選択肢1～5の中から一つ選びなさい。

農太くん　僕は将棋の世界で起こった変化として、アマチュア強豪だけでなくプロ棋士などとも実戦練習ができるようになったので、練習相手を探す手間が省けた上に、下手な相手との勝負に時間を費やすこともなくなり、練習に専念できるようになったことだと思うよ。

一子さん　そうかしら。私は、インターネット上に開かれている将棋道場で強敵と対戦できるようになったので、対局の大事な場面で「詰み」に至るまでの時間の無駄が省かれる上に、将棋を指すスピードが急速に上がったことだと思うわ。

東一くん　僕が思うに、生じた変化としては、市販のコンピュータ将棋ソフトの能力が人間を超えつつあるほどまで高められたんだから、実際の対人練習を一つ一つ積み重ねていく必要がなくなり、簡単に級や段位が進むようになったことでしょう。

桜さん　最大の変化なんだから私は、勝負終盤の打ち方のパターンや計算方法の考え方が情報として広く知られることによって、勝ちパターンのコツをすぐに身に着けられるので、以前より素早く勝負をつけることができるようになったことが大きいと思うわ。

花子さん　私は、みんなが考えていることと違って、定跡研究や棋譜データベースなどの情報が整理され、誰でもわずかなコストで情報を共有することが可能になったから、以前より速いスピードで一定の強さまで上達できるようになったことだと思うけど。

（選択肢）　1　農太くん　2　一子さん　3　東一くん
4　桜さん　5　花子さん

問七　傍線部（ウ）「数学や物理学のような長い歴史を持つ学問の世界では、ネットの有無などとは関係なく営々と「知の体系化」が行われてきた」とあるが、「数学や物理学」と「ネット」との相違点の説明として最も適当なものを、次の1～5の中から一つ選びなさい。
1　その道の権威たちが弟子たちに「知の体系化」を伝授するやり方は、とても閉鎖的なものなので、門外不出の知として特殊なものであるのに対し、ネット上の場合は、伝授方法が均一であるという点。
2　一流の学者による「知の体系化」が、それぞれの経験に基づくものであるのに対し、ネット上では、無数の愛好家たちが、体験にとらわれず自由に情報を公開するという点。
3　その道の権威が「知の体系化」を行い弟子に伝授する際には、極めて閉鎖的に行われたのに対し、ネット上の場合は、そこに集まる

の結果、世界最高峰のプログラマーが書いて世界中で利用されているプログラムのソースコードを、誰もが自由に読んで勉強することができるようになった。オープンソース化は、「プログラムを書く」ことを学ぶための高速道路を一気に整備してしまったのである。（Ｖ）

さまざまな分野で「学習の高速道路」が敷かれつつあるゆえ、全体のレベルが上がっていることは間違いない。しかし、多くの人が次から次へとあるレベルに到達する一方、世の中のニーズのレベルがそれに比例して上がらないとすれば、せっかく高速道路の終点まで走って得た能力が、どんどんコモディティ（日用品）化してしまう可能性もある。一気に高速道路の終点にたどりついたあとにどういう生き方をすべきなのか。特に若い世代は、そのことについて意識的でなければならない。

たとえば、「自分が進もうとしている世界に、もう高速道路が敷かれているのかいないのか」ということを最初から考え、あるいは高速道路で渋滞にさしかかったところで考え、高速道路が敷かれていない新しい世界に進むのも選択肢の一つだ。ＩＴやネットは、ありとあらゆる可能性を増幅する存在であり、誰もやっていない新しい世界の存在を探すこともより容易になった。いくらすべての情報が体系化されつつあると言っても、おそろしく層が薄い分野というのが発見できるのも事実である。異質なものを異質なものと組み合わせていけば、「個」にとってはさらに無限の可能性が広がる。

ネットは、古典的な分野での頂点に立つための高速道路整備を促進しただけでなく、自分だけの新しい世界を戦略的に⑤模索していく生き方を支援する道具としても進化している。体系を極めるべく高速道路をシッソウするもよし、高速道路を避けて独自の道を発見して歩んでいくもよし。いずれにせよ（エ）若い世代には、私たちの世代とは比較にならぬほどの可能性が広がっているのだ。

（梅田望夫『ウェブ進化論』による）

（注）※オープンソース化……人間が書いたプログラムを、インターネットなどで公開し、誰もが改良や機能追加、再配布できるようにすること。

問一　傍線部①～⑤について、カタカナを漢字に直し、漢字は読みをひらがなで答えなさい。

問二　空欄Ａ～Ｄに入る語として最も適当なものを、次の１～５の中からそれぞれ一つずつ選びなさい。（同じ数字の解答不可）

１　あたかも　２　つまり　３　たとえば
４　しかし　５　さらに

問三　二重傍線部「ブレークスルー」の意味として最も適当なものを、次の１～５の中から一つ選びなさい。

１　困難や障害を突破すること
２　発展してきたものが崩れ去ること
３　抑圧から解き放たれること
４　感情が強く大きく広がっていくこと
５　失われたものへの心が惹かれること

問四　空欄Ｘに入る最も適当な語句を、次の１～５の中から一つ選びなさい。

１　泣きっ面に蜂　２　のれんに腕押し
３　焼け石に水　４　畳の上の水練
５　河童の川流れ

問五　傍線部（ア）「高速道路を走り抜けた先」とあるが、それはどこ意味である。そのレベルまで③カけ上がる道具立ては、ＩＴとネットによって整備されたというわけだ。

では「高速道路を走りきった先での大渋滞」とは何なのか。

情報を重視した最も効率の良い、しかし同質の勉強の仕方でたどりつけるのは、プロの一歩手前までだ。ただ、そのあたりまで到達した者たち同士の競争となると、勝ったり負けたりの状態になり、そこを抜け出すのは難しい。一方、後ろからもさらに若い連中が同じ「高速道路」をカけ抜けて次から次へと追いついてくるから、自然と「大渋滞」が起きる。結果として若き一群は、前の世代の並のプロたちを抜き去るのだが、そうやって直面した「大渋滞」を抜け出すには全く別の要素が必要となってくると、羽生さんは直観する。（Ⅰ）

そして次なる当然の問いは「大渋滞を抜けるためには何が必要なのか」であり、まさにこれこそが「人間の能力の④深淵」に関わる難問であり、ここを考え抜くことが、次のブレークスルーにつながる。

ところで羽生さんが現役である間に、コンピュータ将棋は人間を超える可能性をはらむ。いずれやってくる「人間とコンピュータのギリギリの闘い」において人間が勝利するための条件と「高速道路を走りきったところでの大渋滞」を抜け出すための条件には、類似性があるように思えてならない。（Ⅱ）

「聴覚や触覚など人間ならではの感覚を総動員して、コンピュータ制御では絶対にできない加工をやってのける旋盤名人の技術のようなもの。それがどういうことなのかに、ものすごく興味があります」

羽生さんは言う。彼は、言語化不可能な世界にこそ、人間ならではの可能性を見出そうとしている。

羽生さんの「高速道路」論は「ネットの本質」を実に鋭くえぐったものだ。（Ⅲ）

これでもかこれでもかと厖大（ぼうだい）な情報が日々ネット上に追加され、グーグルをはじめとする恐ろしいほどに洗練された新しい道具が、片っ端からその情報を整理していく。いったん誰かによって言語化されてしまった内容は、ネットを介して皆と共有される。よって後から来る世代がある分野を極めたいという意志さえ持てば、［ C ］高速道路をシッソウするかのように過去の叡智（えいち）を吸収することができるようになった。これが「高速道路の整備」の意味である。

(ウ)数学や物理学のような長い歴史を持つ学問の世界では、ネットの有無などとは関係なく営々と「知の体系化」が行われてきた。一流の学者によって多くの教科書が書かれ、それが後進のための高速道路の役割を果たしてきた。［ D ］今、それとほぼ同じ意味のこと、つまり「学習のための高速道路」が、さまざまな分野で日々自動的に敷かれているのである。しかも、その道の権威が知を体系化して弟子に伝授するような閉鎖的なやり方ではなく、無数のプロフェッショナルが自らの知や経験をネット上に自由なフォーマットで公開するだけで、それらがすぐさま整理・体系化されていくという新しいやり方によってである。（Ⅳ）

「コンピュータのプログラムを書く」勉強を例に取ろう。本書でも繰り返し取り上げてきたソフトウェア世界のオープンソース※化は、思わぬ副産物を生み落とした。もともとプログラマーが書いたプログラムそのものであるソースコードとは、開発した企業の企業秘密そのものであって門外不出の知であったわけだが、その閉鎖的な知だったソースコードが、オープンソース化によってインターネット上に溢（あふ）れるようになった。そ

【国　語】（五〇分）〈満点：一〇〇点〉

一　次の文章を読んで、後の問いに答えなさい。

将棋の羽生善治さんは、ただ将棋が強いという人ではなく、物事の本質を常に考えていて、それを言葉にする能力に優れた人である。だから彼と会うと、いつも新しい発見があり、議論が深くなる。羽生さんと私の専門・関心の接点に位置するテーマは、「ITやネットが将棋に及ぼす影響・変化」「ITの進化による社会構造や人間の役割の変化」であり、いつも議論はおのずからそのあたりに収斂(しゅうれん)していく。

「ITとネットの進化によって将棋の世界に起きた最大の変化は、将棋が強くなるための高速道路が一気に敷かれたということです。(ア)でも高速道路を走り抜けた先では大渋滞が起きています」

あるとき、羽生さんは簡潔にこう言った。聞いた瞬間、含蓄のある深い言葉だと思った。

将棋が強くなるために必要な情報、つまり定跡研究成果、棋譜データベース、終盤のパターン化や計算方法の考え方といった情報の整理は、この一〇年恐ろしいスピードで進んだ。そしてその整理された情報を、わずかなコストで誰もが共有できる時代になった。

［　A　］、最先端局面における最新情報など、過去から蓄積された情報に付加されるべき新しい意味が日々更新され、それらもやはり、ネットや携帯メールなどを介して瞬時に共有される。市販のコンピュータ将棋ソフトも「詰め将棋」に限っては人間の能力を超えつつあるから、ある局面に「詰み」があるかないかといった情報は、誰にも開かれるようになった。

ただこうした静的な情報を集めて記憶するだけでは「［　X　］」に過ぎず、あまり強くはならない。加えて大事なのは、強敵との実戦である。しかしその環境すらネット上に生まれた。三六五日二四時間・開きっぱなしのインターネット将棋道場「将棋倶楽部24」の会員は約二〇万人に及ぶ。誰もがこの道場には無料で参加でき、アマチュア強豪ばかりでなく、羽生さんを含むプロ棋士の多くが①トクメイで参加し、いつも将棋を指している。［　B　］誰でも強くなっていけば、棋界の最高峰とぶつかり稽古できる環境までがネット上に整備されたのである。

羽生さんはこうした新現象のすべてを総合して(イ)「将棋が強くなるための高速道路が一気に敷かれた」と表現する。そしてその高速道路に乗って将棋の勉強に没頭しさえすれば、昔と比べて圧倒的に速いスピードで、かなりのレベルまで強くなることができるようになった。そこが将棋の世界で起きているいちばん大きな変化なのだ、と羽生さんは言うわけだ。

（中略）そう言う羽生さんの脳裏には、子供たちが「整備された高速道路」を②シッソウしてくるイメージがありありと浮かんでいる。

私は思わず、

「かなりのレベルまで強くなるって、どのくらいのレベルのことをおっしゃっているんですか？」

と質問した。羽生さんの答えは、

「奨励会の二段くらいまででしょうか」

だった。制度的には、奨励会は三段までで、四段からプロ棋士になる。ただ羽生さんの言う「奨励会の二段」の強さということを解釈すれば、アマチュアならほぼ最高峰の強さ、現実の制度としてはプロ棋士の一歩手前、弱いプロよりは実力的にかなり強い、そんなレベルの強さという

MEMO

大切なことはメモしておこうネ！

2019年度

解　答　と　解　説

《2019年度の配点は解答欄に掲載してあります。》

＜数学解答＞ 《学校からの正答の発表はありません。》

1 (1) 0　(2) $-\frac{1}{3}xy$　(3) $\frac{-2a+5b}{12}$

2 (1) $(a-1)x(x+1)(x-1)$　(2) $xy=2$, $x^2-xy+y^2=18$　(3) 45, 90

(4) $\sqrt{3}-\frac{1}{3}\pi\text{ cm}^2$

3 (1) $x=-4$, 2　(2) (ア) -1　(イ) $k=-4n^2+4n+48$　(ウ) $k=24$, 40

4 (1) 6通り　(2) $\frac{7}{36}$　(3) $\frac{5}{18}$

5 (1) $y=2x+3$　(2) 6　(3) $m+1$　(4) $m=7$

6 (1) 正六角形　(2) $10\sqrt{6}\text{ cm}$

7 解説参照

○推定配点○

1 各4点×3　2 各4点×4((2)完答)　3 (1) 4点　(2) (ア)・(イ) 各2点×2　(ウ) 4点　4 各6点×3　5 各5点×4　6 各6点×2　7 10点　計100点

＜数学解説＞

1 (正負の数，式の計算)

(1) $\left\{-\frac{1}{4}-\left(\frac{8}{7}-\frac{4}{5}\right)\right\}-\left\{\frac{6}{7}-\left(\frac{1}{5}+\frac{5}{4}\right)\right\}=-\frac{1}{4}-\frac{8}{7}+\frac{4}{5}-\frac{6}{7}+\frac{1}{5}+\frac{5}{4}=-\frac{1}{4}+\frac{5}{4}-\frac{8}{7}-\frac{6}{7}+\frac{4}{5}+\frac{1}{5}=1-2+1=0$

(2) $(-x^3y^2)^3\div\left(\frac{1}{2}x^4y^3\right)+y\{-6(x^3y)^2+x^2\}\div(-3x)=-x^9y^6\times\frac{2}{x^4y^3}-\frac{y(-6x^6y^2+x^2)}{3x}=-2x^5y^3+2x^5y^3-\frac{1}{3}xy=-\frac{1}{3}xy$

(3) $a-\frac{3}{4}b-\left(\frac{5a-3b}{2}-\frac{4a-b}{3}\right)=\frac{12a-9b-6(5a-3b)+4(4a-b)}{12}=\frac{12a-9b-30a+18b+16a-4b}{12}=\frac{-2a+5b}{12}$

2 (因数分解，式の値，数の性質，平面図形)

(1) $(a-1)x^3+(1-a)x=(a-1)x^3-(a-1)x=(a-1)x(x^2-1)=(a-1)x(x+1)(x-1)$

(2) $xy=\frac{\sqrt{2}}{\sqrt{3}-\sqrt{2}}\times\frac{\sqrt{2}}{\sqrt{3}+\sqrt{2}}=\frac{2}{3-2}=2$　$x+y=\frac{\sqrt{2}}{\sqrt{3}-\sqrt{2}}+\frac{\sqrt{2}}{\sqrt{3}+\sqrt{2}}=\frac{\sqrt{2}(\sqrt{3}+\sqrt{2})+\sqrt{2}(\sqrt{3}-\sqrt{2})}{(\sqrt{3}-\sqrt{2})(\sqrt{3}+\sqrt{2})}=\frac{2\sqrt{6}}{3-2}=2\sqrt{6}$　$x^2-xy+y^2=(x+y)^2-3xy=(2\sqrt{6})^2-3\times2=24-6=18$

(3) $24=2^3\times3$，$360=2^3\times3^2\times5$より，nを自然数として，$m=3^2\times5\times n=45n$と表せる。よって，$n=1$，2のとき，$m=45$，90

重要 (4)　右の図で，1辺の長さがaの正三角形の面積は$\frac{\sqrt{3}}{4}a^2$と表せるから，アの弓形の面積は，$\pi\times2^2\times\frac{60}{360}-\frac{\sqrt{3}}{4}\times2^2=\frac{2}{3}\pi-\sqrt{3}$　よって，斜線部分の面積は，$\pi\times2^2\times\frac{30}{360}-\left(\frac{2}{3}\pi-\sqrt{3}\right)=\sqrt{3}-\frac{1}{3}\pi$ (cm²)

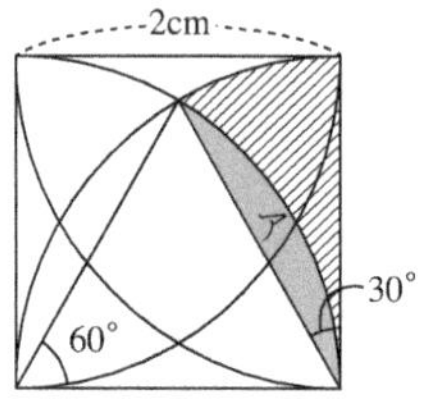

3 (2次方程式の応用)

基本 (1)　$x^2+2x+k-48=0$…①に$k=40$を代入して，$x^2+2x-8=0$　$(x+4)(x-2)=0$　$x=-4,\ 2$

(2)　(ア)　$x=2m,\ -2n$を解とする2次方程式は，$(x-2m)(x+2n)=0$　$x^2-2(m-n)x-4mn=0$…②　①と②の係数を比べて，$-2(m-n)=2$　$m-n=-1$

(イ)　(ア)より，$m=n-1$…③　①と②の係数を比べて，$k-48=-4mn$　これに③を代入して，$k-48=-4n(n-1)$　$k=-4n^2+4n+48$

(ウ)　$k=-4n^2+4n+48=-4(n^2-n-12)=-4(n-4)(n+3)$　ここで，k，nは正の整数だから，$n-4<0$　$n<4$　よって，$n=1,\ 2,\ 3$となるが，$n=1$のとき，③より，$m=0$となり，mが正の整数であることに反する。したがって，$n=2,\ 3$のとき，$k=40,\ 24$

4 (図形と確率)

基本 (1)　題意を満たすのは，(大，小)＝(6，1)，(6，2)，(6，3)，(6，4)，(6，5)，(6，6)の6通り。

(2)　さいころの目の出方の総数は，6×6＝36(通り)　このうち，∠OAB＝90°になるときが，(1)の6通り。∠OBA＝90°になるときが，(3，3)の1通り。∠AOB＝90°になるときはない。よって，求める確率は，$\frac{6+1}{36}=\frac{7}{36}$

(3)　題意を満たすのは，点BがOAを直径とする円の内部にあるときで，∠OBA＞90°である。(大，小)＝(1，1)，(1，2)，(2，1)，(2，2)，(3，1)，(3，2)，(4，1)，(4，2)，(5，1)，(5，2)の10通りだから，求める確率は，$\frac{10}{36}=\frac{5}{18}$

5 (図形と関数・グラフの融合問題)

基本 (1)　直線ℓ_1の式を$y=2x+a$とおくと，点A$(-1,\ 1)$を通るから，$1=-2+a$　$a=3$　よって，$y=2x+3$

基本 (2)　$y=x^2$と$y=2x+3$からyを消去して，$x^2=2x+3$　$x^2-2x-3=0$　$(x+1)(x-3)=0$　$x=-1,\ 3$　よって，B$(3,\ 9)$　D$(0,\ 3)$とすると，$\triangle OAB=\triangle OAD+\triangle OBD=\frac{1}{2}\times3\times1+\frac{1}{2}\times3\times3=6$

(3)　直線ℓ_2の式を$y=mx+b$とおくと，点A$(-1,\ 1)$を通るから，$1=-m+b$　$b=m+1$

(4)　$y=x^2$と$y=mx+m+1$からyを消去して，$x^2=mx+m+1$　$x^2-mx-m-1=0$　$x^2-1-m(x+1)=0$　$(x+1)(x-1-m)=0$　$x=-1,\ m+1$　よって，C$(m+1,\ (m+1)^2)$　E$(0,\ m+1)$とすると，$\triangle OAC=\triangle OAE+\triangle OCE=\frac{1}{2}\times(m+1)\times1+\frac{1}{2}\times(m+1)\times(m+1)=\frac{1}{2}(m+1)(m+2)$　したがって，$\frac{1}{2}(m+1)(m+2)=6\times6$　$m^2+3m+2=72$　$m^2+3m-70=0$　$(m+10)(m-7)=0$　$m>-1$より，$m=7$

6 (空間図形の計量)

重要 (1)　この立体の各面は1辺20cmの正三角形を2つ並べてできるひし形であるから，線分AGを地面と直交するように点Gで六面体をつるすと，次のページの図のように，正四面体GCFHと正八面体CFHDBEと正四面体ABDEを合わせた立体とみることができる。このとき，水面の作る図形は，正八面体の面CFH，BDEと平行で，線分CB，CD，HD，HE，FE，FBの各中点を結んでできる正六角形になる。

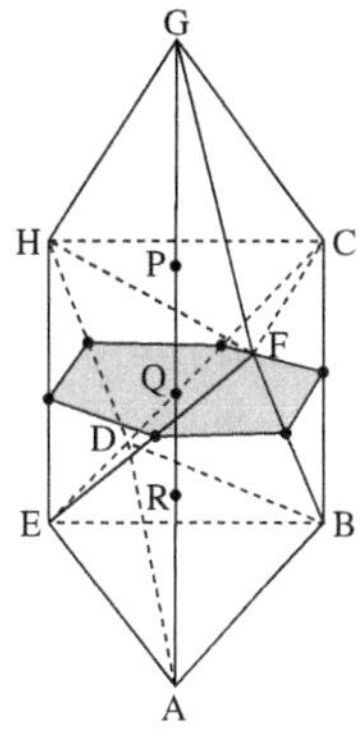

やや難 (2) 線分GAと面CFH，水面，面BDEとの交点をそれぞれP，Q，Rとすると，求める高さは，GQ＝GP＋PQである。1辺の長さがaの正四面体の高さは$\frac{\sqrt{6}}{3}a$で表せるから，GP＝$\frac{\sqrt{6}}{3}\times 20=\frac{20\sqrt{6}}{3}$　また，PQ＝$\frac{1}{2}$PRで，GP＝PRだから，PQ＝$\frac{1}{2}\times\frac{20\sqrt{6}}{3}=\frac{10\sqrt{6}}{3}$　よって，GQ＝$\frac{20\sqrt{6}}{3}+\frac{10\sqrt{6}}{3}=10\sqrt{6}$(cm)

基本 7 (平面図形－証明)

△ABFと△CAGにおいて，ACは正方形の対角線だから，∠BAF＝∠ACG＝45°…①　BA＝BEより，△BAEは二等辺三角形で，∠ABE＝∠ABC－∠EBC＝90°－60°＝30°だから，∠BAE＝(180°－30°)÷2＝75°　よって，∠FAE＝75°－45°＝30°　したがって，∠ABF＝∠CAG＝30°…②
①，②より，2組の角がそれぞれ等しいから，△ABF∽△CAG

★ワンポイントアドバイス★

本年度は空間図形が復活し，相似の証明問題も昨年に続き出題された。基礎を固めたら，過去の出題例を研究しておこう。

<英語解答> 《学校からの正答の発表はありません。》

1 リスニング問題解答省略

2 問1 1 イ　2 エ　3 ア　4 イ　5 エ　6 ア　7 イ　8 ア　9 エ　10 イ　問2 1 The young woman was kind enough to offer me
2 He doesn't seem to like being spoken to
3 Do you know that running boy who wears a yellow T-shirt
4 The boy left alone in the house felt very　5 What makes you think so

3 A 1 エ　2 エ　B エ　C (1) イ　(2) ア　(3) エ　(4) ウ
D ②　E [1] ア　[2] オ　[3] ウ　[4] カ

4 問1 ア→エ→イ→オ→ウ　問2 A エ　D ウ
問3 1 エ　2 エ　3 ア　4 エ　問4 (1) ウ　(2) オ　(3) エ
問5 thanks　問6 A (1) オ　(2) ク　(3) ウ　(4) カ　(5) キ
B (例) many Americans think differently

5 (例) was going to go hiking but he got sick, so he couldn't.

○推定配点○

1 各1点×6　2～4 各2点×44　5 6点　計100点

＜英語解説＞

1 リスニング問題解説省略。

基本 2 問1 （語句選択：時制，現在完了，助動詞，動名詞，不定詞，疑問詞，熟語，関係代名詞）

1. 「A：スティーブ，今度の日曜日にあなたの車を使ってもいい？　町に買い物に行きたいの。／B：ごめん，今故障しているんだ。でも，妻の車を使えるかもしれない。今夜彼女が帰宅したら聞いてみるよ」〈時〉や〈条件〉を表す副詞節の中では，未来のことでも現在形で表すので，comesが適切。

2. 「A：こんにちは，ケンタ。久しぶりね。なぜ連絡してくれなかったの？　元気だった？／B：元気だよ。月曜日からずっと忙しいんだ。だから君に電話できなかったのさ」since「～以来」があるので，〈継続〉を表す現在完了〈have [has]＋過去分詞〉の文。〈keep＋人＋～ing〉で「(人)にずっと～させておく」。

3. 「A：じゃあね，ママ。友達とサッカーをして来るよ。／B：ちょっと待ちなさい！　先に宿題をしなければなりません」「友達とサッカーをして来る」に対して「ちょっと待ちなさい！」と応じていることから，「先に宿題をしなければならない」とすると文脈に合う。have to ～で「～しなければならない」という意味。

4. 「A：ユウタ，あなたの趣味は何ですか。／B：ええと，僕は本を読むのが大好きです」like ～ingで「～するのが好きだ」という意味。

5. 「A：今日は雨が降りそうだ。／B：外出するときに傘を持って行くのを忘れないでね」Don't forget to ～. で「～するのを忘れないでください」という意味。forget ～ing「～したことを忘れる」との意味の違いに注意する。

6. 「A：バスは何回走行しますか。／B：10分ごとです」How often ～? は「何回～」と回数を尋ねる表現なので，アのEvery ten minutes.「10分ごとです」が適切。

7. 「A：ごめんなさい，遅れました。／B：大丈夫ですよ。パーティーはたった今始まったばかりです。／A：よかった。ええと，今とてもお腹がすいています。／B：ご自由に取って食べてください」直前のAの「今とてもお腹がすいています」に対する応答なので，イのHelp yourself.「ご自由に取って食べてください」が文脈に合う。

8. 「A：スタジアムへはどうやって行く？　遠すぎてずっと歩くことはできないよ。／B：タクシーに乗るのはどう？　ほら，今1台来たわ」空所の直後の文Here comes one now. のoneは，空所の文中にある語句を指していると考えられる。選択肢を見て，アのa taxiを指していると考えると「タクシーに乗るのはどうですか。ほら，今1台来ました」という意味になり，文意が通る。

9. 「A：一度スペインを訪れたことがあります。／B：ああ，そうだったんですか」AのI'veはI haveの短縮形なので，現在完了の文。よって，エのhave youが適切。have youの後にvisited Spain onceが省略されている。

10. 「A：昨日，有名な女優を見ました。／B：失礼ですが。あなたは，名前がよく知られている女優を見たということを言いたいのですか」空所に入る適切な関係代名詞を選ぶ。空所の直後にnameという名詞が続いているので，所有格の関係代名詞whoseが適する。

重要 問2 （語句整序：不定詞，動名詞，受動態，分詞，関係代名詞）

1. 語群より「～するほど十分…」と読み換えて，〈形容詞＋enough to ～〉で表す。「〈人〉に〈物〉を提供する，譲る」は〈offer＋人＋物〉の語順。

2. 「～のようだ」seem to ～の否定文。語群より「～するのが好きだ」はlike ～ingで表し，「話しかけられる」は「～に話しかける」speak to ～の受け身形〈be動詞＋過去分詞〉で表すので，like being spoken to の語順になることに注意する。

3. 「あの走っている少年」は現在分詞 running を boy の前に置いて，that running boy と表す。「黄色のTシャツを着ているあの走っている少年」は，主格の関係代名詞 who を用いて that running boy を修飾すればよいから，who wears a yellow T-shirt とまとめて boy の後に置く。

4. 「家にひとりで残された少年」は過去分詞 left を用いて left alone in the house とまとめて The boy の後に続ける。この部分が主語となる。「寂しく思う」は〈feel ＋形容詞〉で表す。

5. 語群より「何があなたにそう思わせるのですか」と読み換えて，疑問詞 What の後に「～に…させる」〈make ＋目的語＋動詞の原形〉の形を続ける。不要な語は why。

3 （語彙，要旨把握，語句選択，文整序，適文選択）

A 1. 「スピーチをしたりレポートを書くときは，専門用語を使うのをやめた方がいい。あなたの考えが理解されにくくなる。家族や隣人や友人があなたの話していることを理解できなかったら，別の方法でそれを説明すべきだ」 エ「特殊な集団内で使われる専門用語」(○)

2. 「初めは，私の父は自分の父親から古いアパートをもらって喜んだ。だが，借り主を見つけられず，やがてそれは無用の長物であることに気づいた」 エ「役に立たない物」(○)

B （大意） お茶には長くて興味深い歴史がある。その物語は4500年以上前に始まった。伝説によると，お茶は紀元前2737年に神農大帝により中国で偶然発見された。お茶を飲む慣習は紀元600年頃に日本に広まった。1500年代にお茶はポルトガルに到達し，1650年にピーター・ストイフェサントが，後にニューヨークと呼ばれるニューアムステルダムのアメリカの入植者にお茶を持って行った。今でもお茶は世界で最も人気のある飲み物の一つだ。エ「お茶の歴史は長くて興味深い」(○)

C （大意） 市場では，需要と供給のバランスを作り出すことは時に難しい。ある例を見てみよう。エアコンの価格は企業が製造する製品の数に関連している。(1)実際，先月はエアコンの価格が高かったので，メーカーはより多くの製品を製造してさらに利益を上げたいと思った。(2)その結果，高価なため，消費者はあまり買わなかった。(3)その一方で，消費者にもっと買ってもらえるように，企業はその製品の価格を下げた。価格が下がったため結局企業は生産を減らすことになり，企業は望んでいたよりも利益が少なかった。(4)このように，需要と供給には強い関連があり，そのバランスは達成するのが難しいことがわかる。

(1) 例を示している部分で，空所の直後に「先月はエアコンの価格が高かったので，メーカーはより多くの製品を製造してさらに利益を上げたいと思った」という内容が続いているので，「実際」という意味の in fact が適切。 (2) 前文の内容を受けて，「その結果」とまとめる as a result を入れると文意が通る。 (3) 前文の内容とは反対の内容が空所の直後に続いているので，on the other hand「その一方で」が適する。 (4) 前で述べられた内容を受けて，「このように」とまとめる in this way が文脈に合う。

やや難 D 「終止符(アメリカではピリオドとして知られている)は，ある考えの終わりを意味する。①それから，読み手に文が停止し，次の文の準備をするように告げる。③書き言葉の英語と終止符の場合も同様である。④大きい声で読んでいるときに，終止符は先へ進む前に息をつける文中の地点を示す。⑤沈黙は物音と同じくらい重要なことは明らかだ。なぜなら休止のない音楽にはリズムがないだろうから。」

この英文は，全体を通して終止符について書かれているので，②「また，『そして』や『しかし』で文を始めることも間違っている」を取り除くと文のまとまりがよくなる。

E （大意） 「彼女は海岸で貝殻を売っている」という有名な言葉は「早口言葉」だと思うかもしれ

ないが，[1]この言葉は実在した女性の実話に基づいていることを知っているだろうか。その女性の名前はメアリー・アニングだった。彼女が生まれた19世紀初頭の英国の生活は厳しかった。父親が亡くなると，彼女は独特な方法で家族を助けた。[2]彼女は化石を捜して，お金を稼ぐためにそれを売った。彼女が12歳のとき，歴史上の偉業を成し遂げた。[3]ある種の貝殻の価値が高いことを知ったので，彼女はそれらを探した。彼女が発見する前は，人々はそれが何なのかわからなかったが，彼女の発見により，恐竜の化石だとわかった。そして，[4]その発見はなぜ恐竜が絶滅したのかを理解する重要な手がかりとなった。

[1] 直前の文にある this phrase を，アの this phrase は指している。 [2] 直前の「独特な方法」を説明しているオが適する。 [3] 直前の「歴史上の偉業を成し遂げた」につながる内容は，ウが適切。 [4] 直前に，メアリーの発見により，恐竜の化石だとわかったことが述べられているので，カが文脈に合う。

4 **（長文読解：文整序，要旨把握，語句補充）**

（大意） 私は4人姉妹の末っ子で，家族の集まりではたいてい私が祖母の世話をした。祖母は完璧に庭仕事をこなし，世界恐慌時に成人になったので古い物はどれも2回使うようにし，使い古した物は庭で使っていた。祖母は家に来ると私たち姉妹の一人一人に種を持って来てくれた。姉たちはがまん強くなく植物を育てるのが苦手だったので祖母は簡単に育てられる種をあげたが，私にはより育てにくい品種の物をくれた。祖母は姉のジェニーの結婚式の時も他の姉たちの時と同様に，種が層のように積み重ねてあるガラスの瓶をプレゼントした。重い豆が底に，ミントとバジルのハーブが一番上にあった。2年後，祖母は脳卒中を患い，介護付きの施設に入居した。その年に行われた私の結婚式に出席できなかったが，祖母は我が家の伝統を守って私に種の入ったガラスの瓶を贈ってくれた。姉たちに贈られたガラスの瓶と違って，私のは種が美しい層に積み重なっていなかったが，祖母の健康状態を思うと私はうれしかった。夫の仕事の都合で都会の小さなアパートに引っ越し，庭はほとんど不可能だったため私は居間に種の入ったガラスの瓶を置いた。祖母は私たちの双子が生まれた年に亡くなり，子どもたちが歩けるようになると手が届かないように冷蔵庫の上にガラスの瓶を移動した。数年後，私たちは1軒家に引っ越したが，庭に植物を植えるには日当たりが不十分だった。子どもたちが独立し，夫婦で退職後の生活を楽しみにしていた矢先に，夫が自動車事故に遭い首から下が麻痺してしまった。夫の理学療法や介護に貯金が消え，今後の生活にかかるお金を心配するあまり，私は疲れてしまい食事をとりたいとすら思わなくなった。だが，近所に住む姉のジェニーが毎日私を訪ねてきて，私に何かを食べさせようとし，また，自分の貯金を提供するとも言ってくれたが，夫のプライドがそれを許さないことはわかっていた。私たちが夕食の片付けをし始めて冷蔵庫のドアを閉めたとき，上に置いてあったガラスの瓶がガタガタ音を立てた。ジェニーがその音に気づいて振り返り瓶に手を伸ばして，この瓶は何かと尋ねた。私が結婚式の時に祖母からもらった瓶だと答えると，姉は瓶のふたを開けてテーブルの上に中身を出した。その中から封筒を取り出し私に手渡した。「開けてみなさいよ」と姉は笑顔で言った。中には100株の株式証券が5枚入っていた。会社名を読んで，私たちは驚いて目を丸くした。私は一握りの種を口元に持って行き，祖母に感謝の祈りを静かにささげた。

問1 ア.「ルーおばあさんは私の姉の結婚式で，彼女たちに美しいガラスの瓶をあげた」 第3段落最終文参照。→エ.「私が結婚したときルーおばあさんは我が家の伝統を守ってくれて，私は彼女の贈り物を居間に置いておいた」 第5段落最終文および第7段落第2文参照。→イ.「私は祖母がくれた種をまく機会がなかった」 第9段落第1文参照。→オ.「私の夫の事故で，使えるお金が限られ私たちは家族の問題を抱えていた」 第11段落第1文および第12段落第1文参照。→ウ.「私たちは祖母が私のためにしてくれたことにより救われた」 第19～21段落参照。

問2　A.　第4段落第5文参照。　D.　第4段落第2文参照。

問3　1.「なぜ祖母はお金を使うのが好きではなかったか」―エ.「彼女は世界中で最悪の経済状況の時代を経験し，貯金の重要性を知るようになったから」　第1段落最後から2文目参照。　2.「夫の自動車事故の後で私が抱えた最大の問題は何だったか」―エ.「夫の理学療法と回復のためにお金が必要だった」　第11段落および第12段落第1文参照。　3.「なぜ私の姉は冷蔵庫の上に瓶を見つけたとき，私にそれを開けさせようとしたのか」―ア.「瓶の中に何が入っているか彼女は知っていたから」　第18～20段落参照。　4.「祖母の瓶に何が入っていたか」―エ.「大金にかわる特別な紙が数枚あった」　第20段落参照。

問4　(1)「私が結婚したとき，祖母からガラスの瓶をもらった。少々がっかりしたが，すぐに私の気持ちは変わった」　第6段落参照。　(2)「自動車事故の後，私たちは家族に十分なお金がなく，夫を世話するのがとても大変だということに気づいた。大変過ぎて私は生活し続けることができなかった」　第11，12段落参照。　(3)「姉のジェニーが私に祖母の瓶を開けるように言い，私たちはそれを開けた。私はある物を見つけた。私はとてもうれしくて，私に対する祖母の愛情に気づいた」　第20，21段落参照。

問5　say a prayer of thanks で「感謝の祈りをささげる」という意味。

やや難　問6　(全訳)　生徒(以下S)：この物語を読んだとき，いくつか疑問が思い浮かびました。／ネイサン先生(以下N)：おや，どんな疑問ですか。／S：最初の疑問は，女性のおばあさんはなぜ彼女に株をあげたのかということです。つまり，株は$_1$安全ではありません。経済状況に左右されます。／N：そうですね。でも，その株の会社名を説明した文を覚えていますか。／S：はい。その会社名を読みながら，姉妹は目を丸くしたと書いてありました。／N：その通り。ルーおばあさんは$_1$安全ではない株もあることを知っていたんですね。だから彼女は孫娘たちに最も$_2$有名な会社の株をあげました。それが最善だと彼女はわかっていたのですね。／S：わかりました，では次の疑問です。物語の中にあるフレーズがあります。「冷蔵庫のドアが閉まると，上に置いてあった種の入った瓶が壁にぶつかってガタガタ音を立てた」　このフレーズは，ルーおばあさんが孫娘たちに自分のガラスの瓶を$_3$見つけてほしいと思っていたことを示唆しています。／N：ああ。日本人の大半があなたと同じように考えると思いますよ。でも，$_A$アメリカ人の多くは違う考え方をします。／S：おや，どのようにですか？／N：たいてい日本人は，亡くなった人はここにいなくても常に家族や友達を見守っていて気にかけていると思っています。だからあなたは，ガタガタ音はおばあさんの示唆の$_4$印だと思うのです。でも，多くのアメリカ人はそれは神の$_5$意志だと思います。私たちは神がさまざまな状況で私たちの考えを導いていると信じています。だからこの物語は，キリスト教徒の生き方に関する物語だと考えられています。これは日本とアメリカの文化の違いの一つです。／S：それは知りませんでした。とても興味深いですね。

5　(条件付き英作文)

与えられた書き出しに続けることと，語群の中から1語は用いることが条件。絵から，タケシはハイキングへ行く予定だったが病気になり，行けなくなったことを英文で説明する。解答例は「タケシはハイキングへ行く予定だったが病気になったので，行くことができなかった」。

★ワンポイントアドバイス★

3のEの適文選択問題は，正確に選択肢の英文の意味を読み取り，文意が通る選択肢を選ぶことがポイント。前後の流れに注意して，文脈を常に意識しながら問題に取り組もう。

<国語解答> 《学校からの正答の発表はありません。》

[一] 問一 ① 匿名 ② 疾走 ③ 駆 ④ しんえん ⑤ もさく 問二 A 5 B 2 C 1 D 4 問三 1 問四 4 問五 2 問六 5 問七 3 問八 2・4 問九 Ⅳ 問十 4

[二] 問一 5 問二 (例) 自由主義のもとでは，自分の意思に反する決定事項を遵守する必要はないが，民主主義では，個人の私的領域を侵すことになったとしても，それを止められないので，個人の意思を尊重するという立場に反するということ。(100字) 問三 3 問四 2・4・5・6

[三] 問一 1 問二 鏡をまぼりて 問三 2 問四 2 問五 4 問六 4 問七 3

○推定配点○

[一] 問一～問四 各2点×11 他 各5点×6 [二] 問二 9点 他 各5点×3(問四完答)
[三] 問五・問七 各2点×2 他 各4点×5 計100点

<国語解説>

[一] (論説文一漢字，脱文・脱語補充，接続語，語句の意味，ことわざ，文脈把握，要旨)

問一 ① 「匿」を使った熟語はほかに「隠匿」「秘匿」。訓読みは「かく(す)」。 ② 「疾」を使った熟語はほかに「疾患」「疾風」など。 ③ 「駆」の訓読みは「か(ける)」「か(る)」。音読みは「ク」。熟語は「駆除」「駆使」など。 ④ 「淵」には，川などで，水が流れないで深くたまっているところ，たやすく抜け出せないような苦しい境遇，という意味がある。「淵」を使った熟語はほかに「海淵」。訓読みは「ふち」。 ⑤ 「模」を使った熟語はほかに「模型」「模範」など。音読みはほかに「ぼ」。熟語は「規模」。

問二 A 直前に「将棋が強くなるために必要な情報……この10年間恐ろしいスピードで進んだ。そしてその整理された情報を，わずかなコストで誰もが共有できる時代になった」とあり，直後で「過去から蓄積された情報に付加されるべき新しい意味が日々更新され，……」と付け加えられているので，累加を表す「さらに」が入る。 B 直前に「誰もがこの道場には無料で参加でき，アマチュア強豪ばかりでなく，羽生さんを含むプロ棋士の多くがトクメイで参加し，いつも将棋を指している」とあり，直後で「誰でも強くなっていけば，棋界の最高峰とぶつかり稽古できる環境までがネット上に整備されたのである」と説明されているので，説明・言い換えを表す「つまり」が入る。 C 直後の「～かのように」に呼応する語として，「あたかも」が入る。
D 直前に「数学や物理のような長い歴史を持つ学問の世界では……一流の学者によって多くの教科書が書かれ，それが後進のための高速道路の役割を果たしてきた」とあるのに対し，直後には「『学習のための高速道路』が，さまざまな分野で自動的に敷かれている」と，別の視点が示されているので，逆接を表す「しかし」が入る。

問三 前に「若き一群は，前の世代の並のプロたちを抜き去るのだが，そうやって直面した『大渋滞』を抜け出すには全く別の要素が必要になってくる」とあり，この「大渋滞」を抜け出すことを「ブレークスルー」と表現しているので，「困難や障害を突破すること」とする1が適切。

問四 直前・直後に「静的な情報を集めて記憶するだけでは」「あまり強くはならない」とあることから，頭の中でいくら理屈や方法を知っていても，体験がなくては実際の役には立たない，という意味の「畳の上の水練」が入る。

問五 同様のことは，後に「では『高速道路を走り切った先での大渋滞』とは何なのか」とあり，続いて，「情報を重視した最も効率の良い，しかし同質の勉強の仕方でたどりつけるのは，プロの一歩手前までだ。ただ，……そこを抜け出すのは難しい。……自然と『大渋滞』が起きる」と説明されているので，「高速道路を走り抜けた先」にあてはまるのは，2の「プロ棋士一歩手前レベル」が適切。

問六　直後に「その高速道路に乗って将棋の勉強に没頭しさえすれば，昔と比べて圧倒的に速いスピードで，かなりのレベルまで強くなることができるようになった」と説明されているので，「以前より速いスピードで一定の強さまで上達できるようになった」とする「花子さん」の説明が適切。

問七　直後に「……しかもその道の権威が知を体系化して弟子に伝授するような閉鎖的なやり方ではなく，無数のプロフェッショナルが自らの知や経験をネット上に自由なフォーマットで公開するだけで，それらがすぐさま整理・体系化されていくという新しいやり方によってである」と説明されているので，3が適切。

問八　「可能性」については，直前に「体系を極めるべく高速道路をシッソウするもよし，高速道路を避けて独自の道を発見して歩んでいくもよし」とあるので，「体系化を極めていく」とする2，「誰もがやっていないことに取り組む」とする4があてはまる。

問九　(Ⅱ)の直前に「『高速道路を走りきったところでの大渋滞』」とあり，(Ⅳ)の前には「これが『高速道路の整備』である」とある。この後，「この『高速道路の整備と大渋滞』は……」とつながるので，(Ⅳ)に入る。

問十　4は，「これでもかこれでもかと……」で始まる段落に「厖大な情報が日々ネット上に追加され，……片っ端からその情報を整理していく。いったん誰かによって言語化されてしまった内容は，ネットを介して皆と共有される」と述べられていることと合致する。

二　（論説文―文脈把握，内容吟味，要旨）

やや難　問一　「自由主義と民主主義の結合」については，後に「しかし，決定的に異なっている面もある。それは，自由主義の方があくまでも『個人』が単位なのに，『民主主義』の方は，常に『全体』へ向かうからです」と説明されている。決定的に異なっているにもかかわらず「結合」を信じて疑わない，とする文脈なので，「どちらも個人の自由を尊重するものだと思い込んでいるから」とする5が適切。

問二　「自由主義」と「民主主義」については，直後に「自由主義のもとでは，自分の意思に反する決定事項を遵守する必要はありません。個人の意思を尊重することが，自由主義の立場なのです」とあるのに対し，「民主主義では，全体の決定が個人の私的領域を侵すことになったとしても，それを止めることは出来ません」と説明されている。「民主主義」においては，個人の意思を尊重するという「自由主義」に基本的な立場は守られないというのである。

やや難　問三　直前に「これは」とあり，「民主主義国にいる……」で始まる段落の「民主主義国にいる者は，民主的に定められた法に従わなければなりません。その結果，自由な経済活動が制限されることもありうる。資本家側からすれば，堂々と自由経済の原則にのっとって稼いだ資産を巻き上げられることは納得がいきません。しかし，多数の国民が賃金格差の縮小を支持すれば，この全体主義的な決定がまかり通ることになります」という内容を指すので，「大多数の国民の意思決定によって個人の自由な経済活動を抑制するといった私的領域を侵す政策」とする3が適切。

問四　1は，「自由民主主義を日本に紹介したとされる福沢諭吉」とあることと合致しない。2は，「民主主義が成り立つには，多数派に従うという約束に合意していることが前提になるのですが，そもそもその約束に合意するかどうかは自由ではないのです」とあることと合致する。3は，「自分の意見を自由に表明できる『自由な個人』がなければ民主主義は成り立ちません。政治参加が無理やり制限されたり，表現の自由が奪われては民主主義にはなりません」とあることと合致しない。4は，「英語の“democracy”は，必ずしも『主義』の意味を含んでいません。単純に，ある政治体制を表現する言葉です」とあることと合致する。5は，「もちろん，自由主義と全体主義は根本的に対立しています」とあることと合致する。6は，「もともと，民主主義とは“democracy”です。直訳すると『民衆支配』です。ところが，日本語では“democracy”を民主主義と訳している」とあることと合致する。

三 （古文一文脈把握，大意，表現，品詞・用法，脱語補充，文学史）

〈口語訳〉 はし鷹の野守の鏡が欲しいものだ。相手が自分に好意を持っているか持っていないか，それとなく見てみよう

昔，天智天皇とおっしゃる帝が，野に出て鷹狩をなさったときに，御鷹が風に流れていなくなってしまった。昔は，野を守る者があったので，(野守を)お呼びになって，「鷹がいなくなってしまった。必ず探し出しなさい」とおっしゃると，(野守は)かしこまって「御鷹は，あの丘の松の上の枝に，南を向いて，とまっております」と申したので，(帝は)びっくりされた。「そもそもお前は，地に向かって，頭を地につけて，他を見ることもない。どのようにして，こずえにいる鷹の居所がわかったのだ」とお尋ねになると，野守の翁は「自分のような身分の低い者は，天皇のお顔を見ることはないのです。野のくぼみにたまる水を鏡として，頭の白さも知り，顔のしわをも数えるものなので，その鏡をじっと見つめて，御鷹の居所もわかったのです」と申したので，その後，野の中にたまる水を「野守の鏡」といった，と言い伝えたが，「野守の鏡」とは徐国の君主の鏡である。その鏡は，人の心の中を照らす鏡で，すばらしい鏡なので，世の人は皆一人残らず欲しがった。それで，自分では持ちきれないと思って塚の下に埋めた，とまた人は言う。どれが本当なのだろう。

問一 「野守の鏡」については，「その鏡は，人の心のうちを照らせる鏡にて，いみじき鏡なれば」とあるので，「人の心の中を照らし出し，知ることができる」とする1が適切。

問二 この後，「野守のおきな」の言葉に『しばのうへにたまれる水を，鏡として，……，その鏡をまぼりて，御鷹の木居を知れり』とあるので，鷹の居所がわかった理由は，「鏡をまぼりて」とするのが適切。

問三 直後の「野守のおきな」の言葉に「『民は，公主におもてをまじわることなし……』」とあるので，「自分のような身分の低い者が……失礼に当たると考えて」とする2が適切。

問四 「かしら」は「頭」と書く。直後の「おもてのしわ(顔のしわ)」と並んでいることから，白髪を指すとわかるので，「年老いた野守の髪の毛の様子」とする2が適切。。

やや難 問五 助詞の「が」は，その文節が連体修飾語であることを示す意味があり，「の」に置き換えることができるので，「が」が入る。

問六 4は，本文最後に「その鏡は，人の心のうちを照らせる鏡にて，いみじき鏡なれば，よの人，こぞりてほしがりけり。これに，我持ちとげじと思ひて，塚の下にうづみてけりとぞ，また人の申しける」とあることと合致する。

問七 『俊頼髄脳』は，平安時代後期に成立した源俊頼による歌論書。「勅撰和歌集」とは，天皇の勅命により撰進された和歌集で，『古今和歌集』から『新古今和歌集』までの八つの和歌集を特に「八代集」という。成立は，『古今和歌集』『後撰和歌集』『拾遺和歌集』『後拾遺和歌集』『金葉和歌集』『詞花和歌集』『千載和歌集』『新古今和歌集』の順である。

★ワンポイントアドバイス★

現代文の読解は，記述対策も含め，やや難しい内容の文章にも読み慣れておこう！古文は，大意を把握できる力をつけ，文語文法も視野に入れてしっかりと対策を講じておこう！

MEMO

大切なことはメモしておこうネ！

解答用紙集

○月×日　△曜日　天気（合格日和）

◆ご利用のみなさまへ
＊解答用紙の公表を行っていない学校につきましては、弊社の責任において、解答用紙を制作いたしました。
＊編集上の理由により一部縮小掲載した解答用紙がございます。
＊編集上の理由により一部実物と異なる形式の解答用紙がございます。

人間の最も偉大な力とは、その一番の弱点を克服したところから生まれてくるものである。　――カール・ヒルティ――

※データのダウンロードは2024年3月末日まで。

東京学参株式会社

東京農業大学第一高等学校　2023年度

◇数学◇

※ 135%に拡大していただくと，解答欄は実物大になります。

1

(1)	(2)	(3)

2

(1)	(2)
	$a=$
(3)	(4)
$x=$, $y=$	$x=$, $y=$
(5)	

3

問1			
ア	イ	ウ	エ
問2			
A		B	
問3			

4

(1)	(2)
$a=$	D(,)
(3)	
①	②
C(,)	

5

(1)	(2)	(3)
cm	cm	cm

東京農業大学第一高等学校　2023年度

◇英語◇

※ 147%に拡大していただくと，解答欄は実物大になります。

1

Q1	Q2	Q3	Q4	Q5	Q6

2

問1	1.	2.	3.	4.	5.	6.	7.
	8.	9.	10.	11.	12.	13.	
問2	1.		2.				
問3	1. ?						
	2. of the drama came out.						
	3. The Japanese language .						
	4. Benjamin Franklin an important job for America.						
	5. Almost every the tap water.						

3

A	1.	2.	3.	B	C	D
E	問1	問2				

4

問1	A	B	C	D	E	F
問2	1.	2.	3.	4.	5.	6.
問3		問4				

5

That's because

.

※１３５％に拡大していただくと、解答欄は実物大になります

一

問一

(a)	キョコウ	(b)	マッショウ		
(c)	オオ　われた	(d)	歪曲	(e)	キレツ

問二

問三

問四

問五

問六

問七

問八

問九

二

問一

問二

問三

問四

三

問一

問二

問三

問四

問五

問六

東京農業大学第一高等学校　2022年度

◇数学◇

※ 135％に拡大していただくと，解答欄は実物大になります。

1

(1)	(2)	(3)

2

(1)	(2)
(3)	(4)
$a:b=$ ：	cm

3

(1)	(2)
縦　cm，横　cm	cm，　cm

4

(1)	(2)	(3)

5

(1)	(2)	(3)
：	：	：

6

(1)

(証明)△APC と△PBD において

仮定より　∠PCA＝∠BDP＝90°

仮定より　AP＝PB

よって　△APC≡△PBD　(終)

(2)	(3)
B(　，　)　P(　，　)	

◇英語◇

※ 147%に拡大していただくと，解答欄は実物大になります。

1 Q1 ____ Q2 ____ Q3 ____ Q4 ____ Q5 ____ Q6 ____

2 問1 1 ____ 2 ____ 3 ____ 4 ____ 5 ____

6 ____ 7 ____ 8 ____ 9 ____ 10 ____

11 ____ 12 ____ 13 ____

問2 1 ____ / ____ / ____

2 ____ ____ / ____

問3 1 ____ .

2 I ____ .

3 ____ yet.

4 Shibusawa ____

____ once.

5 ____ .

3 A-1 ____ A-2 ____ A-3 ____

B ____ C ____ D ____ E ____

F-[1] ____ F-[2] ____ F-[3] ____

4 問1 A ____ B ____ C ____ D ____ E ____

問2 1 ____ 2 ____ 3 ____ 4 ____ 5 ____ 6 ____

問3 1 ____ 2 ____ 3 ____

4 ____ 5 ____

問4 ____ 問5 A ____ B ____

5 It is [① ____] to [② ____]

because [③ ____].

◇国語◇

東京農業大学第一高等学校　２０２２年度

※１３５%に拡大していただくと、解答欄は実物大になります

一

問一

(a) 得体	(b) サクゴ	
(c) チケン	(d) ゲンカク	(e) フヘン

問二

(X)		(Z)	

問三

I		II		III		IV	

問四　問五

問六　問七　問八

問九　問十

二

問一　問二　問三

問四

三

問一

(A)		(B)	

問二

問三　問四　問五　問六

※ 139%に拡大していただくと，解答欄は実物大になります。

1

(1)	(2)	(3)

2

(1)	(2)	(3)
組		°

3

(1)	(2)	(3)
$y=$	B(　　,　　)	C(　　,　　)

4

(1)	(2)	(3)
個	個	

5

$x=$

6

(1) (証明) まず，△ACF≡△AGF を示す。△ACF と△AGF において，

よって，△ACF≡△AGF である。

次に，GB // FE を示す。

よって，GB // FE である。

したがって，AB // FE が成り立つ。（証明終わり）

(2)	(3)
:	:

東京農業大学第一高等学校　2021年度

◇英語◇

※ 149％に拡大していただくと，解答欄は実物大になります。

1

Q1 ______ Q2 ______

Q3 ______ Q4 ______ Q5 ______ Q6 ______

2

問1　1 ______ 2 ______ 3 ______ 4 ______ 5 ______

6 ______ 7 ______ 8 ______ 9 ______ 10 ______

11 ______ 12 ______ 13 ______

問2　1 ______ Europe.

2 She is ______

______ the country.

3 ______ .

4 ______

______ ?

5 ______ in a month?

3

A　1 ______ 2 ______ 3 ______

B ______ C ______ D ______ E ______ F ______

4

問1　A ______ B ______ C ______ D ______ E ______

問2　1 ______ 2 ______ 3 ______ 4 ______ 5 ______ 6 ______ 7 ______

問3　A ______ B ______ C ______

5

Ken's mother ______

______ .

◇国語◇

東京農業大学第一高等学校　２０２１年度

※１４５％に拡大していただくと，解答欄は実物大になります

一

問一　(a) ハイガ　(b) チクセキ　(c) 嫌悪　(d) ヒリョウ　(e) キョウコ

問二　(X)　(Y)

問三　Ⅰ　Ⅱ　Ⅲ　Ⅳ　Ⅴ

問四　A　B　C　D　E

問五

問六　問七　問八

問九　問十

二

問一　問二　問三

問四

とする心構えが必要である。

三

問一　(Ⅰ)　(Ⅱ)

問二

問三　問四　問五　問六

東京農業大学第一高等学校　2020年度

◇数学◇

※141％に拡大していただくと，解答欄は実物大になります。

1

(1)	(2)	(3)

2

(1)	(2)	(3)
	$a=$	$\angle x=$

3

列車A	列車B
人	人

4

(1)	(2)	(3)

5

(1)	(2)	(3)	(4)
$a=$	B(　　，　　)		

6

(1) △ABDと△ECDにおいて，AB // CEから

以上より，AB：AC＝BD：CDが成り立つ。

(2)
FD：DE＝　　：

東京農業大学第一高等学校　2020年度　◇英語◇

※151%に拡大していただくと，解答欄は実物大になります。

1　Q1 ______　Q2 ______

Q3 ______　Q4 ______　Q5 ______　Q6 ______

2　問1　1 ______　2 ______　3 ______　4 ______　5 ______

6 ______　7 ______　8 ______　9 ______　10 ______

問2　1 ______________________________.

2 ______________________________.

3 She ______________________________.

4 ______________________________

______________________________ use it during the trip.

3　A ______　B ______　C ______

D (1) ______　(2) ______　(3) ______　(4) ______

E [1] ______　[2] ______　[3] ______

F ______　G ______

4　問1　1 ______　2 ______　3 ______　4 ______　5 ______

問2　1 ______　2 ______

問3 [A] ______________________________

[B] ______

5　At the airport a woman ______________________________

____

______________________________.

◇国語◇

東京農業大学第一高等学校　２０２０年度

※１５０％に拡大していただくと、解答欄は実物大になります。

一

問一　(a) サンイツ　(b) フウチョウ　(c) ホショウ　(d) ガンイ　(e) 末裔

問二　(X)　(Y)

問三

問四

問五

問六

問七

問八

問九

問十

二

問一

問二

問三

問四

三

問一

問二

問三

問四

問五

問六

問七

東京農業大学第一高等学校　2019年度

◇数学◇

※この解答用紙は137%に拡大していただくと，実物大になります。

1

(1)	(2)	(3)

2

(1)	(2)		(3)	(4)
	xy	x^2-xy+y^2		
				cm^2

3

(1)	(2)					
$x=$	(ア)		(イ)		(ウ)	$k=$

4

(1)	(2)	(3)
通り		

5

(1)	(2)	(3)	(4)
$y=$			$m=$

6

(1)	(2)
	cm

7

△ABF と△CAG において

以上より２組の角がそれぞれ等しいから　△ABF∽△CAG　（証明終）

東京農業大学第一高等学校　2019年度　◇英語◇

※この解答用紙は141%に拡大していただくと，実物大になります。

1

Q1 ______ Q2 ______

Q3 ______ Q4 ______ Q5 ______ Q6 ______

2

問1　1 ______ 2 ______ 3 ______ 4 ______ 5 ______

6 ______ 7 ______ 8 ______ 9 ______ 10 ______

問2　1 ______ her seat.

2 ______ in a loud voice in public.

3 ______?

4 ______ lonely.

5 ______?

3

A　1 ______ 2 ______ B ______

C （1） ______ （2） ______ （3） ______ （4） ______ D ______

E ［1］ ______ ［2］ ______ ［3］ ______ ［4］ ______

4

問1 ______ → ______ → ______ → ______ → ______

問2　A ______ D ______

問3　1 ______ 2 ______ 3 ______ 4 ______

問4 （1） ______ （2） ______ （3） ______

問5 ______

問6　A （1） ______ （2） ______ （3） ______ （4） ______ （5） ______

問6　B ______

5

Takeshi ______

______

◇国語◇

※この解答用紙は１５４％に拡大していただくと、実物大になります。

一

問一　①トクメイ　②シッソウ　③カ（け）　④深淵　⑤模索

問二　A　B　C　D

問三　問四　問五　問六

問七　問八

問九　問十

二

問一

問二

問三　問四

三

問一　問二　問三

問四　問五　問六　問七

高校別入試過去問題シリーズ
東京農業大学第一高等学校　2024年度
ISBN978-4-8141-2522-7

発行所　東京学参株式会社
〒153-0043　東京都目黒区東山2-6-4
URL　https://www.gakusan.co.jp

編集部　E-mail　hensyu@gakusan.co.jp
※本書の編集責任はすべて弊社にあります。内容に関するお問い合わせ等は、編集部まで、メールにてお願い致します。なお、回答にはしばらくお時間をいただく場合がございます。何卒ご了承くださいませ。

営業部　TEL　03 (3794) 3154
FAX　03 (3794) 3164
E-mail　shoten@gakusan.co.jp
※ご注文・出版予定のお問い合わせ等は営業部までお願い致します。

2023年7月31日　初版